周啟成　注譯

新譯神仙傳

三民書局　印行

國家圖書館出版品預行編目資料

新譯神仙傳／周啟成注譯.——二版四刷.——臺北市：三民，2021
面；　公分.——(古籍今注新譯叢書)

ISBN 978-957-14-3736-1（平裝）
1.道教－傳記 2.神仙－傳記

239

古籍今注新譯叢書

新譯神仙傳

注譯者	周啟成
發行人	劉振強
出版者	三民書局股份有限公司
地　址	臺北市復興北路 386 號 (復北門市) 臺北市重慶南路一段 61 號 (重南門市)
電　話	(02)25006600
網　址	三民網路書店 https://www.sanmin.com.tw
出版日期	初版一刷 2004 年 1 月 二版一刷 2009 年 8 月 二版四刷 2021 年 4 月
書籍編號	S032240
ISBN	978-957-14-3736-1

三民書局

葛洪像　東晉道士兼醫家，亦為中國歷史上著名的煉丹家。

葛嶺煉丹井　杭州葛嶺因葛洪於該地煉丹而得名，至今仍遺有葛洪的煉丹井。

葛稚川移居圖　元代王蒙繪。此圖繪葛洪辭官後，攜家帶眷遷往廣州羅浮山的情景。

修事雲母圖　雲母為古代服餌煉丹的重要藥材。圖為明代《本草品匯精要》的〈修事雲母圖〉。

飛昇圖　道教信徒追求的最高境界為飛昇成仙，飛昇方式有白日沖舉昇天、乘龍、騎鶴、御風……等等。圖為清代《性命圭旨》中的〈飛昇圖〉。

刊印古籍今注新譯叢書緣起

劉振強

人類歷史發展，每至偏執一端，往而不返的關頭，總有一股新興的反本運動繼起，要求回顧過往的源頭，從中汲取新生的創造力量。孔子所謂的述而不作，溫故知新，以及西方文藝復興所強調的再生精神，都體現了創造源頭這股日新不竭的力量。古典之所以重要，古籍之所以不可不讀，正在這層尋本與啟示的意義上。處於現代世界而倡言讀古書，並不是迷信傳統，更不是故步自封；而是當我們愈懂得聆聽來自根源的聲音，我們就愈懂得如何向歷史追問，也就愈能夠清醒正對當世的苦厄。要擴大心量，冥契古今心靈，會通宇宙精神，不能不由學會讀古書這一層根本的工夫做起。

基於這樣的想法，本局自草創以來，即懷著注譯傳統重要典籍的理想，由第一部的四書做起，希望藉由文字障礙的掃除，幫助有心的讀者，打開禁錮於古老話語中的豐沛寶藏。我們工作的原則是「兼取諸家，直注明解」。一方面熔鑄眾說，擇善而從；一方面也力求明白可喻，達到學術普及化的要求。叢書自陸續出刊以來，頗受各界的喜愛，使我們得到很大的鼓勵，也有信心繼續推廣這項工作。隨著海峽兩岸的交流，我們注譯的成員，也由臺灣各大學的教授，擴及大陸各有專長的學者。陣容的充實，使我們有更多的資源，整理更多樣化的古籍。兼採經、史、子、集四部的要典，重拾對通才器識的重視，將是我們進一步工作的目標。

古籍的注譯，固然是一件繁難的工作，但其實也只是整個工作的開端而已，最後的完成與意義的賦予，全賴讀者的閱讀與自得自證。我們期望這項工作能有助於為世界文化的未來匯流，注入一股源頭活水；也希望各界博雅君子不吝指正，讓我們的步伐能夠更堅穩地走下去。

新譯神仙傳　目次

卷五

卷六

卷七

卷八

卷九

卷十

附錄一

附錄二

導讀

《神仙傳》，晉葛洪著。此書記載了一百多位神仙的生平、師承、道術、言論、事跡等，是中國道教史上的一部著名傳記著作，有著重要的學術價值。

一

葛洪，字稚川，丹陽郡句容縣（今江蘇句容）人。生於西晉武帝太康四年（西元二八三年），卒於東晉哀帝興寧元年（西元三六三年）。他是一位哲學家，也是一位篤信道教的學者。自號抱朴子。

葛洪的家族屬於江南著名的士族。他的祖父葛系在三國的吳國，歷任御史中丞、吏部尚書、太子少傅、大鴻臚、侍中、光祿勳、輔吳將軍等要職，封壽縣侯。他的父親葛悌，仕吳為中書郎、廷尉平、中護軍、五郡赴警等，深得朝廷信任。吳亡後，在西晉朝廷任郎中、太中大夫，仕至邵陵太守。但吳人在西晉受到歧視，葛洪及其家族都遭受過，他因此表示過不滿。

葛洪早年對於政事還是有雄心的。晉惠帝泰安二年，張昌舉兵反晉，張昌的別帥石冰進攻揚州。吳興太守顧秘為「義軍大都督」，邀任葛洪為將兵都尉，共同擊破石冰軍。葛洪在此戰中立下戰功，於是遷伏波將軍。事平之後，《晉書‧葛洪傳》說他「不論功賞」，表明他沒有受到朝廷的重用。

此後中原爆發「八王之亂」，又有外族入侵，葛洪欲避亂南土，乃答允新任廣州刺史嵇含為參軍，不料嵇含被殺，葛洪遂停留廣州多年。後又歸還鄉里。當晉元帝司馬睿還是以琅邪王為丞相時，辟召葛洪為掾。後體念他十幾年前破石冰有功，封為關內侯。到成帝咸和初年，司徒王導召補州主簿，轉司徒掾，遷諮議參軍。所有這些官位都只是僚佐職務，並不能伸展他的才智。他年事漸老，欲煉丹以求長壽。聽說交阯出產丹砂，求為句漏令。到了廣州，為刺史鄧嶽所留，乃往羅浮山煉丹，直至於死。

葛洪從小為人木訥，不喜交遊，無所愛玩，卻博覽群書。所讀之書，自正經諸史百家之言，下至短雜文章，近萬卷。所以他的學術思想甚為龐雜，他自己也說：「竟不成純儒。」（《抱朴子外篇‧自敘》）

葛洪的著作甚為豐富，最主要是《抱朴子外篇》、《抱朴子內篇》。《外篇》是他早期著作，《內篇》則作得較晚。《神仙傳》則又作於《內篇》之後。此外，葛洪在醫學上也有建樹，他曾撰《金匱藥方》一百卷，可惜已失傳。又有《肘後備急方》（即《肘後救卒方》）八卷，今尚存。此外尚有研究天文、潮汐、軍事的著作，共計六十多種，多數已不存了。

《抱朴子外篇》是他的早期代表著作。此書以儒家思想為主，其中混雜著一些道家和法家的思想內容。當時玄學盛行，士大夫競尚老莊，鄙薄周孔。他則說：「今聖明在上，稽古濟物」，「想宗室公族及貴門富年，必當競尚儒術，撙節藝文，釋老莊之不急，精六經之正道也。」（〈崇教〉）因而主張「興儒教以救微言之絕」（〈嘉遯〉），尊崇儒家的地位，打擊清談及放誕之風。

葛洪在《抱朴子外篇》中還特別強調「君道」和「臣節」，認為「君臣之大，次於天地」（〈應嘲〉）。對於鮑敬言等從道家自然主義出發提出的無君論，他作出激烈的反駁。在《抱朴子外篇》中葛洪還一再談到人才的重要性。他論述說：「明者，才也；仁者，行也。」（〈仁明〉）「明」指才智，「仁」指德行。他認為用人標準應該以聰明才智為先決條件，甚至不惜「捨仁用明」。人的才智有長短，要注意用其所長，而不計其短。

葛洪早年就已經接受了仙道學說，後來個人仕途坎坷，又見到世上禍亂不斷，不覺對榮位勢利心灰意冷，更加熱心於道術的修習了。他曾自述其師承說：「昔左元放（指左慈）於天柱山中精思，而神人授之金丹仙經。會漢末亂，不遑合作，而避地來江東，志欲投名山以修斯道。余從祖仙公（指葛玄），又從元放受之。凡受《太清丹經》三卷及《九鼎丹經》一卷、《金液丹經》一卷。余師鄭君（指鄭隱）者，則余從祖仙公之弟子也，又於從祖受之，而家貧無用買藥。余親事之，灑掃積久，乃於馬迹山中立壇盟受之，並諸口訣訣之不書者。」

（《抱朴子內篇・金丹》）根據上面的記述，葛洪的道教師承關係如下：左慈——葛玄——鄭隱——葛洪。此外他還受到他的岳父鮑玄（「玄」一作「靚」）的影響，《晉書・葛洪傳》記載，葛洪曾「師事南海太守鮑玄。玄亦內學，逆占將來。見洪深重之，以女妻洪」。而鮑玄（靚）曾師左慈及陰長生（見《雲笈七籤》卷八五、卷一〇六）。

葛洪的仙道學說集中表現在《抱朴子內篇》之中。他在儒道關係上，一反過去《外篇》中的觀點，提出道本儒末，道先儒後，「道者，儒之本也；儒者，道之末也。」（〈明本〉）認為：「道家包儒墨之善，總名法之要，與時遷移，應物變化，指約而易明，事少而功多，務在全大宗之朴，守真正之源者也。」（〈明本〉）這裡所說的道家，其實是指道教的理論，並不單指黃老之作。他認為這是最根本的理論，內可修身，外可以治國。而對於莊子等先秦道家學說，他倒很不滿，認為莊子齊生死之論和道教求長生的主張是不符合的。

《內篇》的第一篇〈暢玄〉著重闡述「玄」的意義。「玄者，自然之始祖，而萬殊之大宗。」它「眇昧乎其深也，故稱微焉。緜邈乎其遠也，故稱妙焉。其高則冠蓋乎九霄，其曠則籠罩乎八隅。光乎日月，迅乎電馳。或倏爍而景逝，或飄滭而星流，或滉漾於淵澄，或雰霏而雲浮。」這是一個神秘的、無所不在的本體。而它又能「因兆類而為有」，通過萬事萬物表現自己的存在，支配世界的自然運行。此外他關於「道」、「一」的論述，也與對「玄」的論述相通。葛洪認為，若能體思玄道，或「守一存真」，就能攘斥邪惡，保存自身。這樣這種神秘的本體論和其關於道術的論見就聯繫起來了，使得仙道理論具有了哲學理論色彩。

《抱朴子內篇》最中心的論題是神仙。當時雖然在士大夫階層中服食丹藥求長生之風很盛，但是對於是不是存在神仙的問題，相當多的人表示懷疑，甚至否定。葛洪在《內篇》的多篇中，特別論述了神仙確實存在這一論點。他列舉了許多前人記載來加以證明。至於周、孔一類聖人為什麼不談神仙，儒家經典為什麼沒有記載，葛洪認為周、孔「皆治世之聖人，非得道之聖人」（〈辨問〉），因而以長生不死的仙道要求周、孔，是不正確的。「日月有所不照，聖人有所不知，豈可以聖人所不為，便云天下無仙！」（〈辨問〉）

既然神仙確實存在，那麼什麼人能成為神仙呢？葛洪認為，其人必須有「仙命」，又要遇明師。「按仙經以為諸得仙者，皆其受命偶值神仙之氣，自然所稟。故胞胎之中，已含信道之性，及其有識，則心好其事，必遭明師而得其法。」（〈辨問〉）因而既要秉賦仙命，又要勤求仙道，這樣才能道業有所成就。

葛洪在《內篇》中論述了多種道術，他認為這些並不是一樣重要：「欲求神仙，唯當得其至要。至要者在於寶精行氣，服一大藥便足。」（〈釋滯〉）行氣，是氣功的練習；寶精，指房中術，是性生活方面養生術。而大藥，則指金丹。他最重視的就是金丹，也就是金液還丹。採用丹砂、汞等天然礦物煉成的還丹，溶化黃金等製成的金液，他認為「此二事，蓋仙道之極也。服此而不仙，則古來無仙。」（〈金丹〉）為什麼金液、還丹有如此神驗呢？葛洪說：「金丹之為物，燒之愈久，變化愈妙；黃金入火百煉不消，埋之畢天不朽，服此二物，故能令人不老不死。」（〈金丹〉）他認為服用還丹金液，人體就會具有這些物質的特性，歷久而不衰。由於金丹之術主要是依靠火法反應，所以後人稱崇信金丹術的道士們為丹鼎道派。葛洪可說是丹鼎道派的集大成者。他總結了前人的理論成果，並大加發揚，使得道教走向進一步的成熟。

二

葛洪著《神仙傳》在《內篇》之後，《神仙傳》的主旨和《內篇》的思想，可說是一脈相承的，這就是要證明神仙是確實存在的。他在《神仙傳》原序中說：「洪著《內篇》論神仙之事，凡二十卷。弟子滕升問曰：『先生曰：「神仙可得，不死可學。」古之得仙者，豈有其人乎？』答曰：『昔秦大夫阮倉所記，有數百人。劉向所撰（指《列仙傳》），又七十一人。蓋神仙幽隱，與世異流，世之所聞者，猶千不及一者也……余今復抄集古之仙者見於仙經、服食方及百家之書，先師所說，耆儒所論，以為十卷，以傳知真識遠之士。』」他說明這部《神仙傳》上承阮倉及劉向所作，就是要向世人證明「神仙可得，不死可學」的真理。本書〈陰長生〉傳中陰長生說到漢代成仙者已有四十六人，葛洪就此評論說：「洪聞諺書有之曰：『子不夜行，不知道上有夜行人。』故不得仙者，亦安知天下山林間有學道得仙者耶！陰君已服神丹，雖未昇天，然方以類聚，同聲相應，便自與仙人相集，尋索聞見，故知此近世諸仙人之數耳。而俗民謂為不然，以己所不聞，則謂無有，不亦悲哉！」這裡他批評世人否認神仙的存在，其實正是由於他們寡聞少見。自己不夜行，就不知路上有夜行人。局限於個人的直接的經驗知識，所以得出錯誤的結論。為了擴大世人的聞見範圍，使他們知道人世之外尚有神仙的世界，所以葛洪寫作了《神仙傳》。

什麼樣的人才能成為神仙呢？葛洪在《神仙傳》中說明，要有先天與後天兩方面的條件。〈劉根〉傳中劉根自述當年得道經歷，說到當年在山中遇到古仙人韓眾，韓眾對他說：「汝有仙骨，故得見我。」這就是說，從骨相看，有仙骨者，才能有仙緣，才能見得到明師而受其術。沒有這種先天的條件，就沒有學仙的可能。這無疑是一種宿命論。

但是，葛洪強調的還是後天的努力。在〈老子〉傳中他列舉了種種關於老子的神異的傳說，然後指出：「皆由晚學之徒，好奇尚異，苟欲推崇老子，故有此說。其實論之，老子蓋得道之尤精者，非異類也。」「淺見道士，欲以老子為神異，使後代學者從之而不知，此更使不信長生之可學也。何者？若謂老子是得道者，則人必勉力競慕，若謂是神靈異類，則非可學也。」老子已是天上的主神，葛洪認為他也並不是神靈異類，生來就通道術的，他也是由人力學而成。因而長生是可學的，神仙也是凡人可以企慕的。

但是凡人就是有仙緣，要想學到長生之術，也並不是輕易可以學到手的。仙人還要多方考驗，有些方式還是常人所難以忍受的。如魏伯陽煉成神丹，自服而死，就看弟子是否也信從服用。結果只有一個弟子勇敢服下，他就成了仙，其他兩個弟子功敗垂成。仙人李八百遍身生膿瘡，要弟子唐公昉及家人用舌去舔，結果舔瘡者都成了仙。張道陵要傳道趙昇，設了七次考驗，趙昇一一通過，方得道要。陰長生在自序中說：「惟余同學，十有二人。寒苦求學，歷二十春。中多怠慢，志行不勤。痛呼諸子，命也自天。天不妄授，道必歸賢。」他當時有十二個同學，後來心志不夠堅定，終於中途離去。只有陰長生歷經磨難，而不改變志向，終於成就仙業。仙人必要選賢而授，學者只有矢志不移才能得到仙術，這是神仙道教中師弟相傳的原則。

神仙可分三等，《抱朴子內篇・論仙》說：「按仙經云：上士舉形昇虛，謂之天仙。中士遊於名山，謂之地仙。下士先死後蛻，謂之尸解仙。」神仙的這種等次和他們修習的道術有關。茅濛學道於華山，煉成還丹，乘赤龍昇天而去。九靈子皇化，也是服煉丹登仙而去。淮南王劉安和同族三百多人，甚至雞犬，服了丹藥，都同日昇天。總之服用了金液還丹，就可以飛昇仙界，成為天仙。其他道術，終究要次一等。李根已活到七百多歲了，但是他對弟子們說：「我不得神丹大道之訣，唯得地仙方耳，壽畢天地，然不為下土之士。」

除了服用金液還丹（又稱「大藥」、「上藥」）之外，服用其他仙藥也有重要作用。《抱朴子內篇・仙藥》引用《神農四經》曰：「五芝及餌丹砂、玉札、曾青、雄黃、雌黃、雲母、太乙禹餘糧，各可單服之，皆令人飛行長生。」「中藥養性，下藥除病，能令毒蟲不加，猛獸不犯，惡氣不行，眾妖併辟。」《神仙傳》所記載的神仙們服用的仙藥的種類，可說十分龐雜。例如巫炎服餌水銀，孔安國服用鉛丹，衛叔卿、宮嵩服用雲母，王烈、嚴青服用石髓，石陽服用三黃，魯女生服用白朮、胡麻，皇初平服用松脂、茯苓，甘始服用天門冬，離婁公服用竹汁，商丘公服用桃膠，王興採服菖蒲，王烈服用黃精，董子陽食桃飲石泉，鳳綱採百草花製丸服用等等。都有奇效，或駐顏長生，或白日飛昇。他們服用礦物或植物仙藥，都能借外物而養身成道。

除了服食金丹、仙藥之外，《神仙傳》還記述了神仙們的種種道術。葛洪非常重視行氣，在〈彭祖〉傳中他作了論述，在其他篇中也多次加以強調。氣功的鍛鍊，無疑是道教養身術的基礎。而氣禁之術則是把內氣施之於外，可以禁制鬼神、虎豹、蛇蜂，可以止血，可以防白刃、弓矢，這些在〈介象〉、〈劉憑〉傳中都有詳細的描述。房中術是性生活中的養生術，《神仙傳》中彭祖、容成公、劉京、巫炎、玉門子等許多仙人，都講究此術。彭祖說：「天地得交接之道，故無終竟之限；人失交接之道，故有殘折之期。能避眾傷之事，得陰陽之術，則不死之道也。」他認為深通房中之術，可以做到長生不死。但是實行房中術也有風險，劉京曾教導他的弟子：「夫交接之道至難，非上士不能行，乘奔牛驚馬未足喻其嶮墜矣。」而墨子、劉政諸人的變化隱形之術，則能呼風喚雨，飛沙揚石，能夠使一人變多人，使多人成樹林，顯示出種種神通。《神仙傳》對黃白術也有記述，程偉妻在水銀中投入少許神藥，水銀即變成了白銀。尹軌在沸錫中投入神藥，則錫變成了黃金。這些正是漢代以來方士們所夢寐以求之事。此外，此書對存思、導引、辟穀、占卜、去三尸等種種道術的施法、功效等等都作了較多的論述。

葛洪認為，人一旦成了神仙，他的地位就極為尊貴，不再是皇帝的臣民，不再受官府的約束。書中寫衛叔卿乘浮雲駕白鹿來到漢武帝殿前，由於武帝視之為臣，即拂袖而去。後來對其子說：「帝強梁自貴，不識道真，反欲臣我，不足告語，是以棄去。」漢文帝視河上公為臣民，河上公即飛昇空中，俯身而答曰：「余上不至天，中不累人，下不居地，何民之有焉！君宜能令余富貴貧賤乎！」文帝大驚，稽首謝罪。皇帝只是世間之主，對於空中來去，道術廣大的神仙，又能怎樣！所以這些神仙根本不把皇帝的威權放在眼裡，採取一種倨傲的態度。也有些愚妄的王侯官員竟想傷害神仙，於是他們無不遭到失敗。曹操命人追殺左慈，結果遭到左慈的多番戲弄。潁川太守史祈想殺劉根，結果被劉根把他父母的亡魂勾來，羞辱一場。這些故事都是竭力在推崇神仙至高無上的地位。

神仙之上者是天仙，那理想的天界究竟是怎樣的呢？書中沈羲曾到過，只見宮殿鬱鬱，五色玄黃，四壁熠熠有光；侍者數百，多女子少男；庭中有珠玉之樹，龍虎異獸遊戲其間。這是一個極為宏偉富麗的地方，卻也是一個等級森嚴之所。有些仙人不樂於受約束，所以不願昇天。白石生不肯服藥昇天，他說：「天上無復能樂於此間耶？但莫能使老死耳。天上多有至尊，相奉事更苦人間耳。」他認為天上尊神甚多，凡人成仙到了天界，要去侍奉奔走，辛苦而不自由，倒還是在地上做地仙的好。馬鳴生早年也是「不樂昇天，但服半劑（仙藥），為地仙矣」。黃山君也是只修地仙，不取飛昇。所以，天仙和地仙之別，不止是由於修習的道術有異，是否服用神丹大藥，還由於修習者個人的意願取向不同。

葛洪《神仙傳》對於今人研究道教史有著重要的學術價值，雖然此書帶有濃厚的神話色彩，但其中所述道士們的傳承關係以及如《三皇文》、《五嶽真形圖》、《太清丹經》、《黃帝九鼎神丹經》等主要經籍的傳授流變，都是今人極為寶貴的研究資料。早期道教學者的不少著作已經佚失，而在《神仙傳》的傳記中，卻保存了這些學者關於道術的精要論見。譬如陰長生的自序，談論他學道經過及關於修道以合製神丹為主的見解。又如〈王真〉傳中記載了他關於胎息、胎食等要術的口訣及自己的注解。這一類資料書中還有許多，對於今天研究道教的學者來說，無疑有著重要的參考價值。

《神仙傳》的部分篇章文學性也很強。作者很善鋪寫，〈茅君〉傳中敘述茅盈將到江南任神官，描寫他門前忽然出現了可容數千人的帳幄，賓客來集，美酒珍饌自至，絲竹妓樂喧天。待到茅盈出行，則有文官數百、甲兵千餘簇擁著他，珍禽異獸、流雲彩霞環繞左右。這場面可說寫得盛大而又隆重。此書有些傳記描寫人物及其關係也生動而饒有情趣。譬如寫劉綱和其夫人樊氏之間的鬥法，劉綱作法生火燒屋，樊夫人即作法滅之；劉綱與樊夫人各咒一株桃樹，使之互相搏擊，劉綱的桃樹幾次打敗逃到籬外去；劉綱唾盤中而成鯽魚，夫人即唾盤中成水獺，把魚吃掉。這種敘寫的確是妙趣橫生。此外如寫人見西河少女責打老翁，問明真相，才知是學了仙法，駐顏有術的母親在責打不肯學習，已見衰老的兒子。這種外表和實情的巨大反差，給人以強烈的印象。作者在〈蘇仙公〉傳中的描寫，筆觸極細。蘇耽與母親相依為命，蘇耽將要飛昇，他稟告母親，母子相對歔欷。蘇耽為母親妥善地安排了今後生活，出門時踟躕顧望，戀戀不捨。後來其母逝世，從遠處山頭傳來哭聲。鄉人前去弔慰，蘇耽也殷勤接待，施展法力送他們還城。這一系列細節描寫，十分感人，使人體會到仙人內心湧動的親情。

三

《神仙傳》成書至今，經過一千六百多年，這其間，此書遭到種種刪節增改，早已面目大變了。葛洪在《神仙傳》序中說：「劉向所述，殊甚簡要，美事不舉。此傳雖深妙奇異，不可盡載，猶存大體，竊謂有愈於向多所遺棄也。」他不滿劉向《列仙傳》敘事簡略，自認為他所作《神仙傳》記錄的內容要詳盡得多。可是今天看來，《神仙傳》中有些篇章比《列仙傳》還要短。譬如〈容成公〉傳，《列仙傳》中還有十句，另加一首詩，而《神仙傳》中只有寥寥兩句。這肯定不是葛洪所作〈容成公〉傳原貌了。《列仙傳》各傳文字數量相差不大，敘述的詳略也相近。但是《神仙傳》卻不是如此，有的傳只幾句，敘述極為簡略，有的傳洋洋數千言，描述細致。譬如〈王遠〉傳，甚至細到描寫蔡經看到麻姑長長的指甲，想到用來搔背。由此我們可以推想，《神仙傳》中一定有許多精彩細膩的描寫，為後人刪去了。對照《抱朴子內篇》中相關記敘，也可以發現這一問題。如《神仙傳・陳安世》傳中，只說陳安世年三十歲，未說灌叔平幾歲，但後文灌卻說：「夫道尊德貴，不在年齒。」於是灌拜陳為師。這裡敘述上就出現了漏洞，到底灌幾歲呢？《抱朴子內篇・勤求》也敘述了同樣事實，篇中說，陳年方十三歲（不是三十歲），而灌七十歲，這樣年齒之別就清楚了。由此可見《神仙傳．陳安世》傳肯定遭到過刪節。

正由於《神仙傳》在一千多年的流傳過程中遭到過種種刪節增改，所以形成了不同的版本體系，文本上出入甚大。《四庫全書》子部道家類收有此書，《四庫全書總目提要》說：「此本為毛晉所刊。考裴松之《蜀志．先主傳》注引李意期一條，《吳志．士燮傳》注引董奉一條，〈吳範、劉惇、趙達傳〉注引介象一條，併稱葛洪所述近為惑眾，其書文頗行世，故撮舉數事，載之篇末。是徵引此書，以《三國志》注為最古，然悉與此本相合，知為原帙。《漢魏叢書》別載一本，其文大略相同，而所載凡九十二人。核其篇第，蓋從《太平廣記》所引，鈔合而成。《廣記》標題間有外誤，亦有與他書複見，即不引《神仙傳》者，故其本頗有訛漏。即如盧敖、若士一條，李善注《文選》江淹〈別賦〉、鮑照〈升天行〉凡兩引之，俱稱葛洪《神仙傳》，與此本合。因《太平廣記》未引此條，《漢魏叢書》本遂不載之，足以證其非完本矣。」這段話記錄了《神仙傳》的兩個版本體系，有一定參考價值，但是錯誤很多。

《四庫全書》本《神仙傳》按《提要》所言是取之於毛晉所刊之本。毛晉，字子晉，號潛在，原名鳳苞，字子久。常熟（今江蘇常熟）人，為明末著名藏書家，建汲古閣、目耕樓儲書八萬四千餘冊。其所刻書，極為精良。現在毛氏原刻《神仙傳》已不能見到，繕自於毛刻本的《四庫全書》本自也彌足珍貴。遺憾的是，四庫館臣抄校不嚴，訛誤之處不少。

《四庫提要》說《漢魏叢書》所載為另一版本體系。其實傳何鏜所編《漢魏叢書》中並無《神仙傳》，收有《神仙傳》的乃是明何允中所編《廣漢魏叢書》，後清王謨編《增訂漢魏叢書》，也收入《神仙傳》，版本相同，下面仍依《四庫提要》，簡稱之為《漢魏叢書》本。《漢魏叢書》本《神仙傳》，是《神仙傳》流行最廣的版本。《龍威秘書》叢書也收有《神仙傳》，實即《漢魏叢書》本。《藝苑捃華》叢書也收有此書，實即《漢魏叢書》本之前五卷。其他一些古代小說的叢書，所收《神仙傳》，也是《漢魏叢書》本。《道藏精華錄》亦收有此書，丁福保在提要中說到：「此書有數刻本，《漢魏叢書》及《龍威秘書》本俱無〈盧敖、若士〉及〈華子期〉兩傳。汲古閣本雖較好，然亦訛誤甚多。近並有坊刻俗本，甚至將毫無考據者，恣意濫入，頗失其真。唯此刻得舊抄本校正，為最完善之本。」其實，《道藏精華錄》之本也是《漢魏叢書》本，目次文字相同，然其中據《雲笈七籤》加入〈盧敖、若士〉、〈華子期〉二篇。

至於《太平廣記》與《漢魏叢書》所收《神仙傳》之間的關係，《四庫提要》則說得完全顛倒了。對照二者所收篇目，可知《漢魏叢書》本比《太平廣記》所收要多出〈沈文泰〉、〈黃山君〉等二十三篇。而比較二者皆有篇章的文字，則完全相同。可見《漢魏叢書》的編成雖後於《太平廣記》，但所收《神仙傳》卻為古本，《太平廣記》的有關內容即迻錄自此書。至於盧敖、若士一條，則是因為《漢魏叢書》所收之本此傳已佚，故而《太平廣記》也未收錄，而不是《太平廣記》未收，所以《漢魏叢書》本也未收。至於《三國志・吳範、劉惇、趙達傳》注所引介象一條，文字其實更近於《漢魏叢書》本。

對照《四庫全書》本和《漢魏叢書》本，在篇目上差異甚大。《四庫全書》本共八十四篇，《漢魏叢書》本共九十二篇。《四庫全書》本有七篇是《漢魏叢書》本所無，其篇目為：〈若士〉、〈華子期〉、〈樂子長〉、〈太陽女〉、〈太陰女〉、〈劉綱〉、〈容成公〉（其中〈劉綱〉傳實從〈樊夫人〉傳中分出）。《漢魏叢書》本則有十五篇為《四庫全書》本所無，其篇目為：〈老子〉、〈李仲甫〉、〈李常在〉、〈劉憑〉、〈西河少女〉、〈麻姑〉、〈孔安國〉、〈蘇仙公〉、〈成仙公〉、〈郭璞〉、〈尹思〉、〈平仲節〉、〈董子陽〉、〈戴孟〉、〈陳子皇〉（其中〈麻姑〉傳實從〈王遠〉傳中分出，〈西河少女〉傳實從〈伯山甫〉傳中分出，文字重複）。

對比二本篇目相同部分之傳，則文字上詳略差別很大。譬如〈衛叔卿〉、〈王烈〉諸傳，《漢魏叢書》本詳於《四庫全書》本，而〈王真〉、〈東郭延〉等傳則《四庫全書》本優於《漢魏叢書》本。而像〈焦先〉、〈孫登〉、〈葛玄〉諸傳二本幾乎完全不同。總的看來，《四庫全書》本重在記敘仙人的師承、道術及論道之見，而《漢魏叢書》本則重在記敘仙人的神異事跡。

哪一個版本更接近葛洪祖本呢？很難說，通校全書後感到，這兩個版本似從一個祖本流出，中間各經刪節增改，因而面貌各異。余嘉錫也曾有類似看法：「《文苑英華》卷七百三十九梁肅〈神仙傳論〉云：『予嘗覽葛洪所記《神仙傳》，凡一百九十人，予所尚者，惟杜史、廣成二人而已。』人數與今兩本皆不合。疑葛洪之原書已亡，今本皆出於後人所掇拾，特毛本用心較為周密耳。」（《四庫提要辨證》卷一九，子部十）

對比此書二本的某一些傳，則《四庫全書》本遠勝於《漢魏叢書》本。如〈程偉妻〉傳，《四庫全書》本與《抱朴子內篇・黃白》所載文字幾乎相同，而《抱朴子內篇・黃白》則取之於桓譚的《桓子新論》。《漢魏叢書》此傳的文字則要疏略得多。《四庫全書》本及《抱朴子內篇・黃白》都說程偉妻「發狂，裸而走，以泥自塗，遂卒」。而《漢魏叢書》本卻說「(程偉)妻遂歷然而死，尸解而去」。很明顯，《四庫全書》本此傳接近葛洪此書的本來面貌，而《漢魏叢書》本此傳則明顯是經過改寫，並增添了內容。又如〈趙瞿〉傳，《四庫全書》本與《抱朴子內篇・仙藥》有關趙瞿的一段，文字幾乎完全相同，而《漢魏叢書》本此傳的文字則有相當大的不同。可見《四庫全書》本〈趙瞿〉傳更接近葛洪原作。

但是，另一些傳則是《漢魏叢書》本比《四庫全書》本來得完全、詳明。譬如《四庫全書》本〈李根〉傳中有一段是這樣：「(李根)忽告太文云：『王陵當敗，壽春當陷，兵中不復居，可急徙去。』眾乃使人收根，欲殺之。」這裡「眾乃使人收根」一句殊不清楚，「眾」指誰呢？對照《漢魏叢書》本才發現，「眾」字上原來漏了這麼幾句：「太文竊以語弟，弟無意泄之。王淩聞之，以為妖言惑」，這樣語意就明白了。可見《四庫全書》本此傳是略去一部分。又如〈欒巴〉傳中寫其降妖一段，《四庫全書》本簡略得幾乎不知所云，而對照《漢魏叢書》本，方能弄清其中情節。這些地方也可能毛晉原本並不是如此，而是《四庫》抄工及校官的失誤。

這兩個版本有時還不只是詳略的不同，甚至還會出現矛盾的地方。譬如〈焦先〉傳，《四庫全書》本說他是個隱者，活到八十九歲，並無神異之跡。而《漢魏叢書》本則說他活到一百七十歲，常食白石，火燒其庵而無損傷，人睡雪中而不受凍，如此又二百歲而去。其他如〈淮南王〉傳中關於漢武帝的記載，《四庫全書》本謂其終得尸解成仙，而《漢魏叢書》本則說他終未成仙，徒受人欺騙而已。這一類情形還不止此二處。這可能是由於二本在長期流傳過程中，受到後人的增改造成的。

本書以文淵閣《四庫全書》本為底本，個別地方參考了文瀾閣《四庫全書》本。

本書以《增訂漢魏叢書》本（光緒三年宜賓盧氏紅杏山房重刻本）為主要參校本，並參考《叢書集成》本。依從《四庫提要》、《道藏精華錄》提要的提法，在校記中仍簡稱此本為《漢魏叢書》本。

其他參校材料有：

《雲笈七籤》，明正統《道藏》本，書目文獻出版社一九九二年影印本。

王明著《抱朴子內篇校釋》，中華書局一九八五年版。

《史記》、《後漢書》、《三國志》，清乾隆四年武英殿本，上海古籍出版社一九八六年影印本。

《墨子》、《莊子》、《淮南子》，《諸子集成》，世界書局排印本。

《全後漢文》，光緒刻本，中華書局一九八五年影印本。

《太平廣記》，中華書局一九六一年排印本。

《太平御覽》，中華書局一九六〇年縮印商務印書館影宋本。

《藝文類聚》，上海古籍出版社一九八二年版。

《玉函山房輯佚書續編》，上海古籍出版社一九八九年影印上海圖書館藏稿本。

《說郛》一百卷本，民國十六年上海商務印書館本。《說郛》宛委山堂一百二十卷本。

《說郛續》四十六卷本，約明清刊本。以上合為《說郛三種》，上海古籍出版社一九八八年十月出版。

《雙梅影闇叢書》，海南國際新聞出版中心出版，一九九八年十一月。

《三洞群仙錄》、《仙苑編珠》、《三洞珠囊》、《墉城集仙錄》、《歷世真仙體道通鑑》、《漢武帝內傳》、《漢武帝外傳》，據自正統《道藏》，一九八八年文物出版社、上海書店、天津古籍出版社影印本。

本書載錄《四庫全書》本全文，凡《漢魏叢書》本多於《四庫全書》本的內容，且又不與《四庫全書》本行文相矛盾者，則盡量補入。若僅詳略不同，補入有礙於《四庫全書》本行文者，則一律不補。有的傳二者內容差別極大，又不便合成一篇，則將《漢魏叢書》本附在傳後，以作參考。《漢魏叢書》本中共有十三篇（除去〈麻姑〉、〈西河少女〉二傳為〈王遠〉、〈伯山甫〉傳重出者）為《四庫全書》本所無者，逸錄於書後，作為附錄一。雜見於諸道書中之片段佚文，輯為附錄二。由於道書記錄多不準確，可能有少數他書內容闌入者，難以一一嚴格考訂。

本書正文，無根據不改，改動必出校記。但如「玄」作「元」之類諱字、「已」作「巳」之類筆誤則逕改不出校記。

我對於此書的校注語譯，雖作了很大努力，但由於學識淺陋，錯誤之處，在所難免，敬請專家、讀者教正。

此書在寫作過程中曾得到全國高校古籍整理研究工作委員會的經費資助，謹此誌謝。

周啟成 謹識

神仙傳原序

【題解】本文為《神仙傳》序言，通過作者與弟子滕升的問答，闡明撰著此書的宗旨。

作者首先說明了他寫作此書的用意。《神仙傳》是繼《抱朴子內篇》之後而作，在《抱朴子內篇》中，葛洪一再論說「神仙可得，不死可學」的觀點，那麼有沒有人做到神仙，學得不死呢？《神仙傳》之作正是要用前人的例子來加以證實。他說神仙的行跡幽深隱秘，與世人不同，所以傳聞極少，然而也不是完全聽不到，於是他列舉了大量前人所記的傳說，進而就說到自己所抄集的這十卷傳記。他認為這十卷更足以證明神仙之說，可以傳授給有識之士，來堅定他們向道之心。

作者在序中又評述了前代仙傳的寫作，論述了己作的特色。據他說秦大夫阮倉曾記載數百名仙人，但是阮倉之書他恐怕也沒有見到，所以未加評論。至於劉向《列仙傳》，他認為記述過於簡要，許多重要事跡都遺漏了。接著他談到自己的這部《神仙傳》，係出之於仙經、服食方、諸子書及師長、耆儒所說，搜羅十分廣泛。而在寫作時又努力把各仙人的大致情況都記載下來，和《列仙傳》相比，則又有詳略之不同。

洪著《內篇》[1]論神仙之事，凡二十卷。弟子滕升問曰：「先生曰：『神仙可得，不死可學。』古之得仙者，豈有其人乎？」答曰：「昔秦大夫阮倉所記，有數百人❷。劉向所撰，又七十一人❸。蓋神仙幽隱，與世異流，世之所聞者，猶千不及一者也。故甯子入火而凌煙❹，馬皇見迎於護龍❺，方回變化於雲母❻，赤將茹葩以隨風❼，涓子餌朮以著經❽，嘯父烈火以無窮❾，務光游淵以哺薤❿，仇生卻老以食松⓫，邛疏服石以鍊形⓬，琴高乘鯉於碭中⓭，桂父改色以龜腦⓮，女丸七十以增容⓯，陵陽吞五脂以登高⓰，商丘咀菖蒲以不終⓱，雨師煉五色以厲天⓲，子先轡兩虬於玄塗⓳，周晉跨素禽於緱氏⓴，軒轅控飛龍於鼎湖㉑，葛由策木羊於綏山㉒，陸通匝遐紀於橐盧㉓，蕭史乘鳳而輕舉㉔，東方飄幘於京都㉕，犢子躡桃以論神㉖，主柱飛行於丹砂㉗，阮丘長存於睢嶺㉘，英氏乘魚以登遐㉙，脩羊陷石於西嶽㉚，馬丹回風以雹徂㉛，鹿翁陟險而流泉㉜，園客蟬蛻於五華㉝。余今復抄集古之仙者見於仙經㉞、服食方㉟及百家之書，先師所說，耆儒㊱所論，以為十卷，以傳知真識遠之士。其繫俗之徒，思不經微者，亦不強以示之矣。則知劉向所述，殊甚簡要，美事不舉。此傳雖深妙奇異，不可盡載，猶存大體，竊謂有愈於向多所遺棄也。」葛洪撰。

【注釋】❶內篇　指《抱朴子內篇》。❷昔秦大夫阮倉所記二句　《列仙傳》篇末之「贊」曰：「余嘗得秦大夫阮倉撰《仙圖》，自六代迄今，有七百餘人。」《仙圖》一書今已失傳。❸劉向所撰二句　此指《列仙傳》，此書記述上古三代秦漢神仙七十一人。《列仙傳》舊題漢光祿大夫劉向撰，南宋以來已認為此書不類西漢文字，《四庫全書總目提要》認為可能是魏晉間方士所作，託名於劉向。❹甯子入火而淩煙　《列仙傳》載，甯封子是黃帝之下掌製陶器的官，受異人傳授，積火自燒，隨煙氣上下，灰燼中猶有骨骸。❺馬皇見迎於護龍　「於護」二字原作「以獲」，據《漢魏叢書》本改。《列仙傳》記載，馬師皇為黃帝時馬醫，屢為龍治病，後龍負載其仙去。❻方回變化於雲母　「變化於」原作「咀嚼以」，據《漢魏叢書》本改。《列仙傳》記載，方回是堯時隱士，煉食雲母而有道，為人劫閉於室中，變化而脫身。❼赤將茹葩以隨風　《列仙傳》記載，赤將子輿是黃帝時人，不食五穀而食百草花，到堯時能隨風雨上下。茹，吃。葩，花。❽涓子餌朮以著經　《列仙傳》記載，涓子喜歡吃朮，三百歲時在齊國出現，著《天人經》四十八篇。餌，食。朮，草名，即山薊。❾嘯父烈火以無窮　句中「烈」字疑當作「列」。《列仙傳》記載，嘯父在西周市上補履，數十年不老，後列火數十處，與人告別而昇西。❿務光游淵以脯薤　《列仙傳》記載，務光是夏時高人，食蒲韭根，殷湯伐桀，取天下讓於務光，務光不受，負石投於蓼水，後四百年始出。脯，脫水瓜果。薤，植物名，鱗莖可食用。⓫仇生卻老以食松　《列仙傳》記載，仇生是殷湯時人，常食松脂而得不老。⓬邛疏服石以鍊形　《列仙傳》記載，邛疏周時任封史，煮石髓而食，能行氣鍊形，壽至數百歲。鍊形，修煉自身形體而長生。⓭琴高乘鯉於碭中　《列仙傳》記載，琴高善鼓琴，為宋康王舍人，修行涓子、彭祖的法術，遊於冀州、碭郡之間二百年，後入涿水之中，乘赤鯉而出。碭，指碭郡，秦時所置，治所在碭縣（今河南永城東北）。⓮桂父改色以龜腦　《列仙傳》記載，桂父皮色黑，有時變白變黃變赤，常服用桂、葵和以龜腦做成的丸。⓯女丸七十以增容　《列仙傳》記載，女丸本是賣酒婦人，偷讀仙人素書，得其房中術，實行三十年，面容更如二十餘歲，後隨仙人而去。⓰陵陽吞五脂以登高　《列仙傳》記載，陵陽子明釣到白龍而釋放，復釣到白魚，魚腹中有書寫明服食之法，陵陽子明遂上黃山，採五石脂，沸水而服，三年後龍迎陵陽子明於高山之上。五石脂，當指五種石藥。⓱商丘咀菖蒲以不終　《列仙傳》記載，商丘子胥年七十不老，人問其術，答言但食朮、菖蒲根，飲水，後世三百餘年還見到他。菖蒲，多年生水生草本植物。⓲雨師煉五色以屬天　《列仙傳》記載，赤松子是神農時雨師，能隨風雨上下。其中並無「煉五色」之說，《淮南子・覽冥》中有「女媧鍊五色石以補蒼天」的記述。雨師，司雨之神。屬，通「戾」。至。⓳子先轡兩虬於玄塗　「先轡兩虬」四字原作「光轡虬雷」，據《漢魏叢書》本改。《列仙傳》記載，呼子先為漢中卜人，壽至百餘歲，仙人贈他二草狗，子先與酒家嫗騎上草狗，草狗即化為龍，飛上華山成仙。轡，駕馭牲口的轡繩，此處作控御解。虬，一種無角的龍，一說是有角的龍子。玄塗，道教稱昇天之路。⓴周晉跨素禽於緱氏　《列仙傳》記載，周靈王太子名晉，成仙三十餘年後，乘白鶴停駐於緱氏山的山巔，舉手與人告別。緱氏山，春秋周地，在今河南偃師東南。㉑軒轅控飛龍於鼎湖　《列仙傳》說，黃帝號軒轅，仙書云，有龍到鼎湖迎黃帝昇天。㉒葛由策木羊於綏山　《列仙傳》記載，葛由是周成王時賣木刻之羊的羌人，一日騎木羊入西蜀上綏山，綏山在峨嵋山西南，十分高峻，追隨他上綏山的人都成了仙。㉓陸通匝遐紀於橐盧　句中「橐」字，原作「黃」，據《漢魏叢書》本改。《列仙傳》記載，陸通即楚狂接輿，善養生，食橐盧木實及蕪菁子，遊諸名山，歷數百年仙去。匝，周遍。遐紀，久遠的歲月。橐盧，植物名。㉔蕭史乘鳳而輕舉　《列仙傳》記載，蕭史善吹簫，秦穆公女弄玉亦好吹簫，穆公即把女兒嫁給蕭史，並為作鳳臺，後蕭史吹簫引來鳳凰，夫婦皆隨鳳凰飛去。㉕東方飄幘於京都　幘，原作「衣」，據《漢魏叢書》本改。《列仙傳》記載，東方朔在漢武帝時上書說便宜拜郎，至漢宣帝時，置幘官舍，風飄而去。㉖犢子鸞桃以諭神　鸞桃，原作「靈化」，據《漢魏叢書》

本改。論，原作「淪」，據商務印書館本《說郛》卷四三改。《列仙傳》記載，犢子服食松籽、茯苓，壽至數百歲，與其妻陽都女冬賣桃李。㉗主柱飛行於丹砂　《列仙傳》記載，主柱在宕山發現大量丹砂，邑令章君三年煉得神砂飛雪，服食後五年就能飛行，遂與主柱一同仙去。丹砂，道教用來煉製仙藥的常用藥物，主要成分為硫化汞，固態，通常呈紅色。㉘阮丘長存於睢嶺　《列仙傳》記載，黃阮丘是睢山上道士，能日行四百里，在山上種蔥薤百餘年，曾以仙方、道經教授朱璜，俱為神仙。㉙英氏乘魚以登遐　《列仙傳》記載，子英善入水捕魚，捕得赤鯉魚，飼養一年，魚長丈餘，生角有翅翼，對子英說來迎他昇天，子英遂上魚背騰昇而去，又歲歲來歸。㉚脩羊陷石於西嶽　《列仙傳》記載，脩羊公在華陰山石室中有懸石榻，臥其上，石盡穿陷。曾干謁漢景帝，受到景帝的禮遇，最終化石羊而去。華陰山即西嶽華山。㉛馬丹回風以電徂　《列仙傳》記載，馬丹是春秋時晉國人，晉靈公逼他為官，有迅風忽至，馬丹入回風而去。㉜鹿翁陟險而流泉　《列仙傳》記載，鹿皮公是府小吏，作閣道登岑山，食芝草，飲神泉，近七十年。能預知淄水將發，救助宗族六十餘人於難，後著鹿皮衣上閣道而去。㉝園客蟬蛻於五華　《列仙傳》記載，園客種五色香草，引來五色蛾，蛾變生蠶，結巨繭一百二十頭，園客與妻仙女收繭後即不知去向。蟬蛻，蟬由幼蟲脫殼而成蟬，比喻由人而成仙。㉞仙經　道教經籍言神仙煉養之事，多稱出自仙傳神降，故言仙經。㉟服食方　為求長生而服食的藥餌方劑。㊱耆儒　年老而博學的儒者。

【語　譯】我寫作《抱朴子內篇》論述神仙方面的事，共計二十卷。弟子滕升問道：「先生說：『神仙可以做到，長生不死可以學到。』古代成仙的人，難道有這樣的人嗎？」我回答說：「從前秦大夫阮倉所記載的仙人，有數百人。劉向撰寫的神仙傳記，又記載了七十一人。因為神仙的行跡幽深隱秘，與世人所為不同，故世人聽說的神仙，千人還不到一個。所以甯封子入於大火卻在煙氣之上，馬師皇被他醫治的龍迎去，方回由於服食雲母能夠變化，赤將子輿服食百草花能夠隨風上下，涓子服食朮寫下經書，嘯父列火數十處就飛昇無窮仙界，務光食乾薤而能游深潭，仇生常食松脂而不老，邛疏服食石髓修煉形體，琴高在碭郡水中乘赤鯉，桂父服食龜腦調和的丸因而皮色變化，女丸年已七十卻面容年輕，陵陽子明吞服五石脂被龍迎上高山，商丘子胥咀嚼菖蒲根得以不死，雨師赤松子煉製五色石飛到天上，呼子先和酒家嫗駕馭著兩條虬龍昇天而去，周靈王太子姬晉成仙後跨白鶴停駐在緱氏山巔，軒轅控御飛龍由鼎湖昇天，葛由騎著木羊上了西蜀綏山，陸通服食橐盧木實就經歷了久遠的歲月，蕭史夫婦乘鳳凰飛昇，東方朔在京都留下頭巾風飄而去，犢子冬賣桃李可算得上神仙，主柱煉食丹砂終於飛行仙去，黃阮丘在睢嶺長久生活，子英乘赤鯉騰昇高遠仙界，脩羊公在西嶽華山臥石榻而石穿，馬丹入旋風閃電一般飛去，鹿皮公登峻嶺飲神泉，園客由於種五色香草而終至成仙。我如今又抄集那些見於仙經、服食方、諸子百家之書及先師所說、博學老儒所論的古代仙人，收為十卷，來傳給智慧真切、識見深遠的人。對於那些為俗見羈絆，思想不能入於幽微的人，我也不勉強要他們來讀。我知道劉向的記述很簡要，許多好事沒有載入。我記述的這些傳記雖然神仙們的深妙奇異之處，不能完全記載進去，但還保存了大致情況，我個人認為比起劉向遺棄很多內容要勝過很多了。」葛洪撰著。

卷一

廣成子

【題解】本篇節錄自《莊子．外篇．在宥》，現原文俱在，可以對照。莊子是戰國中期的學者，其時並無道教，但後世道教學者把《莊子》也收入道教經籍之中。莊子的思想和道教的宗旨有相近之處，也有不一致的地方。在生死觀上差異就較大，莊子對人的生死取達觀態度，在內篇〈大宗師〉中他說：「死生，命也，其有夜旦之常，天（自然）也。人之有所不得與（干預），皆物之情（實情）也。」因而他主張隨順自然，安於命運：「且夫得（得生）者，時也；失（死）者，順也；安時而處順，哀樂不能入也。」然而道教是重視生命的宗教，主張通過種種道術來求得長生，永離死亡，因而葛洪曾批評莊子：「或復齊死生，謂無異以存活為徭役，以殂歿為休息，其去神仙，已千億里矣。」（《抱朴子內篇．釋滯》）

然而《莊子》一書並不是一人之作，現今大多數學者都認為《莊子》書中的內篇為莊子自作，而其外篇、雜篇則為莊子的後學所作。而這些後學們在理論上與莊子有所不同，他們之間也有分歧。〈在宥〉在外篇，篇中這章廣成子與黃帝的問答，正是表達了古代養生家的理論，越出了正統莊學的界限，因而被葛洪慧眼看中，選入《神仙傳》之中。

文中黃帝向仙人廣成子請教他活了一千二百歲的修身道術，廣成子於是發表了一番議論。他的話的中心是關於「至道」，至道即根本大道。在莊子學派說來，道是形成萬物的總根據，是左右世界的總規律。人得了道，就能長生不老，就能為皇為王對天下實行無為之治。而怎樣才能得道呢?那是不能運用智力去追尋的，而要內心保持平靜，感官關閉不外通，這樣天性不失，就與至道同體了。因而可以說，廣成子所傳授的「治身之道」，還是以內修為主的。

廣成子者，古之仙人也，居崆峒山❶石室之中。黃帝❷聞而造❸焉，曰：「敢問至道之要。」廣成子曰：「爾治天下，雲不待簇而飛，草木不待黃而落❹，奚足以語至道哉！」黃帝退而閒居三月，復往見之。廣成子方北首❺而臥，黃帝膝行而前，再拜❻請問治身之道。廣成子蹶然❼而起，曰：「至❽哉子之問也！至道之精，窈窈冥冥❾，至道之極，昏昏默默❿。無視無聽，抱神以靜，形將自正。必靜必清，無勞爾形，無搖爾精，乃可長生。慎內閉外⓫，多知⓬為敗。我守其一，以處其和⓭，故千二百歲而形未嘗衰。得吾道者，上為皇；入吾道者，下為王。吾將去汝，適無何之鄉⓮，入無窮之門，遊無極之野⓯。與日月齊光，與天地為常。人其盡死，而我獨存焉。」

【注釋】❶崆峒山　在今甘肅平涼西，屬六盤山。《莊子》原文作「空同之山」，則是一個杜撰的地名。❷黃帝　古帝名，姓公孫，生於軒轅之丘，故曰軒轅氏，國於有熊，故曰有熊氏。擒誅蚩尤，被尊為天子，在位百年而崩。道教傳說中，說他採首山之銅鑄鼎於荊山之下，鼎成有龍迎他昇天（見《列仙傳》）。❸造　至；往。❹雲不待簇而飛二句　這是說黃帝有心治天下，以致萬物失其本來狀態。老、莊主張無為而治，對萬物任其自然。❺北首　頭向北。❻再拜　一種禮節，先後拜兩次，表示禮節隆重。❼蹶然　迅疾而起貌。❽至　至善。❾窈窈冥冥　深遠暗昧。❿昏昏默默　深而靜。⓫慎內閉外　保持內心的靜定，關閉感官。莊子認為，人如果能身如槁木，心若死灰，不為外界所動，就能得到大道了。⓬知　通「智」。⓭我守其一二句　這二句歧解甚多，聯繫《莊子》原文之上文，可知此謂保守先天真性，慎處陰陽之和。⓮無何之鄉　即《莊子・逍遙遊》之「无何有之鄉」，謂寂寞虛曠之地，形容至道之境。⓯入無窮之門二句　都指無窮無盡的自然至道之境。

【語譯】廣成子是古代仙人，住在崆峒山石室中。黃帝聽說就去見他，說：「請問至道的精要。」廣成子說：「你治理天下，雲沒有集聚就飛散了，草木沒有黃就凋落了，怎麼值得跟你談論至道呢！」黃帝退回，閒居了三個月，又去見他。廣成子正頭向北而臥，黃帝跪著向前行進，連著下拜兩次，請問修身的道術。廣成子迅疾翻身而起，說：「你問得很好啊！至道的精粹，深遠暗昧；

至道的極致，幽深寂靜。不要外視，不要收聽，保持精神寧靜，形體將自然正常。一定要寧靜，一定要清明，不勞累你的形體，不擾動你的精神，就可以長生。慎守內心的靜定，關閉感官，智巧運用多了就會敗壞。我保持先天真性，處於陰陽之和，所以活了一千二百歲而形體沒有衰老。得到我說的至道的人，上者可以為皇；修入我說的道的人，下者也可以為王。我要離開你，到那寂寞虛曠之地，進入無窮盡的境地的大門，遨遊於無邊際的大野之上。我和日月同光，與天地共存。人們都不免於死，而我獨自永存下去。」

若士

【題解】本篇是敘述秦時方士盧敖遊歷於極北之地，遇見仙人若士的故事。《淮南子・道應》有相同的記載，此篇可能即由此節錄而成。但《淮南子》引用前代典籍甚多，這一故事也可能有更早的源頭，《神仙傳》也可能同樣迻錄於前代典籍，這都難以考證了。

《史記・卷六・秦始皇本紀》記載方士盧生其人，他曾經入海為秦始皇求仙人不死之藥，後因為懼禍而逃走，這大概就是本篇中的盧敖了。篇中盧敖自詡盡觀天地四方之外的景物，於是引來若士之論。若士說，他曾到過那無法稱說之地，那個地方空曠、沉默、深窈，而且通於混沌之前，那裡上不見天，下不著地，無聞無見，廣大無際，無法測度。這是個什麼地方呢？其實是指大道的境界。《老子・第十四章》說：「視之不見名曰夷，聽之不聞名曰希，搏之不得名曰微。此三者不可致詰，故混而為一。其上不皦，其下不昧，繩繩不可名，復歸於無物，是謂無狀之狀，無物之象，是謂惚恍。」（據王弼注本）本篇中若士之言正是據此而來。若士是得道仙人，所以他曾遊道境，而與汗漫（指渺茫不可知之道體）為友。而盧敖不過是一得之士而已，《歷世真仙體道通鑑》的編者元朝趙道一則由此評論說：「若有得一法，得一術，而自以為大道虛無不過如此，能不淺哉！」

本篇所描繪的仙人若士頗為奇特，他生就異相，但舉動天真可愛，一會兒在風中飛舞，一會兒躲在龜殼之中食蟹蛤，終於飛入雲中而去。其言談舉止都使讀者感到這是從另一個世界（仙界）

來的人。

若士者，古之神仙也，莫知其姓名。燕❶人盧敖，秦時遊於北海❷，經於太陰❸，入於玄闕❹，至於蒙穀❺之山而見若士焉。其為人也，深目而玄準❻，鳶肩❼而脩頸，豐上而殺下❽，欣欣然方迎風軒輊❾而舞。顧見盧敖，因遁逃於碑❿下。盧敖仰而視之，方踡⓫龜殼而食蟹蛤⓬。盧敖乃與之語曰：「惟以敖為背群離黨，窮觀六合⓭之外，幼而好遊，長而不渝。周行四極⓮，唯北⓯陰之未闚⓰。今卒覩夫子於此，殆可與敖為友乎？」若士齤然⓱而笑，曰：「嘻，子中州⓲之民，不宜遠而至此。此⓳猶光乎日月而載乎列星⓴，比夫不名之地，猶安奧㉑也。我昔南遊乎罔㝗㉒之野，北息乎沉默之鄉，西窮乎窈冥之室，東貫乎鴻濛㉓之先㉔。其下無地，其上無天，視焉無見，聽焉無聞，其外猶有汰沃㉕之汜㉖。其餘㉗一舉而千萬里，吾猶未之能究㉘也。今子遊始至於此，乃云窮觀，豈不陋哉！然子處矣，吾與汗漫㉙期於九垓㉚之上，不可以久住。」乃舉臂竦身㉛，遂入雲中。盧敖仰而視之，弗見乃止，愴恨若有喪者也，曰：「吾比夫子也，猶鴻鵠之與壤蟲㉜也。終日而行不離咫尺㉝，自以為遠，不亦謬也！悲哉！」

【注釋】❶燕　指古燕國之地，在今河北省北部，遼寧省西部。❷北海　泛指北方極遠僻的地域。❸太陰　北方。❹玄闕　北方之山的山名。闕，原作「關」，據《雲笈七籤》卷一〇九改。❺穀　原作「谷」，據《雲笈七籤》卷一〇九改。❻玄準　高鼻。玄，通「懸」。高聳。準，鼻。❼鳶肩　謂兩肩上聳，像鴟鳥棲止時的樣子。❽豐上而殺下　額頭寬廣，下頦尖削。❾軒輊　高低。❿碑　豎立的大石。⓫踡　拳曲不伸。⓬蛤　蛤蜊，軟體動物，生活在近海泥沙中。⓭六合　天地四方。⓮四極　原為古代神話中四方的擎天柱，後指四方極遠之地。⓯唯北　原作「推此」，據《淮南子·道應》改。⓰闚　原作「闕」，據《淮南子·道應》改。⓱齤然　笑而露齒貌。齤，原作「儼」，據《淮南子·道應》改。⓲中州　中原。⓳此　原無「此」字，據《淮南子·道應》補。⓴列星　羅布天空定時出現的恆星。㉑窔奧　深奧。窔，原作「突」，據《雲笈七籤》卷一〇九改。㉒罔㝗　空曠。原作「洞瀰」，據《淮南子·道應》改。㉓鴻濛　宇宙形成前的混沌狀態。原作「澒洞」，據《淮南子·道應》改。㉔先　原作「光」，據《淮南子·道應》改。㉕汰沃　四海與天相接之大水。原作「汥汥」，據《淮南子·道應》改。㉖氾　水涯。㉗餘　原作「行」，據《淮南子·道應》改。㉘究　據《雲笈七籤》卷一〇九補。㉙汗漫　此處從表面看是一位仙人之名（後世文學家也多把汗漫作仙人），但其實是渺茫不可知之義。這種把抽象哲學概念擬人化的手法在古代典籍中常可見到。㉚九垓　九天之外。㉛竦身　即聳身，縱身往上跳。竦，通

「聳」。㉜壤蟲　即蠰蟲，一種形似天牛的桑樹害蟲。壤，通「蠰」。㉝咫尺　比喻距離很近。咫，周制八寸。

【語　譯】若士是古代的神仙，沒有人知道他的姓名。燕人盧敖秦朝時在北海一帶遊歷，經過太陰，進入玄闕山，來到蒙轂山，見到若士。若士這個人，凹陷的眼睛，高聳的鼻子，兩肩似鴟鳥棲止般聳起，脖頸修長，額頭寬廣，下頦尖削，正高高興興地迎風上下飛舞。他回頭看見盧敖，於是逃到立石腳下。盧敖仰面望他，他正拳曲著身體躲在龜殼內吃蟹蛤。盧敖就對他說：「我背離朋輩親族，看盡天地四方之外的景物，年幼時就愛好遊覽，長大了也沒有改變。我行遍四極，只有北方太陰山還沒有見過。今天在這裡突然見到先生，或許可以跟我做個朋友吧？」若士露齒一笑，說：「嘻，你是中原人，不應該遠遠地到這裡來。這裡天上還有日月照耀，恆星羅布，比起那我所遊的無法稱說的地方，那裡還要杳渺。我從前南面遊歷到空曠的原野，北面在深沉靜默之鄉歇息，西面窮盡到深幽之室，東面直通到混沌狀態之先。那裡下面沒有地，上面沒有天，看也看不到什麼，聽也聽不到什麼，外面還有際天大水的涯岸。其餘地方，我飛舉起來能達到千萬里，尚且不能窮究。如今你才遊歷到這裡，竟然說看盡天地四方之外的景物，難道不是太淺陋了嗎！既然如此，你就在這裡吧，我跟汗漫約定在九天之外會面，不可以長久在此。」若士就舉起手臂，縱身上跳，遂進入雲中。盧敖仰面觀望，直到看不見為止。感傷遺憾若有所失，他說：「我跟若士先生相比，就像天鵝跟蠰蟲一般。我走了一整天，卻走不出咫尺之路，自己認為走得很遠，不是很錯誤嗎！可悲啊！」

沈文泰

【題　解】沈文泰求仙而終得仙去，他的道術主要是二則：一是服土符來延年益壽，二是服用仙藥。他在傳授給弟子李文淵時，強調要以服藥為主，如不服藥，則修道無益。這裡表現了葛洪的一個重要理論，即服用仙藥是成仙的主要途徑。本文中所涉及的仙藥有二：一是紅泉神丹，這是金丹術之一種；二是運用黃白術製煉而成的藥金藥銀。

沈文泰者，九疑❶人也。得紅泉神丹法❷、土符還年之道❸，服之有效。欲之❹崑崙❺，留❻安息❼二千餘年。以傳李文淵曰：「土符卻老❽，不去❾服藥，行道無益也。」文淵遂受❿其秘要，後亦昇天。今以竹根汁煮丹及⓫黃白去三尸法⓬，出此二人也。

【注　釋】❶九疑　山名，又名蒼梧山，位於今湖南寧遠南。相傳虞舜葬此。❷紅泉神丹法　據《抱朴子內篇・金丹》有李文丹法（當作「李文淵丹法」），用白色生絹裹丹，用竹汁煮之，名曰紅泉丹，合以玄水而服，一年成仙。「紅泉」二字，原作「江眾」，據《雲笈七籤》卷一〇九改。「法」字據《漢魏叢書》卷一〇補。❸土符還

年之道　一種以服符來使人延年益壽的道術。《道藏・太上曲素五行秘符》中錄有五行秘符，其中一種為土符，調配合存思、祝禱、叩齒、咽唾，服符佩符，行之九年，可飛昇虛空，役使玉女。此五行秘符可合用、可單用。本篇所言土符，或即此類。❹之　原作「於」，據《雲笈七籤》卷一〇九改。❺崑崙　道教仙境「三島」之一。《雲笈七籤》卷二六記載，崑崙在西海戌地，北海亥地，方圓一萬里，周圍有弱水環繞，其上有仙人宮闕，為西王母所治。❻留　據《雲笈七籤》卷一〇九改。❼安息　亞洲西部古國，在今伊朗高原。❽卻老　使人不老。「卻老」二字據《漢魏叢書》卷一〇補。❾去　原作「法」，據《漢魏叢書》卷一〇改。❿受　原作「授」，據《漢魏叢書》卷一〇改。⓫及　據《雲笈七籤》卷一〇九補。⓬黃白去三尸法　黃白，即黃白術，黃指金，白指銀，這是道教徒通過燒煉各種藥物製取「藥金」、「藥銀」（類似金銀的合金）的方技，藥金、藥銀既可作延年之藥服用，又可充作金銀使用。三尸，又稱「三蟲」，道教繼承漢代緯書的說法，謂人身中有三尸，分踞人頭、腹、足中，禍害人體，並於庚申日上告天帝其人種種罪行，減人祿命。道教有種種除三尸之法，服藥金藥銀除三尸即為其法之一。《抱朴子內篇・黃白》載務成子法，謂以鐵筩煉雄黃、水銀而成金（即藥金），服藥金之丸，一日三次，盡一斤則三尸皆去，此即黃白去三尸法之一種。本篇上文所言之「紅泉神丹」，當亦有去三尸之功效。「白」字原作「土」，據《雲笈七籤》卷一〇九改。「法」字據《雲笈七籤》卷一〇九補。

【語譯】沈文泰是九疑山人。他得到製作紅泉神丹之法和用土符使人不老的道術，服用很有效驗。他想去崑崙山，半路留在安息兩千多年。他傳授李文淵時說：「用土符來延年益壽，如果不去服仙藥，那麼修道也沒有益處。」李文淵於是接受了他的道術的秘密要旨，後來也昇天而去。如今流傳的用竹根汁煮丹之法和以黃白術去三尸之法就出於這二人。

彭祖

【題解】彭祖，一作彭鏗，本篇則說他姓籛名鏗。彭祖原係先秦至西漢時傳說中的仙人，以長壽傳聞。《論語・述而》有「竊比於我老彭」，有人認為「彭」即彭祖。《莊子》中述及彭祖之處甚多，〈大宗師〉論道，說：「彭祖得之，上及有虞，下及五伯。」是說他得道而長壽。此外《荀子・修身》、屈原〈天問〉也都提到彭祖。馬王堆漢墓竹簡《養生方》則記述了彭祖關於養生的答問。道教產生以後，則把彭祖奉為仙真。《列仙傳》中有〈彭祖〉一篇，記述則不夠詳盡。

本篇可算是《神仙傳》中難得的長篇，毛晉本與《漢魏叢書》本相差不大，可見在流傳過程中被刪節得不多，這也反映出後人對彭祖養生之道的重視。本篇除比較完整地記載了彭祖的身世遭遇外，還比較全面地轉述了彭祖關於養生的學說。

彭祖在答采女問的談話中特別把仙人和得道之人區別開來。他說，仙人能飛行變化，浮遊於青雲、江海、深山之中，形貌異於常人，不與世俗交往。而得道之人不同，他能任高官，享榮華，吃美食，穿輕麗，而不會生病，不遭傷害，長生不老，永在世間。彭祖表示後者更為可貴，他願做一個得道之人。這種願為地仙，不為天仙的思想，對後世道教徒影響很大，《神仙傳》中也可以看見後繼者中也有抱這種願望的人。

彭祖闡述了養生益壽之道的原則，那就是不傷身。他認為威儀、美色、聲樂等種種人生享受，只要不過分，能斟酌而行，都可以養壽，但如果不得其宜，則會招來禍患。就像水火，使用得當，可以造福於人；如果失於控制，就會造成禍患。

彭祖指出，基本養生方法有兩條：一是服氣，這是呼吸方面的鍛鍊，吸納天地生氣，閉之於內，行氣於身，療疾強身。二是房中術，這是在男女性生活方面的養生術。漢以前的記載中，都說彭祖善於呼吸吐納之術，並未提到房中術。而到晉葛洪《抱朴子內篇》則多次把彭祖和房中術聯繫起來，並說房中術十餘家中「彭祖之法，最其要者」（〈微旨〉）。此篇轉述的彭祖養生之法和葛洪的主張是一致的，《抱朴子內篇・釋滯》說：「欲求神仙，唯當得其至要，至要者在於寶精行氣，服一大藥便足，亦不用多也。」寶精是行房中術，行氣即服氣，如此已可長生，如服大藥（指金丹等仙藥），則可為神仙。

彭祖者，姓籛，名鏗，帝顓頊❶之玄孫❷，至殷末世，年七百六十歲而不衰老。少好恬靜，不恤❸世務，不營名譽，不飾車服，唯以養生治身為事。殷王聞之，拜為大夫，常稱疾閒居，不與❹政事。善於補養導引❺之術，并服水桂❻、雲母粉❼、麋鹿角❽，常有少容。然其性沉重，終不自言有道，亦不作詭惑變化鬼怪之事，窈然無為。時乃遊行，人莫知其所詣，伺候❾之，竟不見也。有車馬而不常乘，或數百日，或數十日，不持資糧，還家則衣食與人無異。常閉氣內息⑩，從平旦⑪至日中，乃危坐⑫拭目，摩搦身體⑬，舐脣咽唾，服氣⑭數十，乃起行言笑如故。其體中或有疲倦不安，便導引⑮閉氣，以攻其患，心存其身頭面、九竅、五藏、四肢，至於毛髮，皆令其存覺⑯，其氣行體中，起於鼻口中，達十指末⑰，尋即平和也。

【章旨】概述彭祖身世和他的養生之道。

【注釋】❶顓頊　古帝名，黃帝之孫。初國於高陽，故號高陽氏，都於帝丘。在位七十八年。❷玄孫　遠孫。❸恤　憂慮。❹與　參與。❺補養導引　補養，指通過運用房中術來補益身體，包括還精補腦、採陰補陽等。導引，此指房中導引，是把房事與導引相結合。❻水桂　葛洪認為肉桂也是仙藥，《抱朴子內篇・仙藥》記述有趙他子服桂二十年，能日行五百里，力舉千斤。篇中又說到「桂可以蔥涕合蒸作水」，和以竹瀝或龜腦服之，七年能步行水上，長生不死。此即服水桂。❼雲母粉　雲母主要成分為硅鋁酸鹽，種類較多。道教徒把雲母作為天然仙藥的上藥，但很少入於丹方。葛洪說，雲母埋之不腐敗，燒之不焦，所以服之也能長生（見《抱朴子內篇・仙藥》），不同種類雲母各適宜不同季節服用，服法又有蒸、煮、拌服等各法，《雲笈七籤》卷七五就載有「眾仙服雲母法」二十六種。❽麋鹿角　麋鹿，俗稱四不像，鹿科的一種。道教徒把麋鹿角粉作為滋補強壯之藥。元李鵬飛《三元延壽參贊書》卷四曰：「彭祖曰：使人丁壯，房室不勞損，莫過麋角也。」❾伺候　守候窺望。❿閉氣內息　指胎息之法，為道教呼吸修煉的重要方法。實行時，吸氣而閉之，微微吐出，令其出少入多，呼吸逐漸輕微，直至不覺呼吸，則為胎息。「得胎息者，能不以鼻口嘘吸，如在胞胎之中，則道成矣。」(《抱朴子內篇・釋滯》) ⓫平旦　清晨。⓬危坐　端坐。古人坐與跪相似，坐時臀部著腳掌，腰身端正，即為危坐。⓭摩搦身體　指按摩，即循行一定的經穴，用按壓、揉摩、捏推等手法作用於人體。⓮服氣　又稱食氣。服氣包括二方面：一是服自身元氣，盡量使內氣不外洩；二是服天地精氣。⓯導引　導引是修煉者以自力引動肢體所做的俯仰屈伸運動（常和行氣、按摩相配合），以鍛鍊形體的一種養生術，屬氣功中的動功。導引一詞另有廣義的用法，則包括氣功的動功、靜功俱在內。導有疏通、宣導之義，引有伸展、引而使之之義。⓰心存其身頭面九竅五藏四肢三句　存，即存思，又名存想，是道教重要修煉方術之一。要求閉合雙眼或微閉雙眼，存想內觀某一對象的形貌、活動等。存思對象很廣，此處是存思人體各部位及在各部位的神真。《抱朴子內篇・雜應》曾說到通過存思來避免瘟疫之法：「仙人入瘟疫秘禁法，思其身為五玉。五玉者，隨四時之色，春色青，夏赤，四季月黃，秋白，冬黑。」「又思五臟之氣，從兩目出，周身如雲霧，肝青氣，肺白氣，脾黃氣，腎黑氣，心赤氣，五色紛錯，則可與疫病者同牀也。」⓱其氣行體中三句　這裡是說，通過存思使內氣在人體內運行起來，以收到療疾的效果。

【語　譯】彭祖姓籛名鏗，顓頊帝的遠孫，到殷朝末年，已經七百六十歲，卻不衰老。年輕時就喜歡恬靜，不關心世上的事務，不追求名譽，不當高官使車輿禮服顯耀華麗，只把保養生命、愛護身體作為個人努力的事情。殷王聽說，就拜他為大夫，可是彭祖常稱病閒居，不參與政事。他擅長補養導引之術，並且服用水桂、雲母粉、麋鹿角，因而面容長久保持年輕。然而他的性情深沉持重，一直不肯說自己已經得道，也不做奇特、惑人、變化、鬼怪之類的事情，幽靜而處，無所作為。有時出遊，人們不知他到哪裡去，守候窺望他的行蹤，始終不見他的身影。他有車馬，卻不常乘，出外有時幾百天，有時幾十天，不帶旅費糧食，回到家裡則穿衣吃飯跟常人無異。他經常閉氣，在體內呼息，從清晨至日中，就端坐擦眼，按摩身體，舌舔嘴唇，吞嚥唾液，服氣幾十次，才起身行步談笑，和平時一樣。身體偶爾疲倦不安，便導引閉氣，來治療疾病，心中存想自身頭面、上下九竅、五臟、四肢，直到毛髮，都要存想到，使內氣在體中運行，從鼻口開始，達到十指末端，不一會兒，身體就康復了。

王自詣問訊，不告之。致遺珍玩，前後數萬，彭祖皆受之，以恤貧賤，略無所留。又有采女❶者，亦少得道，知養形之方，年二百七十歲，視之年如十五六。王奉事之於掖庭❷，為立華屋紫閣，飾以金玉。乃令采女乘輕軿❸而往問道於彭祖，采女再拜，請問延年益壽之法。彭祖曰：「欲舉形登天，上補仙官者，當用金丹❹，此元君太一❺所服，白日昇天也。然此道至大，非君王所為。其次當愛精養神，服餌至藥，可以長生，但不能役使鬼神，乘虛飛行耳。不知交接之道❻，雖服藥無益也。采女，能養陰陽❼者也，陰陽之意，可推而得，但不思之耳，何足枉問耶！僕遺腹❽而生，三歲失母，遇犬戎❾之亂，流離西域❿，百有餘年。

加以少怙，喪四十九妻，失五十四子，數遭憂患，和氣⓫折傷，令肌膚不澤，榮衛⓬焦枯，恐不得度世⓭。所聞素又淺薄，不足宣傳。今大宛⓮山中，有青精先生者，傳言千歲，色如童子，行步一日五⓯百里，能終歲不食，亦能一日九餐，真可問也。」

【章旨】敘述采女向彭祖拜問延年益壽之法，彭祖答說，當養精愛神，服餌至藥，並且兼通交接之道。

【注釋】❶采女　宮女。❷掖庭　皇宮中的旁舍，宮嬪所居之處。❸輕軿　輕便馬車。軿，古代貴族婦女所乘有帷幕的馬車。❹金丹　指金液、還丹。《抱朴子內篇・金丹》：「余考覽養性之書，鳩集久視之方，曾所披涉篇卷，以千計矣，莫不皆以還丹、金液為大要者焉。然則此二事，蓋仙道之極也。」❺元君太一　亦作「太乙元君」或「太乙」、「太一」、「元君」。《史記・卷二八・封禪書》曰：「亳人謬忌奏祠太一方，曰：天神貴者太一。」《抱朴子內篇・極言》謂「黃帝及老子奉事太乙元君以受要訣」。《抱朴子內篇・金丹》：「元君者，老子之師也。」「元君者，大神仙之人也，能調和陰陽，役使鬼神風雨，驂駕九龍十二白虎，天下眾仙皆隸焉。」❻交接之道　即房中術。❼陰陽　即陰陽之術，也就是房中術，見《抱朴子內篇・微旨》。❽遺腹　懷孕婦人於丈夫死後生子，稱為遺腹子。❾犬戎　古族名，古戎人的一支。殷周時，游牧於涇渭流域，是殷周西邊的勁敵。❿西域　玉門關以西地區的總稱。⓫和氣　元氣；中氣。⓬榮衛　泛指氣血。⓭度世　謂超脫塵世為仙。⓮大宛　古西域國名。⓯五　原作「三」，據《漢魏叢書》卷一、《三洞群仙錄》卷二改。

【語　譯】殷王親自去見彭祖，詢問養生之道，彭祖不告訴他。殷王贈送珍奇的玩物，前後價值數萬金，彭祖都收下來，用來賑濟貧賤百姓，自己一點不保留。又有一位殷王的宮女，也稍微得道，懂得保養形體的方法，年紀已經二百七十歲，看上去像是十五六歲的樣子。殷王把她供養在後宮中，為她建造了華麗輝煌的殿閣，用金玉來加以裝飾。殷王就命這位宮女乘上輕便的掛著帷幕的馬車，去向彭祖請教，宮女向彭祖連拜兩次，請問延年益壽的方法。彭祖說：「想要飛身登天界，補任仙官，就應當服用金丹，這是元君太一所服用，可白日昇天。然而這一道術極為繁雜，不是君王所能做的。其次應當珍惜精液，頤養精神，服食最好的仙藥，則可以長生不老，但不能驅使鬼神，在空中飛行。不懂得男女交接的方術，即使服仙藥，也沒有益處。宮女是能夠通過陰陽之術來養生的人，陰陽之術的道理，可以推究得到，只是不去思考罷了，哪裡值得屈就問我呢！我生下來是遺腹子，三歲時母親去世，又遇到犬戎入侵的禍亂，在西域流落離散一百多年。再加我缺少依恃，共死去四十九個妻子，失去五十四個兒子，屢次遭受憂傷患難，元氣折損，使我肌膚不潤澤，氣血枯竭，恐怕不能超脫塵世為仙。我的學識又淺薄，不值得傳揚。如今大宛國山中，有一位青精先生，傳說已有千歲，面色像兒童，一日能行五百里，能夠終年不食，也能一天吃九頓，真可以向他請教。」

采女曰：「敢問青精先生所謂何仙人也？」彭祖曰：「得道者耳，非仙人也。仙人者，或竦身入雲，無翅而飛；或駕龍乘雲，上造太堦[1]；

或化為鳥獸，浮遊青雲，或潛行江海，翱翔名山；或食元氣❷；或茹芝草❸；或出入人間，則不可識；或隱其身草野之間，面生異骨，體有奇毛❹，戀好深僻，不交流俗。然有此等，雖有不亡之壽，皆去人情，離榮樂，有若雀之化蛤，雉之為蜃❺，失其本真，更守異氣❻，今之愚心未之願也。人道當食甘旨，服輕麗❼，通陰陽❽，處官秩❾，耳目聰明，骨節堅強，顏色和澤，老而不衰，延年久視❿，長在世間，寒溫風濕不能傷，鬼神眾精莫敢犯，五兵⓫百蟲⓬不能近，憂喜毀譽不為累，乃可貴耳。

【章　旨】彭祖論述得道者和仙人的不同，認為得道長生，享盡人間種種樂趣，乃為可貴。

【注　釋】❶太堦　即泰階，古星座名，即三台。上台、中台、下台共六星，兩兩並排而斜上，如階梯狀，故名。❷食元氣　道教認為「人與物類皆稟一元之氣而得生成」（《雲笈七籤》卷五六〈元氣論〉），所以服食自身先天元氣，使之不外洩，是養生之大要。食元氣實即前所注之服氣、胎息。❸芝草　即靈芝。葛洪認為，芝是僅次於丹砂、金、銀的上等仙藥，芝分五類，即石芝、木芝、草芝、肉芝、菌芝，每類各有一百多種，《抱朴子內篇．仙藥》論述甚詳。❹或隱其身草野之間三句　《列仙傳．毛女》、《抱朴子內篇．仙藥》俱記載有秦宮女在秦末逃入深山，食松葉松實，遂形體生毛，行走如飛，漢成帝時為獵人所發現。❺雀之化蛤二句　《禮記・月令》記載：季秋之月，「爵入大水為蛤」；孟冬之月，「雉入大水為蜃」。爵，通「雀」。蛤，蛤蜊，生活在近海泥沙中的軟體動物。蜃，大蛤。又《論衡・無形》云：「氣變物類，蝦蟇為鶉，雀為蜃蛤。」❻氣　原作「器」，據《漢魏叢書》卷一改。❼輕麗　輕柔華麗的服裝。❽通陰陽　指和諧的性生活。❾處官秩　任官職，享俸祿。❿久視　長久生存。視，活。⓫五兵　五種兵器。⓬百蟲　各種動物。蟲，泛指動物。

【語　譯】宮女說：「請問青精先生是什麼仙人？」彭祖說：「他是個得道的人，不是仙人。仙人有的縱身入雲，沒有翅膀卻能飛行；有的駕龍騰雲，上至泰階星座；有的變化為鳥獸，浮遊在青雲之上，或者潛行於江海之中，遨遊於名山之內；有的服食先天元氣；有的服食靈芝；有的出入人間，而人們不能識出他是仙人；有的把自身隱藏在草莽曠野之中，面上生有異常的骨骼，身上長有奇特的長毛，留戀幽深僻靜之地，不跟世俗之人交往。然而這樣的人，雖然有不會死亡的壽命，然而他們都不合一般人情，遠離尊榮享樂，如同雀變成了蛤，雉化為蜃，失去其本來真性，改換而成了異物，這是我的心裡所不願意的。人生在世應當吃甜美的食物，穿輕柔華麗的衣服，過和諧的性生活，任官職享俸祿，耳目的聽力視力都很靈敏，骨骼關節堅實有力，臉色和悅潤澤，年老而不體衰，壽延久活，長在世間，寒熱風濕都不能傷害，鬼、神、眾精靈都不敢侵犯，各種兵器、各種動物都不能逼近，自身的憂傷、快樂，別人的毀謗、稱讚都不會造成憂患，這樣生活才可貴。

人之受氣，雖不知方術，但養之得宜，當至百二十歲，不及此者，皆傷之也。小復曉道，可得二百四十歲；能加之，可至四百八十歲；盡其理者，可以不死，但不成仙人耳。養壽之道，但莫傷之而已。夫冬溫夏涼，不失四時之和，所以適身也；美色淑姿❶，幽閒娛樂，不致思欲之惑❷，所以通神也；車服威儀❸，知足無求，所以一其志也；八音五色❹，以玩❺視聽，所以導心也。凡此皆以養壽，而不能斟酌之者，反以速❻患。古之至人❼，恐下才之子未識事宜，流遁不還，故絕其源也，故有『上士別床，中士異被，服藥千裹，不如獨臥。』『五色令人目盲，五味令人口爽❽。』苟能節宣其宜適，抑揚其通塞者，不減年筭，而得其益。凡此之類，譬猶水火，用之過當，反為害耳。人不知其經脈❾損傷，血氣不足，內理空疏，髓腦不實，體已先病，故為外物所犯，因風寒酒色以發之耳。若本充實，豈當病耶！凡遠思強記傷人，憂恚悲哀傷人，喜❿樂過差⓫傷人，忿怒不解傷人，汲汲⓬所願傷人，戚戚所患傷人，寒暖失節傷人，陰陽不順⑬傷人，所傷人者甚眾，而獨責於房室，不亦惑哉！

【章　旨】彭祖闡述他的養壽之道，認為主要是不要傷身，人世的種種享受不應一概拒絕，而應斟酌用之，適宜而止，不可傷身。

【注　釋】❶美色淑姿　容貌美麗、體態動人的女子。❷思欲之惑　即佛教所說的思惑，指對世間事物而起的貪、瞋、痴等迷情。❸車服威儀　指按官爵所應享有的車輿、禮服、儀仗、扈從。❹八音五色　泛指音樂（包括舞蹈）、美術。八音，指金、石、土、革、絲、木、匏、竹八類樂器。五色，青、赤、黃、白、黑五種顏色，古代以此五色為正色，其他為間色。❺玩　欣賞。❻速　招致。❼至人　得道最深，德行極為高超的人。❽五色令人目盲二句　出於《老子・第十二章》。五味，酸、苦、甘、辛、鹹。爽，口病。❾經脈　人體內氣血運行的主要通路。❿喜　原作「情」，據《漢魏叢書》卷一改。⓫過差　過分；失度。⓬汲汲　心情急切貌。⓭順　原作「交」，按《漢魏叢書》卷一改。

【語　譯】人稟受元氣而生，雖然不知養生的方法，但保養適當，應該活到一百二十歲，活不到這個年紀，都是傷身的原故。稍微懂得一些養生的道理，可以活到二百四十歲；能夠更多懂一些養生的道理，可以活到四百八十歲；能夠完全懂得養生的道理，可以長生不死，但不能成為仙人。保養年壽的道理，只在於不要傷身罷了。冬天保持溫暖，夏天保持涼爽，四季生活和諧，就可以使身體舒適；與美貌動人的女子在一起，清靜閒適，歡娛快樂，不造成貪欲的迷情，就可以使精神通於神明；對於車輿、禮服、儀仗、扈從，能夠知足不追求，就可以使心志專一；音樂美術，供耳目欣賞，就可以疏導心緒。所有這些事都可用以保養年壽，但是不能斟酌而用，反倒會招致禍患。古代得道最深的高人，恐怕才質低下的人不懂得事理，對於上述的種種事情沉迷放縱，不知反悟，所以就從根源上來加以斷絕，因而就有『才質上等的人與女子分床而臥，才質中等的人與女子不同被而臥，服藥千包，不如不行房事獨自臥。』『繽紛的色彩使人眼花撩亂，飲食饜飫使人舌不知味。』之類的說法。如果能對這些事情或節制或宣洩，處得其宜，在過暢或阻滯時，抑揚得當，就能不減壽數，並得到補益。所有這類事情，比方就像水火，使用不適當，反而造成禍害。人不知道他的經脈已經損傷，血氣不足，內臟運行虛弱無力，骨髓腦子不充實，身體已先有病，所以被外物侵犯，趁著風寒酒色而發作。若是身體本來充實，難道就該生病嗎！凡是深遠思索勉強記憶都會傷人，憂傷憤怒悲哀也會傷人，喜樂過分會傷人，心中忿怒不能化解會傷人，急切追求所希望之事會傷人，憂心於所擔心之事會傷人，身體的冷暖失於調節會傷人，房事不得法會傷人，傷人的原因很多，卻只責備房事一條，不也很糊塗嗎！

男女相成❶，猶天地相生也，所以導養神氣，使人不失其和。天地得交接之道，故無終竟之限；人失交接之道❷，故有殘折之期。能避眾傷之事，得陰陽之術，則不死之道也。天地晝離而夜合，一歲三百六十交，而精氣和合者有四❸，故能生育萬物，不知窮極。人能則之，可以長存。次有服氣，得其道，則邪氣不得入，治身之本要也。其餘吐納❹、導引之術，及念體中萬神❺，有含影、守形之事一千七百餘條❻，及四時首向，責己謝過，臥起早晏之法❼，皆非真道，可以教初學者以正其心耳。愛精❽養體，服氣鍊形❾，萬神自守。其不然者，則榮衛❿枯瘁，萬神自逝，非思念所留者也。愚人為道，不務其本，而逐其末，告以至言，又不能信。見約要之書，謂之輕淺，而晝夕伏誦，觀夫《太清北神中經》⓫之屬，以此疲勞至死，無益也，不亦悲哉！又人苦多事，又少能棄世獨住，山居穴處者，以順道⓬教之，終不能行，是非仁人之意也。但知房中之道、閉氣之術，節思慮，適飲食，則得道矣。吾先師初著《九都》、《節解》、《韜形》、《隱遁》、《無為》、《開明》、《四極》、《九室》諸經萬三千首⓭，為以示始涉門庭者耳。」

【章旨】彭祖講授延年益壽之道主要在於二條：一是房中之術，二是服氣。

【注釋】❶相成　互相補充，互相成全。❷交接之道　即房中術。❸四　指四季。❹吐納　此處指吐內在之故氣，納天地之精氣，即服外氣。葛洪說，半夜至日中時為生氣，日中至夜半為死氣。納氣當納生氣（見《抱朴子內篇・釋滯》）。❺念體中萬神　此為存思之一種。道教認為人身亦為一小天地，也有四時五行諸神，且人體之神與體外之神祇是相類相通的。《上清黃庭內景經》說：「內視密盼盡睹真，真人在己莫問鄰。」謂入靜存思則眾神森然，人身中萬神備有，不必外求。❻有含影守形之事一千七百餘條　這是說存思內視之法有一千七百餘種。含影，含影之法。守形，守形之法。俱為內視之法。《抱朴子內篇・地真》說：「吾聞之於師云，道術諸經，所思存念作，可以卻惡防身者，乃有數千法。如含影、藏形，及守形、無生、九變、十二化、二十四生等，思見身中諸神，而內視令見之法，不可勝計，亦各有效也。」該書〈遐覽〉中著錄有〈含景圖〉、〈守形圖〉等各一卷。❼四時首向三句　這說的是道教朝禮謝罪之法。道教有「承負」說，謂人出生入世後積累諸多罪過，此等罪過若不消除，不僅為修道成仙之障礙，並且將留給子孫，因而應向太上或諸天尊悔罪謝過，祈求原宥。解過之法一般應在四時八節之日、五通日、三元日等日向某一方向某一天真，禮拜存思，責己悔過。此外齋醮之中也有誦首悔之文的科儀。首向，朝某一方向行禮存思，此因所禮天尊不同而不同。謝過，認錯。臥起早晏，存思謝過的時間因種種不同方法而有種種不同規定，或早或晚，或臥或起身，並不一致。❽愛精　珍惜精液，即寶精，此是房中術的基本要求。《抱朴子內篇・釋滯》說：「房中之法十餘家，或以補救傷損，或以攻治眾病，或以采陰益陽，或以增年延壽，其大要在於還精補腦之一事耳。」❾鍊形　修煉自身形體而長生。❿榮衛　此處泛指氣血。⓫太清北神中經　《抱朴子內篇・金丹》說：「《太清觀天經》有九篇，云其上三篇，不可教授，其中三篇，世無足傳，當沉之三泉之下，下三篇者，正是丹經上中下，凡三卷也。」其中經三篇，世上無人值得傳授，可見深奧，人不能通。此中經當即《太清北神中經》。⓬順道　趁勢加以引導。⓭首　用於絲織品的計數單位。

【語　譯】男女通過房事相互成全，就像天地相互促進一樣，可以此疏導保養神氣，使人體內不失和諧。天和地由於交接得法，所以沒有終結的期限；人如果交接不得法，就有傷殘折損之日。能夠避開諸多傷身之事，懂得房中之術，那就是長生不死之道。天和地白天分離，夜裡相合，一年之中三百六十次相交接，而陰陽精靈之氣調和為四季，所以能生育萬物，不知窮盡。人能效法天地，可以永久生存。其次有服氣之術，懂得此術，則邪氣不能入侵，這是修身的根本要術。其餘吐納、導引之術，及存思自體之中萬神，有含影、守形之類方法一千七百多種，及四時某日向某方向行禮存思，責己認錯，或臥或起或早或晚來實行的方法，都不是真正根本的道法，可用來教初學者端正道心罷了。珍惜精液來保養身體，服食元氣來修煉形軀，體中萬神當然謹守其位。若不能這樣保養身體，則氣血枯竭，體中萬神當然逝去，不是存思所能留得住的。愚人修道，不致力於根本的道術，卻追求不重要的方法，告訴他最切當之言，他又不能相信。看到簡明扼要的道書，說是淺薄，卻晝夜埋頭誦讀《太清北神中經》之類經書，因此十分疲勞，導致死亡，這樣做毫無益處，不是很悲哀嗎！又遺憾的是人們事多，又很少能拋開塵世獨住，幽居山洞裡，所以順勢開導教育他們，終究不能實行，這也不合有德之人的本意。只要懂得房中之術、閉氣胎息之術，節制思慮，飲食適當，就是懂得延年益壽之道了。我的前輩老師當初寫作了《九都》、《節解》、《韜形》、《隱遁》、《無為》、《開明》、《四極》、《九室》諸經一萬三千首，用來給初學者看。」

采女具受諸要以教王。王試為之有驗，欲秘之，乃令國中有傳彭祖道者誅之，又欲害彭祖以絕之。彭祖知之乃去，不知所在。其後七十餘年，聞人於流沙❶之西見之。王能常行彭祖之道，得壽三百歲，力轉丁壯❷，如五十時。得❸鄭女❹妖淫，王失其道而殂。俗間相傳，言彭祖之道殺人者，由於王禁之故也。彭祖去殷時年七百七十歲，非壽終也。

【章　旨】敘述彭祖在殷朝的遭遇及其後行蹤。

【注　釋】❶流沙　指今新疆境內白龍堆沙漠一帶。亦泛指中國西北部沙漠地區。❷丁壯　強壯；健壯。❸得　原無此字，據《漢魏叢書》卷一補。❹鄭女　鄭國女子，古人認為鄭國風俗淫靡，故鄭女多為行為不端者。

【語　譯】宮女完全接受了彭祖益壽之道的諸要旨，教授給殷王。殷王嘗試而行，很有效驗，想要使此道不外傳，就下令國中有人傳授彭祖之道處以死刑，又想要殺害彭祖，使此道失傳。彭祖得知，就離開殷朝，不知他在何處。這以後七十多年，聽說有人在流沙之西見到他。殷王常能按照彭祖之道養生，活到三百歲，氣力反而強壯，像五十歲時的樣子。得到豔麗淫蕩的鄭女，殷王背離彭祖之道而死去。民間傳言，說彭祖之道殺人，這是由於殷王禁止的緣故。彭祖離開殷朝時年紀是七百七十歲，還不是他的壽數終了之時。

白石生

【題 解】白石生是一位常吃煮白石的仙人，時人稱他白石生。生，即先生。白石生成仙之道主要為二則：一是房中術，二是服食金液。但文中主要是記載白石生服食仙藥的經過，說他早年家道貧寒，買不起藥，後養豬牧羊，節衣縮食，才積累萬金，買藥而服，成了仙。文中對於房中術並未多敘。葛洪認為善於運用房中術固然能延年益壽，可是單靠此術不能成仙，主要還是要靠服食金液還丹等仙藥（見《抱朴子內篇‧微旨》）。

白石生還是一個不願昇天的仙人。他認為天上極尊嚴的神靈甚多，新仙名位卑下，侍奉尊神，比人間更辛苦，所以寧願留在人間，故得了一個隱遁仙人的名號。這種說法在《抱朴子內篇‧對俗》中記載為彭祖所發。葛洪則說：「聞之先師云：『仙人或昇天，或住地，要於俱長生住留，各從其所好耳。』」

白石生者，中黃丈人❶弟子也，至彭祖❷之時，已年二千餘歲矣。不肯修昇仙之道，但取於不死而已，不失人間之樂。其所據行者，正以交接之道❸為主，而金液之藥❹為上也。初患家貧身賤不能得藥，乃養豬牧羊十數年，約衣節用，致貨萬金，乃買藥服之。常煮白石❺為糧，因就白石山居，時人號曰白石生。亦時食脯飲酒，亦時食穀。日能行三四百里，視之色如三十許人。性好朝拜❻存神❼，又好讀仙經❽及《太素傳》❾。彭祖問之：「何以不服藥昇天乎？」答曰：「天上無復能樂於此間耶？但莫能使老死耳。天上多有至尊，相奉事更苦人間耳。」故時人號白石生為隱遁仙人，以其不汲汲❿於昇天為仙官而不求聞達故也。

【注　釋】❶中黃丈人　即中黃子，古代仙人。《抱朴子內篇・地真》記載，黃帝曾「西見中黃子，受九加之方」。丈人，古代對老人的尊稱。❷彭祖　姓籛名鏗，顓頊玄孫，生於夏代，至殷末已七百六十歲，為殷大夫，善養生，事見本書。❸交接之道　即房中術，謂男女性交之術，道教從養生之術來講究。❹金液之藥　道教徒服食的一種主要仙藥，《抱朴子內篇・金丹》謂以古秤黃金一斤及種種藥物合而封之成水，即為金液，服之成仙。❺煮白石　《抱朴子・內篇・雜應》謂以引石散投白石中，煮之熟如芋子，可以當糧食。❻朝拜　道教徒每至八節月朔等日，沐浴清齋，入室燒香，朝諸天神所在方位禮拜。《雲笈七籤》卷二二有「朝禮訣法」等。❼存神　學道者存想身外或身內諸神真的形貌、活動狀態等，此為道教徒的重要修習方術。❽仙經　言神仙煉養之事的道教經籍，古稱仙經。❾太素傳　道教仙經之名。❿汲汲　心情急切貌。

【語　譯】白石生是中黃丈人的弟子，到彭祖在世時已經二千多歲了。他不肯進修飛昇上天仙界的道術，只要能夠做到長生不死也就夠了，這樣不會失去人間之樂。他所根據實行的道術，只是以男女交接之術為主，而以服金液之藥為至要。他早年憂慮家中貧窮、自身卑賤，無力買藥物，就去養豬牧羊十多年，省儉衣食，節約用途，積累財物到萬金，就買藥物製金液來服食。他常煮白石作為糧食，於是靠近白石山居住，當時人稱他白石生。他也有時吃乾肉飲酒，也有時吃糧食。一日能行三四百里，看他的面容好像三十多歲的人。他生性喜好禮拜存想神仙，又喜好讀仙經和《太素傳》。彭祖問他：「為什麼不服藥飛昇天界呢？」他回答說：「天上不能比在此地更快樂吧？只要能不使自己年老而死就罷了。天上有許多極尊嚴的神靈，侍奉他們比在人間更苦。」所以當時人稱白石生是隱居地上逃避天界的仙人，因為他不急於昇天界做仙官並且不追求顯達的緣故。

黃山君

【題解】黃山君是彭祖的後學，他修習彭祖所傳養生之術，得以長生不老，他記述彭祖遺言而成《彭祖經》。可以說，本篇是關於彭祖一系道術傳承的記錄。

黃山君者，修彭祖之術，年數百歲，猶有少容。亦治地仙❶，不取飛昇。彭祖既去，乃追論其言為《彭祖經》❷。得《彭祖經》者，便為木中之松柏也。

【注釋】❶地仙　道教謂生活在人世間的仙人為地仙。葛洪《抱朴子內篇・論仙》：「按仙經云，上士舉形昇虛，謂之天仙。中士遊於名山，謂之地仙。下士先死後蛻，謂之尸解。」❷彭祖經　此書記錄彭祖所傳延年益壽之術，在《抱朴子內篇・遐覽》、《隋書・經籍志》、《新唐書・藝文志》皆有著錄，唐以後亡佚。佚文保存於日本丹波康賴所編《醫心方》中。

【語譯】黃山君修習彭祖的養生之術，年齡已有幾百歲，面容還像年少的人。他也只修煉做地仙，不採用飛昇天界的仙法。彭祖仙去，黃山君回憶記述彭祖的話成為《彭祖經》。學得《彭祖經》的人，就會長生不老，像樹木中的松柏一樣。

鳳綱

【題解】本篇介紹的鳳綱成仙之道，主要是服用百草花浸漬製成的藥丸，據說長久服用可以長壽不老。這是鳳綱獨特的養生之道。但是鳳綱並不只此一術，原文大約還記錄了其他延年益壽的方法，卻被後人刪去了。本篇附載了一段從《道藏》中輯出的佚文，就是鳳綱運用內視來療疾的口訣，這也是早期道教的重要方術。

鳳綱者，漁陽❶人也。常採百草花，以水漬，泥封之，自正月始，盡九月末止。埋之百日，煎丸之。卒死❷者，以此藥內❸口中，皆立生。綱長服此藥，得壽數百歲不老。後入地肺山❹中仙去。

鳳綱口訣曰❺：「道士有疾當閉目內視❻，心使生火以燒身及疾處，存之使精如髣髴，病即愈。於痛處存加其火，秘驗。」

【注釋】❶漁陽　指漁陽郡，戰國燕置，秦漢時治所在漁陽縣（今北京市密雲縣西南）。❷卒死　突然而死。❸內　同「納」。❹地肺山　在今江蘇句容，相傳為七十二福地之首。❺鳳綱口訣曰　此句以下一段錄自《正一法文修真旨要》(載《道藏・正一部》)。引文末原小字注:「出《神仙傳》。」綱,原作「剛」。❻內視　也稱「內觀」、「內照」。內指人體內部的臟腑等組織器官,即內象、內景或內境。內視即合閉雙目後,用意念或慧光觀照體內各種景象。此為道教早期方術之一。

【語　譯】鳳綱是漁陽郡人。他經常採摘百草的花朵,用水浸漬,用泥封存,從正月開始,直到九月底止。埋在地下一百天,然後煎為藥丸。有人突然而死,把這藥丸納入他口中,都會立即生還。鳳綱長久服用這藥丸,活了數百歲而不老。後來進入地肺山,成仙而去。

鳳綱有這樣的養生口訣:「學道之士生了病,應當閉目內視,心中想像生出火來,燒灼身體和患病之處,存思此火,使得精神上有真切的感受,疾病就立即痊癒。存思時在病痛之處增加火力,就會有神秘的效驗。」

卷二

皇初平

【題解】皇初平成仙之法，主要是服食松脂、茯苓，葛洪在《抱朴子內篇・仙藥》中曾列舉仙藥多種，松脂、茯苓也在其中，此篇是在宣傳此藥的效驗。當然服藥之外，還要輔以其他方法。

本篇描述的中心是皇初平叱石成羊的故事。形容這個牧羊兒出身的仙人如何把羊變為石頭，隨著他的叱聲又變回為羊，而數十年間羊已繁殖為數萬頭了。作者通過這個故事把仙人的神通形容得十分生動，十分吸引人。

今香港有黃大仙廟，供奉的即為皇初平，香火極盛。

皇❶初平者，丹谿❷人也。年十五而家使牧羊，有道士見其良謹，便❸將至金華山❹石室中。四十餘年，忽然❺不復念家。其兄初起入山索初平，歷年不能得見。後見❻市中有道士善卜，乃問之曰：「吾有弟名初平，因令牧羊失之，今四十餘年，不知死生所在，願道君為占之。」道士曰：「金華山中有一牧羊兒，姓皇，名初平，是卿弟非耶？」初起聞之驚喜，即隨道士去尋求，果得相見，兄弟悲喜。因問弟曰：「羊皆何在？」初平曰：「羊近在山東。」初起往視，了不見羊，但見白石無數。還謂初平曰：「山東無羊也。」初平曰：「羊在耳，但兄自不見之。」初平便乃俱往看之，乃叱曰：「羊起！」於是白石皆變為羊，數萬頭。初起曰：「弟獨得神通如此，吾可學否？」初平曰：「唯❼好道便得耳。」初起便棄妻子，留就初平。共服松脂❽、茯苓❾，至五千日，能坐在立亡❿，行於日中無影，而有童子之色。後乃俱還鄉里，諸親死亡略⓫盡，乃復還去，臨去以方授南伯逢。易姓為赤，初平改字為赤松子，初起改字為魯班。其後傳服此藥而得仙者數十人焉。

【注　釋】❶皇　《漢魏叢書》、《三洞珠囊》、宛委山堂本及商務印書館本《說郛》俱作「黃」。❷丹谿　地名，在今浙江義烏內。❸便　原作「使」，據《漢魏叢書》卷二改。❹金華山　在今浙江金華北，為道教第三十五洞天（一說是第三十六洞天）。❺忽然　不經心貌。❻見　原作「在」，據《漢魏叢書》卷二、《雲笈七籤》卷一〇九改。❼唯　語助詞，用於句首，無義。❽松脂　從松樹樹幹採割而得的樹脂，道教學者認為是仙藥，《抱朴子內篇・仙藥》亦論到。❾茯苓　團塊狀，多生於松根上，可以入藥。道教學者把茯苓作為仙藥，《抱朴子內篇・仙藥》云：「松脂淪入地千歲，化為茯苓。」❿坐在立亡　傳說的幻化術。據稱能在一剎那間隱去人形，令他人不能見。⓫略　皆；全。

【語　譯】皇初平是丹谿人。十五歲時家中便命他去牧羊，有一個道士見他善良恭謹，便把他帶到金華山石室中。四十多年過去，他也漫不經心地不記掛家中。他的兄長初起到山中尋找初平，多年不能找到。後來見市中有個擅長占卜的道士，就去問他：「我有個弟弟名叫初平，由於命他去牧羊而不見了，至今四十多年，不知到底是死是活，希望道君能為我占卜一下。」道士說：「金華山裡有一個牧羊的年輕人，姓皇，名初平，是不是您的弟弟呀？」初起聽到這個消息，又驚又喜，就跟隨道士去尋找，果然得以相見，兄弟二人悲喜交加。初起於是問弟弟：「羊都在哪裡呀？」初平說：「羊就在附近山的東面。」初起去看，根本看不到羊，只見無數白石。他回來對初平說：「山的東面沒有羊呀。」初平說：「羊在那裡，只是哥哥自己沒見到。」初平便跟初起一同去看，就大聲呼喝道：「羊出來！」於是白石都變為羊，有數萬頭。初起說：「弟弟竟然有這樣的神通！我可以學嗎？」初平說：「喜好修習道術就可學到。」初起便拋棄妻兒不管，留下來跟初平在一起修道。他們一同服食松脂、茯苓，服食到五千日，能夠做到坐著有形，立身消失，在太陽下行走，不見影子，臉色像兒童一樣。後來兄弟一同回到鄉里，眾親戚都死光了，就又回山裡去，臨走時把仙方傳授給南伯逢。他們改姓為赤，初平改字為赤松子，初起改字為魯班。以後互相傳授服食這藥因而成仙者，有幾十個人。

呂恭

【題解】本篇所記呂恭，也是由於得到仙方服食了仙藥而致長生的，重視服藥本是《神仙傳》強調的主旨之一。篇中還記述呂恭追隨仙人二日，回到世上已過了二百年，因而人事皆非，這一故事倒是波瀾起伏，讀來頗有興味。

呂恭，字文敬，少好服食❶。將一奴一婢於太行山❷中採藥，忽見❸三人在谷中，因問恭曰：「子好長生乎？而乃勤苦艱險如是耶！」恭曰：「實好長生，而不遇良方，故採服此物，冀有微益也。」一人曰：「我姓呂，字文起。」一人曰：「我姓孫，字文陽。」一人曰：「我姓李，字文上。」「皆太清太和府❹仙人也，時來採藥，當以成授新學者。公既與吾同姓，又字得吾半，是公命當應長生也。若能隨我採藥，語公不死之方。」恭即拜曰：「有幸得遇神人，但恐闇塞多罪，不足教授。若見採收❺，是更生之願也。」即隨仙人去，二日，乃授恭秘方一通。因遣恭還，曰：「可歸省❻鄉里。」恭即拜辭，仙人語恭曰：「公來雖二日，今人間已二百年。」

恭歸到家，但見空野，無復子孫。乃見鄉里數世後人趙光輔，遂問呂恭家何在，人轉怪之曰：「君自何來？乃問此久遠之人！吾聞先世，傳有呂恭，將一奴一婢入山採藥，不復歸還，以為虎狼所傷耳，經今已二百餘年。君何問乎！呂恭有後世孫呂習者，在城東北十里作道士，人多奉事之，推求❼易得耳。」恭承輔言，往到習家，叩門而呼之。奴出問曰：「公何來？」恭曰：「此是吾家也。我昔採藥隨仙人去，至今二百餘年，今復歸矣。」習舉家驚喜，徒跣❽而出，拜曰：「仙人來歸！」流涕不能自勝。居久之，乃以神方授習而去。時習已年八十，服之轉轉❾還少，至二百歲乃入山去。其子孫世世服此藥，無復老死，皆得仙也。

【注 釋】❶服食 指服食藥餌以求長生的一套方法。其中「藥」指丹藥和草木藥；「餌」指各種營養食品。❷太行山 在山西與河北之間，為東北向西南走向，北起拒馬河谷，南至晉、豫邊境黃河岸邊。❸見 原作「有」，據《漢魏叢書》卷六改。❹太清太和府 指太清仙境之太和仙府。太清仙境是道教最高仙境三清境之一。❺收 原作「救」，據《漢魏叢書》卷六改。❻省 探望。❼推求 尋求；探索。❽徒跣 赤腳步行。❾轉轉 漸漸。

【語 譯】呂恭，字文敬，年輕時喜好服食藥餌。他帶了一奴一婢在太行山中採藥，忽然看見三個人在谷中。三人於是問呂恭：「您喜好修習長生之術嗎？竟然勞苦艱險到這樣嗎！」呂恭說：「我的確喜好修習長生之術，但是得不到好的藥方，所以採摘服用這些藥物，希圖稍微有些益處。」三人中的一人說：「我姓呂，字文起。」另一人說：「我姓孫，字文陽。」另一人說：「我姓李，字文上。」「我們都是太清仙境太和仙府的仙人，時常來此地採藥，本當把成藥授給新學的人。您既然跟我同姓，字又同於我的字一半，這說明您的壽命應當長生。若能夠跟隨我採藥，我將告訴您永活不死的藥方。」呂恭就下拜說：「我有幸得以遇到神人，只是怕我愚昧閉塞，多有過錯，不值得您教授。若能被您收納，這合於我想得到新生的願望啊。」呂恭即跟隨仙人而去，過了二日，仙人便授給呂恭一份秘方。於是打發呂恭回去說：「可以回去探望鄉里。」呂恭即拜辭仙人，仙人對呂恭說：「您來此雖然才二日，如今人間已經過了二百年。」

呂恭回到家，只見空曠的田野，更無子孫。他見到同鄉的數代後人趙光輔，就問呂恭家在哪裡，人家反而對他的話感到奇怪說：「您從哪裡來？竟然詢問這個久遠的人！我聽上代人說，傳說有個呂恭，帶著一奴一婢入山採藥，不再歸來，人們認為他是被虎狼所傷害了，到今天已經二百多年了。您為什麼問這件事呢！呂恭有後世之孫名叫呂習，在城東北十里做道士，人們多信從他，尋找他容易找到。」呂恭聽了光輔之言，去到呂習家，敲門呼喚。奴僕出來問道：「您從哪裡來？」呂恭說：「這裡是我家。我從前採藥隨仙人而去，至今已二百多年，如今我又回來了。」呂習全家又驚又喜，赤腳走出，下拜說：「仙人歸來了！」流下眼淚，不能自己克制。呂恭住久之後，就把神方傳授給呂習而離去。當時呂習已經八十歲，服了仙藥，漸漸年輕起來，到二百歲才入山而去。他的子孫代代服用這藥，不再有人年老而死，都成了仙。

沈建

【題解】沈建的成仙之道有導引、服食、房中術等，本篇重點寫的是他的斷穀。斷穀，又稱辟穀、卻粒，即不食五穀之意。沈建不但自己可以不食五穀，而且還可以使奴婢驢羊不食，由此顯示了他的神通。葛洪認為斷穀只是輔助性的修煉方法，單用並不能使人長生，而斷穀之法有一百多種（見《抱朴子內篇・雜應》）。沈建當是已成仙而兼會斷穀者。

沈建者，丹陽❶人也。世為長吏❷，而建獨好道，不肯仕宦，學導引服食之術❸、還年卻老之法❹。又能治病，病無輕重，遇建則差❺。舉事之者，千餘家。一日，建當遠行，留寄一奴一婢，并驢一頭、羊十口，各與藥一丸，語主人曰：「但累舍居，不煩主人飲食也。」便決去。主人怪之曰：「此君所寄口有十三，不留寸資，當若之何？」建去之後，主人飲啖奴婢，奴婢聞食皆吐逆。以草與驢羊，驢羊皆避而不食，便欲觝❻人，主人乃驚。後百餘日，奴婢面體光澤，轉勝於初時，驢羊悉肥如飼。建去三年乃還，又各以一丸藥與奴婢驢羊，乃卻飲食如故。建遂斷穀不食，能輕舉飛行往還。如此三百餘年，乃絕迹，不知所之也。

【注　釋】❶丹陽　漢郡名，治所在宛陵縣(今安徽宣城)。❷長吏　地位較高的官員。《漢書・卷五・景帝紀》：「吏六百石以上，皆長吏也。」顏師古注引張晏曰：「長，大也；六百石，位大夫。」「吏」字原作「史」，據《雲笈七籤》卷一〇九、《漢魏叢書》卷六改。❸導引服食之術　道教養生之術。導引指引導四肢百骸，做各種屈伸俯仰運動。服食指服食藥餌。❹還年卻老之法　指房中術，道教一些學者認為通過房中修煉，可使男子變老為少，延年益壽。《抱朴子內篇・極言》：「然長生之要，在乎還年之道。上士知之，可以延年除病；其次不以自伐者也。若年尚少壯而知還年，服陰丹以補腦，采玉液於長谷者，不服藥物，亦不失三百歲也，但不得仙耳。」還，原作「遠」，據《雲笈七籤》卷一〇九、《漢魏叢書》卷六改。❺差　同「瘥」。病癒。❻觝　用角頂。

【語　譯】沈建是丹陽郡人。世代都任地位較高的官員，而沈建卻喜好修習道術，不肯做官，學習導引服食之術和還年卻老之法。他又能治病，病無論輕重，只要病人見到沈建，病就痊癒了。全家信從沈建的人家，有千餘家。有一天，沈建將遠行，就把一個僕人、一個婢女、驢一頭、羊十口留下寄居在人家，給他們各服一丸藥，對主人說：「只是占了屋子，不麻煩主人供應飲食了。」便告辭而去。主人對此感到奇怪說：「此君寄託給我有十三張口，不留一點資財，該怎麼辦呢？」沈建走後，主人把飲食拿給僕人、婢女吃，僕人、婢女聞到食物都嘔吐。主人又把草餵驢羊，驢羊都避開不食，還要用角頂人，主人才感到吃驚。過了一百多天，僕人、婢女的臉面身體，皮膚光澤，反而勝過初時，驢羊都肥壯，像在飼養一般。沈建離去三年才歸來，又給僕人、婢女、驢、羊各服了一丸藥，他們又同過去一樣開始飲食。沈建就斷絕五穀不食，能夠身輕飛行來回。這樣過了三百多年，沈建才消失蹤跡，不知到哪裡去了。

華子期

【題解】華子期是西漢初人，他成仙之道是學得了《靈寶經》中仙方。《靈寶經》是道教「三洞真經」之一，早在東漢袁康《越絕書》中就已記載說，大禹治洪水，遇神人授《靈寶五符》，以制伏蛟龍水豹，此經後為吳王闔閭所得，以問於孔子。葛洪在《抱朴子內篇・辨問》中更對《靈寶經》內容作了解釋：「《靈寶經》有〈正機〉、〈平衡〉、〈飛龜授袟〉凡三篇，皆仙術也。」又記孔子之言說：「此乃靈寶之方，長生之法，禹之所服，隱在水邦，年齊天地，朝於紫庭者也。」本篇記華子期向祿里先生學來《靈寶經》之仙方，也是同樣內容。本篇的記述更豐富了道教關於《靈寶經》傳承的神話。據劉師培《讀道藏記》、陳國符《道藏源流考》考證，今《道藏・太上靈寶五符序》即古《靈寶經》(今本在流傳過程中已有所損益了)。由此經而形成的靈寶系眾多經典，對後世道教影響很大。

華子期者，淮南❶人也。師祿里先生❷，受仙隱❸靈寶方：一曰〈伊洛飛龜秩〉，二曰〈伯禹正機〉，三曰〈平衡方按〉。合服之，日以還少，一日能行五百里，力舉千斤，一歲十二易其形。後乃仙去。

45 期子華

【注　釋】❶淮南　西漢封國名，漢高祖四年改九江郡為淮南國。❷祿里先生　即甪里先生，漢初隱士，四皓之一。後人說他姓周，名術，字元道，太伯之後，河內軹人。❸仙隱　原作「隱仙」，據《太上靈寶五符序》改。

【語　譯】華子期是淮南國人。拜祿里先生為師，接受了仙人隱士所採用的《靈寶經》中的仙方：一為〈伊洛飛龜秩〉，二為〈伯禹正機〉，三為〈平衡方按〉。合諸仙方服用，華子期就日漸年輕，一日能行五百里，力氣能舉千斤之重，一年之中十二次改變形貌。以後他就成仙而去。

樂子長

【題　解】 樂子長服用了仙人傳授的巨勝赤松散這一仙藥，因而長壽不老，能騰雲昇天，終成仙人。巨勝即胡麻（今人稱為芝麻），《抱朴子內篇》的佚文記載：服用胡麻製成的丸，「一年，顏色美，身體滑；二年，白髮黑；三年，齒落更生；四年，入水不濡；五年，入火不燋；六年，走及奔馬。」《太平御覽》卷九八九）巨勝赤松散，當是託用古仙人赤松子名的服用胡麻的仙方。據元朝趙道一所撰《歷世真仙體道通鑒》卷三四記載，樂子長還從仙人韓眾處接受了靈寶符等，可見他成仙並非完全靠服仙藥一途。

樂子長者，齊❶人也。少好道，因到霍林山，遇仙人，授以服巨勝赤松散方。仙人告之曰：「蛇服此藥化為龍，人服此藥老成童。又能昇雲上下，改人形容，崇氣益精，起死養生。子能行之，可以度世❷。」子長服之，年一百八十歲，色如少女。妻子九人，皆服其藥，老者返少，小者不老。乃入海登勞盛山而仙去也。

【注 釋】❶齊 指原周代齊國的疆域，約今山東省北部、東部。❷度世 超越俗世，脫離凡塵。

【語 譯】樂子長是齊人。年少時就喜好研習道術，於是來到霍林山，遇見仙人，仙人傳授他服用巨勝赤松散的仙方。仙人對他說：「蛇服用了此藥就化成了龍，人服用了此藥就由老人變成兒童。人還能昇入雲中，上上下下，改變形貌，增長元氣，補益精神，死人能活過來，活人能修養長壽。你能服用此藥，可以脫離塵世。」樂子長服用此藥，年紀到了一百八十歲，面容如同少女一般。他的妻兒九人都服用了此藥，年老的恢復到年少，年少的就不再年老。樂子長就入海登上勞盛山，成仙而去。

衛叔卿

【題　解】衛叔卿原是漢中山國人，成仙之後乘雲駕鹿去見漢武帝，武帝仍把他作臣民看待，叔卿不悅，棄武帝而去。後叔卿之子度世奉武帝之命去見叔卿，叔卿對度世說，武帝「強梁自貴」，因此不值得告語。又說百姓貧困無依，天下將要大亂，因而必定會改朝換代，上天尊神天君將要在壬辰年降臨，拯救百姓，因而不必再做漢朝的臣民了。這種激烈的反漢思想正表現了早期道教的政治傾向，道教形成於東漢末年，其中張角太平道更是公開舉起反叛的大旗。衛叔卿的故事還說明，人一旦成了神仙，就不再是人間帝王的臣民了，神仙能知王朝的存亡之期，能助帝王避免災厄。天神遠高於帝王，帝王卻要向神仙求助，這就極大地抬高了神仙的地位，抬高了道教的地位。

衛叔卿者，中山❶人也，服雲母❷得仙。漢元封二年❸八月壬辰，武帝閒居殿上，忽有一人乘浮雲，駕白鹿，集於殿前。帝驚問之為誰，曰：「我中山衛叔卿也。」帝曰：「中山非我臣乎？」叔卿不應，即失所在。帝甚悔恨，即使使者梁伯之往中山推求，遂得叔卿子，名度世。即將還見。帝問焉，度世答曰：「臣父少好仙道，服藥治身，八十餘年，體轉少壯。一旦委臣去，言當入華山耳。今四十餘年，未嘗還也。」

帝即遣梁伯之與度世往華山覓之。度世與梁伯之俱，上山輒雨。積數日，度世乃曰：「吾父豈不欲吾與人俱往乎？」更齋戒獨上，望見其父，與數人於石上嬉戲。度世既到，見父上有紫雲，覆蔭鬱鬱，白玉為床❹。有數仙童執幢節❺立其後。度世望而再拜。叔卿問曰：「汝來何為？」度世具說天子悔恨不得與父共語，故遣使者與度世共來。叔卿曰：「吾前為太上❻所遣，欲戒帝以災厄之期及救危厄之法，國祚❼可延。而帝強梁❽自貴，不識道真❾，反欲臣我，不足告語，是以棄去。今當與中黃太一❿共定天元⓫九五⓬之紀，吾不得復往也。」度世因曰：「向與父博者為誰？」叔卿曰：「洪崖先生⓭、許由⓮、巢父⓯、王子晉⓰、薛容也。今世向⓱大亂，天下無聊⓲。後數百年間，土滅金亡⓳，天君來出，乃在壬辰耳⓴。我有仙方，在家西北柱下，歸取，按之合藥服餌，令人長生不死，能乘雲而行。道成來就吾於此，不須復為漢臣也。」度世拜辭而歸，掘得玉函，封以飛仙之香，取而按之餌服，乃五色雲母㉑。并以教梁伯之，遂俱仙去，不以告武帝也。

【注釋】❶中山　漢郡、國名。漢高祖置郡，漢景帝改為國，治盧奴（今河北定縣）。❷雲母　道教以為仙藥。詳見前〈彭祖〉篇注。❸元封二年　西元一〇九年。「封」字原作「鳳」，據《漢魏叢書》卷八改。❹床　此處指作坐具用的床。❺幢節　旗幟儀仗。❻太上　謂神仙中最上、最高、最尊之神。❼國祚　國運。此指武帝為君之運。❽強梁　強橫。❾道真　得道仙人。❿中黃太一　掌管中天的尊神。《雲笈七籤》卷一三引《太清中黃真經》釋題曰：「中黃者，中天之君也。」⓫天元　周曆建子，以今農曆十一月為正月。後世以周曆得天之正道，謂之天元。⓬九五　本《易經》卦爻位名。九，陽爻。五，第五爻。《易．乾》：「九五，飛龍在天，利見大人。」孔穎達疏：「言九五陽氣盛至於天，故飛龍在天……猶若聖人有龍德，飛騰而居天位。」後因以九五指帝位。⓭洪崖先生　相傳為黃帝時的樂官伶倫，曾作十二律，其後修道成仙，帝堯時已經三千歲。⓮許由　傳說中的隱士。相傳堯讓以天下，許由不受，遁居於潁水之陽箕山之下。堯又召為九州長，許由不願聞，洗耳於潁水之濱。⓯巢父　相傳堯時隱士，年老住在樹上巢內，時人號為巢父。後世道教徒即以其為神仙。⓰王子晉　即王子喬，周靈王太子，名晉，道士浮丘公接上嵩山，修煉成仙，後乘白鶴現身於緱氏山巔。⓱向　將近。⓲無聊　貧苦無依。⓳土滅金亡　戰國末鄒衍提出五德終始之說，用五行相生相剋來解釋自然和社會的變化，漢代即有人說秦以水德，漢以土德勝水。此處衛叔卿說「土滅金亡」，即有改朝換代的意思。「土滅」尤其暗指漢朝滅亡。⓴天君來出二句　魏晉南北朝普遍流行一種教理，認為太上老君將於壬辰年降臨人世，從此人類得到拯救，社會就會太平。《太上洞淵神咒經・卷四・殺鬼品》曰：「中國壬辰年，有真君出世」，其卷一〈誓魔品〉曰：「真君者，木子弓口，王治天下，天下大樂。」其他道教經籍中也有類似說法。㉑五色雲母《抱朴子內篇・仙藥》說，雲母有五種，舉以向日，看其色以分辨，各種雲母有不同服法。久服可以長生，並有雲氣覆蓋於人頭上。

【語譯】衛叔卿是中山國人，服用雲母而成仙。漢元封二年八月壬辰日，武帝閒居在殿上，忽然有一個人乘著浮雲，駕著白鹿，來到殿前。武帝驚問此人是誰，此人說：「我是中山國的衛叔卿。」武帝說：「中山國人不是我的臣民嗎？」衛叔卿不應答武帝，旋即消失了蹤影。武帝很悔恨，就派遣使者梁伯之到中山國去尋求，尋找到衛叔卿的兒子，名叫度世。梁伯之即帶他回來見武帝。武帝詢問度世，度世回答說：「臣的父親年輕時愛好研習成仙的道術，服藥養身，八十多歲，身體變得年輕壯健。有一天離臣而去，說是將入華山。到如今四十多年，未曾回過家。」

武帝就派遣梁伯之與度世到華山尋覓衛叔卿。度世跟梁伯之同行，上山就遇雨。這樣一連幾天，度世於是說：「我的父親或許是不想要我跟別人一起去看他吧？」他再一次齋戒，獨自上了華山，望見他的父親，跟幾個人在大石上遊玩。度世來到近前，看見他的父親頂上有片繁盛的紫雲籠罩著，床用白玉做成，有幾個仙童手持旗幟之類站在身後。度世向著他的父親再拜。叔卿問道：「你到這裡來做什麼？」度世原原本本地把天子悔恨未能跟父親談話，所以派遣使者與度世同來說了一遍。叔卿說：「我上次奉太上的差遣，想要把災禍到來的日期以及解救的辦法告誡天子，則國運可以延長。而天子強橫，自以為尊貴，不識得道仙人，反而把我作為他的臣子看待，此人不值得跟他說話，因此我棄他而去。如今我將跟中黃太一共同按周曆商定帝運遞換的倫序，我不能再去見他了。」度世於是說：「剛才跟父親一起玩博戲的人是誰呀？」叔卿說：「他們是洪崖先生、許由、巢父、王子晉、薛容。如今天下將要大亂，百姓貧苦無依。數百年後，改朝換代，天君降世，就在壬辰年。我有仙藥之方，藏在家中西北的柱下，你回去取出來，按方合藥服食，可使人長生不死，能夠乘雲而行。成仙後到這裡來找我，不必再做漢朝臣子了。」

度世拜辭父親回到家中，掘到一個玉匣，用飛仙之香封住，取出藥方，按方合藥服用，這仙藥就是五色雲母。度世把這藥方教給梁伯之，於是一起成仙而去，不告訴武帝了。

魏伯陽

【題解】魏伯陽，會稽上虞（今浙江上虞）人。一說名翔，號伯陽，又號雲牙子，是東漢煉丹術名家。本篇著重描述他在山中煉成丹後，用服丹即死來考驗弟子們向道之心是否虔誠的故事，讀來頗有趣味。其中形容弟子的不同心態，也很生動。

魏伯陽著有《周易參同契》，是流傳至今的道教丹鼎派最早理論著作。書名之「參」，即三，指《周易》、黃老之道及爐火煉丹之說；「同」，即通；「契」，謂書契。此書貫通《周易》、黃老、煉丹三者，重點在於講述選藥煉丹，也還講到養性延命及經世致用等方面的內容。全書共分三卷，三卷的觀點並不完全一致，文字風格也有不同，所以也有研究者認為此書並不是出於一人之手，魏伯陽不過是總其成而已。葛洪作為道教大學者，在本篇之末特別強調《周易參同契》一書雖是大量談論陰陽五行，但其實並不是解釋《周易》，只不過是藉以論述煉丹而已。這一見解頗值得重視。

魏伯陽《周易參同契》約成書於東漢順帝、桓帝之時，後傳與青州徐從事、上虞淳于叔通，歷世相傳，對後世丹鼎學說影響極大。一千多年來學者反覆研味，多方詮解，推演出許多論著，不但外丹學派推之為丹經之祖，內丹學派也附會其書，演說內丹修煉功法。宋代理學家也重視此書，朱熹曾作《周易參同契考異》，頗加推崇。

魏伯陽者，吳❶人也，本高門❷之子，而性好道術，不肯仕宦，閒居養性，時人莫知之。後與弟子三人入山作神丹，丹成，知弟子心不盡誠❸，乃試之曰：「此丹今雖成，當先試之。今試飴❹犬，犬即飛者，可服之，若犬死者，則不可服也。」伯陽入山特將一白犬自隨，又有毒丹，轉數未足❺，合和未至，服之暫死。故伯陽便以毒丹與白犬，食之即死。伯陽乃問弟子曰：「作丹惟恐不成，丹既成，而犬食之即死，恐未合神明之意，服之恐復如犬，為之奈何？」弟子曰：「先生當服之否？」伯陽曰：「吾背違世俗，委家入山，不得仙道，亦不復歸。死之與生，吾當服之耳。」伯陽乃服丹，丹入口即死。弟子顧相謂曰：「作丹欲長生，而服之即死，當奈何？」獨有一弟子曰：「吾師非凡人也，服丹而死，將無有意耶？」亦乃服丹，即復死。餘二弟子乃相謂曰：「所以作丹者，欲求長生，今服即死，焉用此為？若不服此，自可數十年在世間活也。」遂不服，乃共出山，欲為伯陽及死弟子求市棺木。二人去後，伯陽即起，將所服丹內❻死弟子及白犬口中，皆起。弟子姓虞，遂皆仙去。因逢人入山伐木，乃作書與鄉里，寄謝二弟子。弟子方乃懊恨。

伯陽作《參同契》，五行相類，凡三卷。其說似解《周易》，其實假借爻象❼以論作丹之意。而儒者不知神仙之事，反作陰陽注之，殊失其大旨也。

【注釋】❶吳　指古吳國一帶地域，魏伯陽是會稽上虞（今浙江上虞）人，古吳國一度轄境至這一帶。❷高門　顯貴世家。❸誠　原無此字，據《雲笈七籤》卷一〇九補。❹飴　通「飼」。❺轉數未足　道家煉丹的次數稱為轉，九轉則丹成。不足九轉，則丹尚未煉成。❻內　通「納」。❼爻象　《周易》中六爻相交成卦所表示的事物形象。

【語譯】魏伯陽是吳地的人，本是顯貴之家出身，但是生來喜好道術，不肯做官，閒居修養心性，世人不了解他。後來他和三個弟子到山中去煉神丹，神丹煉成，他知道弟子們對於道術並不都是很誠心，就試探他們說：「這神丹如今雖然煉成了，應當先試驗一下。現在且試餵狗，狗服下就會飛起來，人也可以服用，若狗服下就死了，人則不可以服用了。」伯陽入山特地帶著一隻白狗，他又有一種毒丹，提煉不足九轉，調製的火候不到，服下去暫時會死。伯陽便拿毒丹來餵白狗，白狗服下毒丹就死了。伯陽於是問弟子們說：「煉丹就怕煉不成，丹煉成了，而狗服下就死了，也許煉丹之法不合神明本意，人服下去恐怕又像狗那樣，怎麼辦呢？」弟子們說：「先生打算服丹嗎？」伯陽說：「我違背世間風俗，拋棄家庭來到山中，得不到成仙的法術，我也不再回去了。不管是死是活，我都打算服下去了。」伯陽於是服下毒丹，丹入口伯陽就死去了。弟子們互相看著說：「煉丹是想長生，而服下去就死，該怎麼辦呢？」只有一個弟子說：「我們的老師不是平常的人，服丹而死，該不是有深意吧？」他也服下毒丹，當即亦死去。剩下的二名弟子於是互相說：「我們煉丹的目的，就是想求得長生，如今服丹即死，這丹還有什麼用處呢？若不服這丹，本來可以在世間活幾十年。」他們就不服丹，一起出山，想為伯陽和死弟子買棺木。二人去後，伯陽立即起身，把他所服的丹納入死去的弟子及白狗口中，弟子和白狗都活過來。這個弟子姓虞，他們於是一起成仙而去。伯陽遇到入山伐木的人，就寫了書信到鄉里，向那兩個弟子轉達告辭之意。兩個弟子方才感到悔恨。

伯陽著有《參同契》，用五行來類比，共計三卷。他的學說好像是解說《周易》，其實是假借卦爻的形象來論述煉丹的道理。而儒家學者不懂得神仙家的事情，反而當作陰陽之說來注釋，這就大為背離了伯陽此作的主要觀點。

卷三

沈羲

【題解】沈羲成仙之道有些特別，他並不懂服食藥物，但他救助百姓，積累了功德，感動了上天，於是黃帝、老君遣仙官迎他上天，賜以神丹，因而獲得了長生。這和《神仙傳》中所記多數人苦煉而成仙是不相同的。這則故事中還通過沈羲之口描述了他去過的天宮的瑰麗景色，頗令聽者為之神往。

沈羲者，吳郡❶人也。學道於蜀❷中，但能消災治病，救濟百姓，而不知服食藥物。功德感於天，天神識❸之。羲與妻賈氏共載詣子婦卓孔寧家，道次忽逢白鹿車一乘、青龍車一乘、白虎車一乘，從數十騎，皆是朱衣仗矛[4]帶劍，輝赫滿道。問義曰：「君見沈道士乎？」義愕然曰：「不知。何人耶？」又曰：「沈義。」答曰：「是某也。何為問之？」騎吏曰：「義有功於民，心不忘道，從少已來，履行無過。壽命不長，算祿[5]將盡，黃老[6]愍[7]之，今遣仙官來下迎之。侍郎薄延者，白鹿車是也；度世君司馬生者，青龍車是也；送迎使者徐福[8]者，白虎車是也。」須臾忽有三仙人在前，羽衣持節，以白玉版青玉界[9]丹玉字授與義，義跪受，未能讀。云：「拜義為碧落侍郎，主吳越[10]生死之籍。」遂載義昇天。時道間鋤耘人皆共見之，不知何等[11]。須臾大霧，霧解，失其所在。但見義所乘車牛入田食苗，或有識是義牛者，以語其家。弟子[12]數百人恐是邪魅[13]將義藏於山谷間，乃分布於百里之內求之，不得。

而後四百餘年[14]，忽來還鄉，推求得其數世孫，名懷喜。懷喜告曰：「聞先人相傳說，家祖有仙人。今仙人果歸也！」留數十日。義因話初上天時，不得見天尊[15]，但見老君東向坐。左右[16]敕[17]義不得謝，但默坐而已。見宮殿鬱鬱有如雲氣，五色玄黃，不可名狀⑱。侍者數百人，多女⑲少男。庭中有珠玉之樹，蒙茸⑳叢生，龍虎辟邪㉑遊戲其間。但聞琅琅㉒有如銅鐵之聲，不知何物。四壁熠熠，有符書著之。老君形體略高一丈，披髮垂衣，頂項有光，須臾數變㉓。有玉女持金盤玉盃盛藥賜義曰：「此是神丹，服之者不死矣。」夫㉔妻各得一刀圭㉕，告言飲畢而不謝㉖。服藥後賜棗二枚，大如雞子，脯五寸。遣義去曰：「汝還人間，救治百姓之疾病者。君欲來上天，書此符懸於竿杪，吾當迎汝。」乃以一符及仙方一首賜義。義奄忽㉗如睡，已在地上。後人多得其方術者也。

【注釋】❶吳郡　郡名，治所在吳縣（今江蘇蘇州），轄境約包括今蘇南及浙江一部分。❷蜀　古國名，約在今四川中部偏西。❸識　通「誌」。記住。❹矛　原作「節」，據《漢魏叢書》卷八、《太平廣記》卷五、《雲笈七籤》卷一〇九改。此下原有「方飾」二字，參照以上三本刪去。❺算祿　壽命和祿位。❻黃老　黃帝、老子。此二人在道經中都已被神化了，如老子被尊奉為太上老君。❼愍　憐愍。❽徐福　秦方士，率童男女數千人乘樓船入海為秦皇求不死藥，一去不返。❾界　行。原作「介」，據《雲笈七籤》卷一〇九改。❿越　古國名，建都會稽（今浙江紹興）。⓫何等　什麼樣的。中古之時用以指不能確定的事物。⓬弟子　為人弟者與為人子者。

泛指年幼的人。⓭邪魅　妖魔鬼怪。⓮而後四百餘年　元趙道一所編《歷世真仙體道通鑑》卷四記述曰：「周赧王十年丙辰老君遣使召隱士沈羲。」「後漢殤帝延平元年丙午，凡四百一十二年，乃還鄉里。」⓯天尊　道教稱天神之極尊者為天尊，如元始天尊。⓰左右　原作「有左右」，據《漢魏叢書》卷八改。⓱勑　告誡。⓲狀　原作「字」，據《漢魏叢書》卷八改。⓳多女　原作「多女子及」，據《漢魏叢書》卷八改。⓴蒙茸　雜亂貌。㉑辟邪　一種神獸之名。㉒琅琅　清朗響亮的聲音。㉓變　原作「髮」，據《雲笈七籤》卷一〇九改。㉔夫　據《漢魏叢書》卷八、《雲笈七籤》卷一〇九補。㉕刀圭　量藥的器具，約為方寸之匙的十分之一。稱為刀圭，是說其容量如刀頭圭角一般之少。㉖不謝　原作「謝之」，但前文有「左右勑羲不得謝」之語，此言「謝之」似不合。又《漢魏叢書》本卷八作「勿謝」，《雲笈七籤》卷一〇九作「不謝」。今據《雲笈七籤》改。㉗奄忽　急遽貌。

【語　譯】沈羲是吳郡人。他在蜀地學到了道術，只能消除災禍，治療疾病，救濟百姓，卻不知服食藥物以求長生。他的功德感動上天，天神記住了他。沈羲與妻子賈氏同車到兒媳卓孔寧家去，半路忽然遇到駕著白鹿的車子一輛、駕著青龍的車子一輛、駕著白虎的車子一輛，騎馬隨從數十人，都身穿紅衣，手執長矛，佩帶寶劍，光采照耀滿道路。這些人問沈羲：「您見到沈道士嗎？」沈羲驚愕地說：「不知道。沈道士是什麼人呀？」他們又說：「就是沈羲。」沈羲答道：「沈羲就是我，為什麼問我？」騎馬的官吏說：「沈羲有功於民，心中不忘道術，從年輕時直到現在，行為沒有過失。他的壽命不能長久，該享的年壽祿位都將要到盡頭了，黃帝和老君憐愍他，如今派仙官到下界來迎接他。侍郎薄延是乘白鹿車的，度世君司馬生是乘青龍車的，送迎使者徐福是乘白虎車的。」須臾之間，忽然有三位仙人出現在面前，身穿鳥羽做成的衣服，手執符節，把白玉為版、青玉為行界、紅玉為字的天書授給沈羲，沈羲下跪接受，卻讀不懂。仙人說：「今拜沈羲為碧落侍郎，主管吳越之地百姓的生死名冊。」於是載著沈羲昇上天去。當時路旁田間鋤地除草的人都看到此事，不知是怎麼回事。突然之間起了大霧，等到大霧散去，沈羲等已不見了。只見沈羲的挽車牛走入田中吃禾苗，有人認識是沈羲的牛，把此事告訴他家人。沈羲家數百年輕人怕是妖魔鬼怪把沈羲藏匿在山谷之間，於是在方圓百里之內分布開來尋找他，卻沒有找到。

四百多年之後，沈羲忽然回鄉，推求後代，找到他幾代之後的裔孫，名叫懷喜。懷喜對他說：「我聽上代人互相傳說，祖先有一位仙人，如今仙人果真歸來了！」沈羲在人間逗留了幾十天。沈羲於是說到初上天時，見不到天尊，只看見太上老君朝東坐著。左右侍從告誡沈羲不可以致謝，只是默坐而已。沈羲見宮殿間煙靄積聚，如同雲氣一般，青黃五色，不能形容。侍從幾百人，女子多，男子少。庭中有珠玉樹，雜亂叢生，龍、虎、辟邪之類神獸在其間遊戲。只聽到清亮之聲，好像銅鐵碰撞發出，不知是什麼東西。四壁閃閃發光，有神符寫在上面。太上老君形軀大約有一丈高，披髮垂衣，頭頂頸項都有光，片刻之間就有幾次變化。玉女手持盛有仙藥的金盤玉盃賜給沈羲說：「這是神丹，服下就不死了。」沈羲夫妻各得到一刀圭神丹，稟告飲藥已畢卻不稱謝。沈羲夫妻服藥之後，老君又賜他們二枚仙棗，棗大如雞蛋，果肉五寸見方。老君打發沈羲回去說：「你回到人間，救治有病患的百姓。你若要到天上來，書寫此符，懸掛在竿梢，我就來迎接你。」老君於是把一道符及一首仙方賜給沈羲。沈羲很快如同昏睡一般，待醒來，已在地上。後世多有人得到他所傳方術。

陳安世

【題解】《抱朴子內篇・勤求》記載：陳安世才十三歲，為人僕役，卻已得了仙道，而他的主人灌叔本（本篇作灌叔平），年已七十，鬚髮皓然，卻低頭拜他為師。本篇比較詳細地記敘了這一故事。陳安世所以能年幼而遇仙緣，在於他稟性仁慈，又為人誠實，因而受到仙人的看重。而灌叔平雖心慕仙道，卻不能堅持，中途懈怠，以致錯失機緣，幸而他知過能改，不顧年齡、地位的懸殊，師事陳安世，終得仙道。這則故事是教育讀者：一、要注意保持精誠的向道之心；二、要得道術，必須投師，「明師之恩，誠為過於天地，重於父母多矣。可不崇之乎！可不求之乎！」（《抱朴子內篇・勤求》）

陳安世者，京兆[1]人也，為灌叔平客。稟性慈仁，行見鳥獸，下道避之，不欲驚動，不踐生蟲，未嘗殺物。年三十。而叔平好道思神。忽有二仙人，託為書生，從叔平行遊，以觀試之。叔平不覺其是仙人也，久而轉懈怠。叔平在內方作美食，二仙人復來詣門。問安世曰：「叔平在否？」答曰：「在。」因入白叔平，叔平即欲出。其妻止之曰：「餓書生輩復欲求腹飽耳，勿與食。」於是叔平使安世出告，言不在。二人曰：「汝向言在，今言不在，何也？」「大家❷敕我云❸耳。」二人益善之以實對，乃相謂曰：「叔平勤苦有年，今日值吾二人，而反懈怠，是其不遇❹，幾成而敗之。」乃問安世曰：「汝好遨戲耶？」答曰：「不好也。」又曰：「汝好道希仙耶？」答曰：「好道，然無緣知耳。」二人曰：「汝審好道，明日早會道北大樹下。」安世早往期處，到日西而不見二人，乃起將去，曰：「書生定欺我耳。」二人已在其耳邊呼之曰：「安世，汝來何晚耶！」答曰：「早日來，但不見君耳。」二人曰：「我端坐在汝邊耳。」頻三期之，而安世輒早至。知其可教，乃以藥兩丸與之，誡曰：「汝歸家勿復飲食，別止一處。」安世依誡。

二人常往其處，叔平怪之曰：「安世處空室，何得有人語？往輒不見，何也？」答曰：「我獨語耳。」叔平見安世不服食，但飲水，止息別位，疑非常人。自知失賢，乃歎曰：「夫道尊德貴，不在年齒。父母生我，然非師則莫能使我長生也，先聞道者則為師矣。」乃自執弟子之禮，朝夕拜事安世，為之洒掃。安世道成，白日昇天，臨去遂以要道傳叔平。叔平後亦得仙也。

【注　釋】❶京兆　政區名，相當於郡，治所在長安（今西安市北）。❷大家　奴僕對其主人的稱呼。❸云　原作「去」，據《漢魏叢書》本卷八改。❹不遇　此下原有「我」字，據《漢魏叢書》本卷八刪。

【語　譯】陳安世是京兆人，在灌叔平家做門客。他本性仁慈，走路遇見鳥獸，就離開道路避開，不願驚動鳥獸，他不踩踏活著的蟲蟻，不曾殺過動物。他正好三十歲。而灌叔平則喜好道術，想成神仙。忽然有二位仙人，裝作是書生，隨同灌叔平出遊，來觀察和試探他。灌叔平沒有覺察這二人是仙人，時間一久就變得懈怠了。灌叔平正在家中烹飪好的食品，二位仙人又上門來了。他們問陳安世：「叔平在家嗎？」陳安世答道：「在。」於是入內告訴灌叔平，灌叔平就打算出來接待。他的妻子阻止他說：「飢餓的書生們又想要來填飽肚子罷了，別給他們吃。」於是灌叔平叫陳安世出外告知二人，說他不在家。二人說：「你剛才說灌叔平在家，現在又說不在，這是為什麼呀？」「主人叫我這麼說的。」二人越加讚賞他能夠據實回答，就互相說：「叔平勞苦幾年，今天遇到我們兩人，卻反而懈怠下來，這是他不遇仙緣，快要成功卻失敗了。」於是問陳安世說：

「你喜歡遊玩嗎？」答說：「不喜歡。」又問說：「你喜好道術想成仙嗎？」答說：「我喜好道術，然而沒有機緣懂得道術。」二人說：「你若果真喜好道術，明天早晨跟我們在路北大樹下相會。」次日陳安世一早就趕到約定的地方，但到太陽西下也不見二人，他起身將要離去，說：「書生一定在欺騙我。」這時二人就在他耳邊喚他：「安世，你來得多麼晚啊！」安世答說：「我一早來，只是不見您們啊。」二人說：「我們端坐在你旁邊。」接連幾次跟安世約會，安世每每早到，二人知道安世可以教授道術，就把兩丸藥贈給他，告誡說：「你回家不要再飲食，另住一處。」安世遵從二人的告誡。

二仙人常到陳安世住處去。灌叔平感到奇怪說：「安世住在空房間裡，怎會有人跟你說話？我去則看不見人，這是為什麼？」安世答說：「我跟自己說話啊。」叔平見安世不進食，只飲水，住在另外地方，懷疑安世不是普通人。他知道自己錯失與賢人相識的機會，就歎息說：「得道有德就尊貴，不在年紀大小。父母生養我，然而沒有老師則不能使我長生，先領會道術的人則是老師。」叔平於是自己實行弟子的禮儀，對安世早晚下拜侍奉，為他灑掃住處。安世修道成功，白日昇天，臨行之時即把道術要點傳授叔平。叔平後來也成了仙。

李八百

【題解】李八百是仙人，他想把仙道傳授給唐公昉，就先去試探唐的為人。李八百偽裝生瘡，唐公昉雖花費數十萬錢也不吝惜，但還是治不好。八百終於提出要唐氏夫婦為他舔瘡，對於這樣的難事，唐公昉也毫不猶豫地接受照辦了。由此可見其為人之真誠仁慈，李八百於是決定傳以至道。

這個故事說明，要得仙道，必先為善人，正如《抱朴子內篇・微言》所言：「覽諸道戒，無不云欲求長生者，必欲積善立功，慈心於物，恕己及人，仁逮昆蟲，樂人之吉，愍人之苦，賙人之急，救人之窮，手不傷生，口不勸禍，見人之得如己之得，見人之失如己之失，不自貴，不自譽，不嫉妬勝己，不佞諂陰賊，如此乃為有德，受福於天，所作必成，求仙可冀也。」

李八百❶者，蜀人也，莫知其名，歷世見之，時人計之，已年八百歲，因以號之❷。或隱山林，或在鄽市❸。知漢中❹唐公昉求道而不遇明師，欲教以至道，乃先往試之，為作傭客。公昉不知也，八百驅使用意，過於他人，公昉甚愛待之。後八百乃偽作病，危困欲死，公昉為迎醫合藥，費數十萬，不以為損，憂念之意，形於顏色。八百又轉作惡瘡，周身匝體，膿血臭惡，不可近視，人皆不忍近之。公昉為之流涕曰：「卿為吾家勤苦累年，而得篤病，吾趣欲令卿得愈，無所悋惜，而猶不愈，當如卿何？」八百曰：「吾瘡可愈，然須得人舐之。」公昉乃使三婢為舐之。八百曰：「婢舐之不能使愈，若得君舐之，乃當愈耳。」公昉即為舐之。八百又言：「君舐之，復不能使吾愈，得君婦為舐之，當愈也。」公昉乃使婦舐之。八百曰：「瘡乃欲差❺，然須得三十斛❻美酒以浴之，乃都愈耳。」公昉即為具酒三十斛著大器中，八百乃起入酒中洗浴，瘡則盡愈，體如凝脂，亦無餘痕。乃告公昉曰：「吾是仙人，君有至心，故來相試，子定可教。今當相授度世❼之訣矣。」乃使公昉夫妻及舐瘡三婢以浴餘酒自洗，即皆更少，顏色悅美。以丹經一卷授公昉，公昉入雲臺山❽中合丹，丹成便登仙去。今拔宅❾之處在漢中也。

【注釋】❶百　原作「伯」，據《漢魏叢書》本、《雲笈七籤》卷一〇九改。本篇多處「八百」之「百」，皆如上改。❷已年八百歲二句　元趙道一《歷世真仙體道通鑑》卷一〇〈李八百〉記述：「李八百，蜀人也，莫知其名。」「歷夏、商、周，年八百歲，又動則行八百里，時人因號為李八百。」「《混元實錄》云：李脫學長生之道，周穆王時來居蜀之金堂山龍橋峰下。」「蜀人歷世見之，因號曰李八百。」❸鄽市　城中民居和市場。鄽，同「廛」。民居；市宅。❹漢中　郡名，秦始置，治所在南鄭（今陝西漢中東）。❺差　同「瘥」。病癒。❻斛　容量單位，十斗為一斛。❼度世　謂超凡入仙。❽雲臺山　山在蜀中，今四川蒼溪。為張道陵二十四治之一。❾拔宅　謂全家男女得道俱昇天宮。道經中甚至謂連屋舍、雞犬也隨之而去。

【語譯】李八百是蜀人，不知叫什麼名字，歷代都看見他，世人計算，他已經八百歲了，因而叫他李八百。他有時隱居山林，有時住在城市。八百得知漢中唐公昉想學習道術卻找不到明師，就打算把最高的道術教授給他，於是先去試探他，做他的佣人。公昉不知道八百的身分，八百受主人差遣辦事都很用心，超過其他佣人，公昉對他很愛惜。後來八百偽裝生病，病危將死，公昉為他找醫生配藥，花費幾十萬錢，不認為有什麼損失，憂慮的心情，表現在臉上。八百又改生惡瘡，遍體皆是，膿血惡臭，不能近看，人們都不忍心靠近他。公昉對他流淚說：「你為我家幾年勞苦，因而得了重病，我急於想要使你病癒，錢財無所吝惜，卻還是不癒，該把你怎麼辦呢？」八百說：「我的瘡可以治好，然而必須有人去舔它。」公昉就叫三個婢女為八百舔瘡。八百說：「婢女舔瘡不能治好瘡，若是您為我舔瘡，瘡定會好的。」公昉即為八百舔瘡。八百又說：「您為我舔瘡，還不能使我病癒，如果您的夫人為我舔瘡，瘡定會好了。」公昉就叫妻子為八百舔瘡。八百說：「瘡就將好了，然而必須用三十斛美酒來洗浴，則病將全部好了。」公昉即為八百置辦了三十斛酒，裝在大容器之中，八百就起身進入酒中洗浴，瘡則完全好了，體膚如同凝結的脂肪，一點不見剩下的疤痕。八百於是告訴公昉說：「我是仙人，您有至誠之心，所以來試探，您肯定可以教授。現在我將傳授超脫凡世的要訣給您。」就叫公昉夫妻和曾為他舔瘡的三個婢女用他洗剩的酒自己洗浴，他們都立即變得年輕，臉色和美。八百又把一卷丹經授給公昉，公昉進入雲臺山選配各種藥材煉丹，丹煉成就成仙昇天而去。他全家昇天之處在今漢中郡。

李阿

【題解】李阿是個仙人，本篇主要描寫他的種種神通：能預測世事的吉凶、能使毀物復原、能死而復生、能永駐容顏等等，寫得新奇生動。其主旨還是證明神仙之實際存在，這也正是本書的主題。

李阿者，蜀人也。蜀人傳世見之，不老如故常。乞於成都市，而所得隨復以拯貧窮者。夜去朝還，市人莫知其所宿也。或往問❶事，阿無所言，但占❷阿顏色。若顏色欣然，則事皆吉；若容貌慘戚，則事皆凶；若阿含笑者，則有大慶；微歎者，則有深憂。如此之候❸，未曾不審❹也。有古強者，疑阿是異人，常親事之。試隨阿還所宿，乃在青城山❺中。強後復欲隨阿去，然身未知道，恐有虎狼，故持其父長刀以自衛。阿見之怒曰：「汝隨我行，何畏虎耶！」取強刀擊石，折敗。強竊憂刀敗，至旦復出隨之，阿問曰：「汝愁刀敗耶？」強言：「實恐父怒。」阿即取刀，以左右手擊地，刀復如故，以還強。強逐阿還成都，未至，道次逢奔車。阿以腳置車下，轢❻其腳脛❼皆折，阿即死。強驚視之，須臾阿起，以手抑按，腳復如故。強年十八，見阿色如五十許人，至強年八十餘，而阿猶如故。後語人云：「被崑崙山❽召，當去。」遂不復還耳。

【注釋】❶往問　原作「問往」，據《漢魏叢書》本卷二改。❷占　觀察。❸候　伺望。❹審　確實。❺青城山　在今四川灌縣，為十大洞天之一。❻轢　車輪輾過。❼腳脛　小腿。❽崑崙山　道教仙境三島之一。《雲笈七籤》卷二六記述此山四周弱水環繞，上有玉樓仙宮，為群仙所居。

【語譯】李阿是蜀人。蜀人歷代看見他，他始終不老，同過去一樣。他在成都集市上乞討，而討來的錢又隨即用來賑濟貧窮的人。夜裡離去，早上回來，市上人不知道他住在什麼地方。有人去找他問事，李阿不說什麼，人們只是觀察李阿臉上的表情。若李阿表情欣喜，則事情都會吉利；若李阿表情憂愁，則事情肯定都會不利；若李阿臉上含笑，則肯定會有大的幸福；若李阿微微歎息，則肯定會有很深的憂患。這樣暗暗去觀察李阿，沒有不準確的。有個名叫古強的人，懷疑李阿是異人，經常親身侍奉李阿。他嘗試跟隨李阿回到他所住的地方，竟在青城山中。古強後來又想跟隨李阿歸去，然而他不懂道術，恐遭虎狼傷害，所以手執他父親的長刀來自衛。李阿看見，生氣地說：「你跟隨我行走，還怕什麼老虎呢！」就拿過古強的刀敲擊石頭，刀折斷而壞。古強私下很為刀折壞擔憂，到了天亮又隨李阿出山，李阿問道：「你是在為刀壞了發愁嗎？」古強說：「我確實害怕父親為此事生氣。」李阿即取過長刀，用左右手執刀敲擊地面，刀恢復完好，同過去一樣，就把刀還給古強。古強跟著李阿回成都，還未到成都，路上遇到飛馳的馬車。李阿把腳伸到車下，他的兩條小腿都被輾斷了，李阿當即死去。古強驚視著這一場景，一會兒李阿起身，用手按捺傷處，小腿又恢復如故。古強十八歲時，見李阿面容好似五十多歲的樣子，到了古強八十多歲時，而李阿還是原來的模樣。李阿後來對人說：「崑崙山召我，將要離去。」從此一去就不再回還了。

王遠

【題解】本篇是今本《神仙傳》中少有的長篇，人物多，內容豐富，彌可重視。王遠本是漢朝的官吏，但成仙之後漢桓帝徵召他，他就不出，強載至京，也不答詔。他留在宮門扇上的字跡，雖帝命削去，也削不掉。這表現了早期道教的一種思想，即人一旦成了神仙，就不再是皇帝的臣子了，也不再受皇帝的約束了，而且可以公然表示對皇權的藐視。這種思想在衛叔卿的故事中也有所顯露。

本篇中記述蔡經的成仙之道是尸解。尸解的方式有多種，蔡經是先消耗至形銷骨立，然後才蟬蛻而去。這和兵解、水解等皆有不同。本篇兩次提到骨相術，說蔡經按骨相應當成仙，而陳尉則由於「心不正，影不端」不能成仙，這一方面的論述保存了古代骨相術的材料，值得注意。

本篇篇幅長，描寫十分生動。其中描寫王遠降臨蔡經家時儀仗之壯觀、行廚之豪華，鋪敘十分著力。在王遠召見麻姑一段中，寫麻姑一二個時辰之內即可往返千里之遙，而滄海桑田幾度變化，在她也不過是不長的時間，這就從時空上寫出了仙家神通之廣大。這些故事也為後世讀者所樂道。而寫蔡經心中想用麻姑指甲搔背因而遭到鞭背之罰一事，則頗有些幽默的意味。

王遠，字方平，東海❶人也。舉孝廉❷，除郎中❸，稍加至中散大夫❹。

博學五經，尤明天文❺、圖讖❻、河洛❼之要。逆知天下盛衰之期，九州吉凶，觀諸掌握。後棄官入山修道，道成。漢孝桓帝❽聞之，連徵不出，使郡牧❾逼載以詣京師。遠低頭閉口不肯答詔，乃題宮門扇板四百餘字，皆說方來之事。帝惡之，使人削之，外字始去，內字復見，字墨皆徹入板裡。

方平無復子孫，鄉里人累世相傳共事之。同郡故太尉公陳耽，為方平架道室，旦夕朝拜之，但乞福消災，不從學道。方平在耽家四十餘年，耽家無疾病死喪，奴婢皆然，六畜繁息，田蠶倍獲❿，仕宦高遷。後語耽云：「吾期運將盡，當去，不得復停。明日日中，當發也。」至時，方平死。耽知其化⓫去，不敢下著地，但悲涕歎息曰：「先生捨我去耶？我將何如？」具棺器燒香，就床上衣裝之，至三日三夜，忽失其尸。衣帶不解，如蛇蛻耳。方平去後百餘日，耽亦死。或謂耽得方平之道化去，或謂方平知耽將終，委之而去也。

【章　旨】敘述王遠成道後，雖被逼載至京，卻拒不答詔。返鄉後住陳耽家四十餘年，終於尸解而去。

【注　釋】❶東海　郡名，治所在郯（今山東郯城北）。❷孝廉　漢代選拔官吏的科目之一。始於董仲舒向漢武帝的奏請。本來是兩種科目，孝是孝子，廉是廉潔之士，後來才合稱孝廉。元光元年，武帝「令郡國舉孝、廉各一人」，從此孝廉成為士大夫仕進的主要途徑。❸郎中　官名，屬光祿勳，管理車、騎、門戶，並內充侍衛，外從作戰。❹中散大夫　官名，屬光祿勳，六百石，無定員。❺天文　日月星辰等天體的分布運行及風雲雨露霜雪的變化等現象。❻圖讖　是巫師或方士製作的一種圖書或隱語、預言，作為吉凶的符驗或徵兆。❼河洛　《易・繫辭上》：「河出圖，洛出書，聖人則之。」傳說伏羲氏時，有龍馬從黃河出現，背負河圖；有神龜從洛水出現，背負洛書。伏羲根據這種「圖」、「書」，畫成八卦，就是《周易》之來源。❽漢孝桓帝　名劉志，東漢皇帝，西元一四六至一六七年在位。❾郡牧　指太守，郡的行政長官。❿倍獲　原作「萬倍」，據《漢魏叢書》本卷二改。⓫化　變化，此處指煉凡化聖。

【語　譯】王遠，字方平，是東海郡人。他作為孝廉之士被郡守舉薦入朝為官，任郎中，稍稍昇職，做到中散大夫。他對五經全能通曉，尤其懂得天文、圖讖、河圖洛書這些學問的精髓。能預知國家期運的盛衰，九州何處吉何處凶，如同觀之於掌上。後來他放棄官職，入山修道，終於修成道術。漢孝桓帝聽說他的名字，接連徵召他，他不肯出郡，皇帝便命太守逼迫他上車來到京師。對於皇帝所說，王遠只是低頭閉口不肯回答，在宮殿門扇的板上題寫了四百多字，說的都是將來之事。皇帝嫌恨他這種作法，命人把這些字削掉，字的外層才削去，內層字跡又顯現出來，字的墨跡都透入門板裡面去了。

方平沒有子孫，鄉里的人歷代相傳共同侍奉他。同郡有一位曾任太尉的陳耽，為方平構築了道室，早晚禮拜他，只是求福消災，不向他學習道術。方平在陳耽家四十多年，陳耽家無人疾病死亡，奴婢也是如此，牲畜繁衍生殖，莊稼蠶桑收穫加倍，做官高昇。方平後來對陳耽說：「我的機運將要結束，應當離去，不可以再停留。明天中午，將要出發了。」到他所說的時候，方平死去。陳耽知道方平是變化而去，不敢把他的遺體放在地上，只是悲傷地流淚歎息說：「先生捨棄我去了嗎？我該怎麼辦呢？」備辦了棺材，燒了香，就在床上給他換衣裝飾，到了三日三夜結束，忽然方平的尸體不見了。衣帶沒有解開，像是蛇脫皮一樣。方平化去一百多天，陳耽也死了。有人說陳耽學會方平的道術也變化而去了，有人說方平知道陳耽壽數將終，所以棄他而去。

其後，方平欲東之括蒼山❶，過吳，住❷胥門❸蔡經家。經者，小民也，骨相❹當仙，方平知之，故住其家。遂語經曰：「汝生命應得度世，故欲取汝以補仙官。然汝少不知道，今氣少肉多，不得上昇，當為尸解❺耳。尸解一劇❻須臾，如從狗竇中過耳。」告以要言乃委經去。後經忽身體發熱如火，欲得水灌，舉家汲水以灌之，如沃燋石。似此三日中，消耗骨立，乃入室，以被自覆。忽然失其所在，視其被中，惟有皮，頭足俱存⑦，如今蟬蛻也。

去十餘年，忽然還家，去時已老，還更少壯，頭髮還黑。語其家云：「七月七日，王君當來過⑧。到其日，可多作數百斛飲食，以供從官。」乃去。到期日，其家假借盆甕，作飲食數百斛，羅列覆置庭中。其日方平果來，未至經家，則聞金鼓簫管人馬之聲，比近皆驚，不知何所在，及至經家，舉家皆見。方平著遠遊冠⑨，朱服，虎頭鞶囊⑩，五色綬⑪，帶劍。少鬚黃色，長短中形人也。乘羽車，駕五龍，龍各異色。麾節⑫幡旗，前後導從，威儀⑬奕奕⑭，如大將軍也。有十二玉壺⑮，皆以蠟⑯蜜封其口。鼓吹⑰皆乘麟⑱，從天上下，懸集，不從道行也。既至，從官皆隱，不知所在，惟見方平坐耳。須臾引見經父母兄弟。

因遣人召麻姑。相問，亦莫知麻姑是何神也。言：「王方平敬報，久不在民間，今集在此，想姑能暫來語否？」有頃信⑲還，但聞其語，不見所使人也。答言：「麻姑再拜⑳，比不相見，忽已五百餘年。尊卑有序，脩敬無階。思念煩信，承來在彼。故當躬到[21]，而先被詔[22]，當案行[23]蓬萊[24]。今便暫往，如是當還，還便親覲，願未即去。」如此兩時間，麻姑來。來時亦先聞人馬之聲，既至，從官[25]半於方平也。麻姑至，蔡經亦舉家見之。是好女子，年十八九許，於頂中作髻，餘髮散垂至腰。其衣有文章，而非錦綺，光彩耀目[26]，不可名字，皆世所無有也。入拜方平，方平為之起立。坐定，召進行廚[27]，皆金玉盃盤，無限也。餚膳多是諸花菓，而香氣達於內外。擘脯[28]而食[29]之，如松栢炙，云是麟脯也。麻姑自說：「接侍[30]以來，已見東海三為桑田。向到蓬萊，水又淺於往昔會時略半也，豈將復還為陵陸[31]乎？」方平歎[32]曰：「聖人皆言，海中行復揚塵也。」麻姑欲見蔡經母及婦等[33]。時經弟婦新產數十日，麻姑望見乃知之，曰：「噫，且止勿前。」即求少許米至，得米便以撒地，謂以米祛其穢也，視米皆成真珠[34]。方平笑曰：「姑故少年也，吾老矣，不喜復作此曹輩狡獪變化也。」方平語經家人曰：「吾欲賜汝輩酒，此酒乃出天廚，其味醇醲[35]，非俗人所宜飲，飲之或能爛腸。今當以水和之，汝輩勿怪也。」乃以一升酒，合水一斗攪之，以賜經家人，人飲一升許皆醉。良久酒盡，方平語左右曰：「不足復還取也，以千錢與餘杭姥[36]，求其酤酒。」須臾信還，得一油囊[37]，酒五斗許。信傳餘杭姥答言：「恐地上酒不中尊者飲耳。」又麻姑手爪[38]不如人爪形，皆似鳥爪。蔡經中心私言，若背大癢時，得此爪以爬背，當佳也。方平已知經心中所言，即使人牽經鞭之曰：「麻姑，神人也，汝何忽謂其爪可以爬背耶！」便見鞭著經背，亦不見有人持鞭者。方平告經曰：「吾鞭不可妄得也。」

經比舍有姓陳者[39]，失其名字，嘗罷尉[40]。聞經家有神人，乃詣門扣頭，求乞拜見。於是方平使[41]引前與語，此人便乞得驅使比於蔡經。方平曰：「君且起，可向日立。」方平從後視之，曰：「噫，君心不正，影不端，終不可教以仙道也。當授君地上主者之職。」臨去以一符并一傳㊷著小箱中，以與陳尉。告言：「此不能令君度世，止能令君竟本壽，壽自出百歲也。可以消災治病，病者命未終及無罪犯者，以符到其家，便愈矣。若有邪鬼血食㊸作禍者，帶此傳以敕社吏㊹，當收送其鬼。君心中亦當知其輕重，臨時以意治之。」陳尉以此符治病有效，事之者數百家。陳尉壽一百一十一歲而死，死後其子孫行其符，不復效矣。

【章旨】詳細描述王遠成為天仙後降臨蔡經家，邀約麻姑，傳授陳尉的故事。

【注釋】❶括蒼山　位於浙江省東南部，主峰在臨海縣西南。括蒼山洞為道教十大洞天之一。❷住　原作「往」，據《雲笈七籤》卷一〇九、《漢魏叢書》本卷二改。❸胥門　城門名，即蘇州之西門。傳說伍子胥居其旁，人民因而稱其為胥門。❹骨相　相術家泛指人的骨骼和形相，他們認為骨相與性格、命運相關。王充《論衡·骨相》：「人命稟於天，則有表候於體。察表候以知命，猶察斗斛以知容矣。表候者，骨法之謂也。」「非徒命有骨法，性亦有骨法。」❺尸解　指棄尸於世而自己解化仙去。道教認為，有道之人尸解而死，不是真死，而是託死化去。依死去的方式分，又有兵解、水解等等。❻劇　疾；速。❼俱存　原作「具」，據《雲笈七籤》卷一〇九改補。❽來過　來訪。❾遠遊冠　冠名。秦漢以後，歷代沿用，至元始廢。❿鞶囊　盛帨巾的男用小皮囊。囊，原作「裳」，據《漢魏叢書》本卷二改。⓫綬　繫印的絲帶。⓬麾節　麾，用以指揮軍隊的旗幟。節，古代使者所持，用以作憑證。⓭威儀　儀仗。⓮奕奕　美盛貌。⓯玉壺　《雲笈七籤》卷一〇九作「隊五百士」，《漢魏叢書》卷二作「伍伯」，則為十二隊士兵，然以蠟蜜封口則殊怪異。竊以為還是作「玉壺」為是，後文所賜天酒，當即貯之於此玉壺中，所以要以蠟蜜封口。⓰蠟　原作「臘」，據《漢魏叢書》本卷二改。⓱鼓吹　演奏鼓吹樂的樂隊。⓲麟　即麒麟。古代傳說中的一種動物。其狀如鹿，獨角，全身生鱗甲，尾像牛。多作為吉祥的象徵。⓳信　使者。⓴再拜　古代一種禮節，先後拜二次，表示禮節隆重。此處表示敬意。㉑故當躬到　原作「登當傾倒」，據《雲笈七籤》卷一〇九改。故，同「固」。本來。㉒詔　原作「記」，據《雲笈七籤》卷一〇九、《歷世真仙體道通鑒》卷五改。㉓案行　巡視。㉔蓬萊　蓬萊山。道教仙境「三島」之一。《雲笈七籤》卷二六云：蓬萊山為東海中之神山，周迴五千里，乃天帝總九天之維。㉕從官　此下原有「當」字，據《漢魏叢書》本卷二刪。㉖目　原作「日」，據《漢魏叢書》本卷二改。㉗行廚　原指富貴之家出行所攜帶的炊事設施及餚饌，此指神仙安坐不動，隨心變現廚房珍羞。此為神仙變化術之一種。㉘擘脯　剖開乾肉。㉙食　原作「行」，據《漢魏叢書》本卷二改。㉚侍　原作「待」，據《漢魏叢書》本卷二改。㉛陵陸　山陵和平地。㉜歎　原作「笑」，據《漢魏叢書》本卷二改。㉝等　原作「姪」，據《漢魏叢書》本卷二改。㉞真珠　《漢魏叢書》本卷二、《歷世真仙體道通鑒》卷五皆作「丹砂」。㉟醇醲　酒味濃烈。醲，原作「釀」，據《漢魏叢書》本卷二、《雲笈七籤》卷一〇九改。㊱餘杭姥　餘杭，杭州之北的縣名。姥，老婦人。此下原有「相聞」二字，據《漢魏叢書》本卷二刪。㊲油囊　塗有桐油的可盛液體的布袋。㊳手爪　此指手指甲。㊴者　原無此字，據《漢魏叢書》本卷二補。㊵尉　官名，有太尉、郡尉、縣尉等。㊶使　原無此字，據《漢魏叢書》本卷二補。㊷傳　符信。㊸血食　受享豬羊等祭品。㊹社吏　土地神。

【語譯】後來，方平打算往東到括蒼山去，經過吳郡，住在胥門附近的蔡經家。蔡經是個普通百姓，從他的骨相看應當成仙，方平知道，所以住在他家。方平就對蔡經說：「你命中應能超脫凡塵，所以要把你去補仙官的缺位。然而你年輕不懂道法，如今氣少肉多，不能上昇仙界，應當通過尸解。尸解迅速，只一會兒，如同從狗洞中穿過一般。」方平把尸解要術告訴蔡經後就離蔡經而去。後來蔡經身體發熱如同火燒，想要用水澆灌，全家打水澆灌在他身上，如同澆在燒燙的石頭上似的。像這樣的情形三日之中，蔡經形銷骨立，就進入室內，用被子覆蓋身體。忽然之間他就不見了，看他蓋的被子中，只有一層皮，從頭至腳都在，如同蟬脫皮一樣。

蔡經尸解而去十多年，忽然回到家中，去時年紀已老，回來變得年輕壯健，頭髮恢復成黑色。蔡經對他家人說：「七月七日，王君將來訪。到了那一天，可多作數百斛飲食，來供給他的隨從官員。」說畢就離去了。到了約定的日子，他家中借了盆甕，作了數百斛飲料食品，羅列覆蓋放在庭院中。那天方平果真來了，還沒有到達蔡經家，就聽到金鼓簫管人馬的聲音，附近人家都感到震驚，不知道方平一行在哪裡，等到到了蔡經家，全家都看見了。方平戴著遠遊冠，穿著朱服，身佩飾有虎頭的皮囊和五色綬帶，腰懸寶劍。他鬍鬚不多，面色發黃，中等身材。乘著仙家的羽車，前駕五龍，龍的顏色各不相同。隨從們執著麾節幡旗，前導後從，儀仗隊壯美盛大，如同大將軍出行一樣。帶來十二個玉壺，都用蠟蜜封口。鼓吹樂隊都騎麒麟，從天上下來，停留在半空中，不從道路上行走。方平到達之後，隨從官員都隱去了，不知在哪裡，只見方平端坐。過了一會兒引導接見蔡經的父母兄弟。

方平於是派人召麻姑來。人們互相打聽，也不知麻姑是什麼神仙。方平派人告說：「王方平恭敬地相告，我久已不在民間，今日來到此地，希望麻姑暫來談談，行嗎？」過了一會兒使者回來，只聽見話聲，不見所派出的人。麻姑答說：「麻姑再拜，近來不相見，忽然已經五百多年過去了。尊卑有固定的次序，我想對您表示敬意，卻沒有機緣。承您思念派使者來，他來我卻在彼處。我本應當親身趕到，但先此接到天庭詔命，必須巡視蓬萊山。現在我便暫往蓬萊，到了一定回返，回返便親自來謁見您，希望您還沒有立即離開。」這樣過了不到兩個時辰，麻姑來到。來的時候也先聽到人馬之聲，來到之後，看到她的隨從官員約為方平的一半。麻姑來到，蔡經全家也拜見了她。麻姑是個美麗女子，看起來十八九歲的樣子，在頭頂正中梳了髮髻，其餘頭髮披散，直垂到腰。她的衣服有花紋，卻非錦非綺，光彩耀目，說不出是什麼質料，都是世上所沒有的。麻姑入內拜見方平，方平為她起立。二人坐定，命奉上仙廚食品，都是金玉所製盃盤，連續不斷。食物多數是各種花果，而香氣傳到內外。剖開乾肉來食用，如同松柏烤肉，據說是麒麟肉乾。麻姑說：「上次迎侍您以來，已見東海三次變為桑田。剛才到蓬萊，水又淺於往昔相會時大約一半了，難道東海又將變為山陵平地嗎？」方平歎息說：「聖人都說，海中將又要揚起風塵了。」麻姑想見蔡經母親及妻子等人。當時蔡經的弟媳剛生產數十天，麻姑望見就知道了，說：「啊，且止步不要上前。」她就要了少許米來，拿到米就撒在地上，說是用米袪除污穢，再看米，都變成了珍珠。方平笑著說：「麻姑乃是年輕人，我老了，不喜歡作這些年輕人們的遊戲變化了。」方平對蔡經家人說：「我想把酒賜給你們，此酒出之於天廚，酒味濃烈，不是普通人所適宜飲用，飲用了或許能爛腸。如今應該用水來摻和，你們不要奇怪。」就用一升酒和水一斗，加以攪拌，來賜給蔡經家人，每人飲一升多都醉了。良久酒飲完了，方平對左右侍從說：「不值得又回去取酒了，拿一千錢給餘杭姥，買她賣的酒。」一會兒使者回來，帶來一個油囊，內盛五斗多酒。使者傳達餘杭姥的答話：「恐怕地上的酒尊者飲用不對胃口吧。」還有一事，麻姑的手指甲不像人的手指甲，都似鳥爪。蔡經心中暗說，若背上很癢的時候，能有這手指甲來搔背，必定好。方平已經知道蔡經心中所說，就命人拉過蔡經鞭打他說：「麻姑是神人，你怎麼忽然說她的手指甲可用來搔背呢！」便看見鞭子打到蔡經的背上，也不見有人手執鞭子。方平告訴蔡經說：「我的鞭子不是隨便挨得到的。」

蔡經鄰舍有一位姓陳的人，名字已不知道，曾經做過尉官。他聽說蔡經家有神人，就上門叩頭，請求拜見。於是方平命人把陳尉引導到面前談話，此人便請求能和蔡經一樣作為弟子供驅使。方平說：「您且起身，可對著太陽站著。」方平從陳尉身後看過去，說：「噫，您的心不正，影不端，終究不可以把仙家之道教您。我將授給您地上主管的職務。」臨去時把一符和一傳放在小箱子中，交給陳尉。對他說：「這些不能使您超脫凡世，只能使您過盡自己的壽命，您的壽命自會超出百歲。這些符、傳可以消災治病，生病的人如果命中還不該死和沒有犯什麼罪，把符送到他家，病便好。若有邪鬼受享祭品還作禍於人，帶此傳去告訴土地神，土地神必會收送邪鬼。您心中也應當知道事情的輕重，臨時按您的意思處理。」陳尉用這符治病有效驗，尊奉他的人家有幾百家。陳尉活到一百一十一歲而死，死後子孫使用他的符，就不再有效驗了。

方平去後，經家所作飲食數百斛在庭中者悉盡，亦不見人飲食之也。經父母私問經曰：「王君是何神人？復居何處？」經答曰：「常治崑崙山❶，往來羅浮山❷、括蒼山。此三山上皆有宮殿，宮殿一如王宮。王君常任天曹❸事，一日之中，與天上相反覆者數遍。地上五嶽生死之事，悉關❹王君。王君出時，或不盡將百官，惟乘一黃麟，將士數十人侍。每行，常見山林在下，去地常數百丈。所到，山海之神皆來奉迎拜謁。或有干❺道者。」

後數年，經復暫歸家。方平有書與陳尉，其❻書廓落❼，大而不工。先是無人知方平名遠者，起此乃因陳尉書知之。其家於今世世存錄王君手書及其符傳於小箱中，秘之也。

【章旨】記述方平天上的職司及他後來給陳尉寫信之事。

【注釋】❶崑崙山　道教仙境「三島」之一。據說在西海之戌地，北海之亥地。地方一萬里，四周弱水環繞，上有群仙宮殿，為西王母所治。❷羅浮山　位於廣東東江的北岸，博羅縣西北。此山為道教名山，道教稱其為第七洞天、第三十四福地。❸天曹　道教所稱天上的官署。❹關　稟告。❺干　干謁。原作「千」，據《漢魏叢書》本卷二改。❻其　原作「真」，「真書」與下文「廓落」不相應，故據《漢魏叢書》本卷二改。❼廓落　字體結構鬆散。

【語譯】方平去後，蔡經家所作的數百斛放在庭院中的飲食，全都光了，也沒有看見人去食用。蔡經父母私下問蔡經：「王君是什麼神人？又住在什麼地方？」蔡經答道：「王君經常在崑崙山治事，往來於羅浮山、括蒼山。在這三處山上都有宮殿，宮殿完全和王宮一樣。王君經常在天宮任職，一天之中到天上來回幾次。地上五嶽的人的生死方面的事，全向王君稟告。王君出行時，有時不把全部屬官都帶著，只騎一匹黃色麒麟，幾十名將士侍從。他每次出行，常見山林在身下，距離地面常幾百丈。他所到之處，山神海神皆來迎接，參拜謁見。也有在路上求見的。」

幾年之後，蔡經又暫時回家。方平有書信給陳尉，他的字結構鬆散，大而不工整。此前無人知道方平名叫王遠，從此由於他寫給陳尉的書信而知道了。陳尉家世代至今收存王君親筆書信和他所傳的符、傳在小箱子中，秘藏起來。

伯山甫

【題解】伯山甫是個仙人，他服食仙藥以致長生，並且傳給了他的外甥女，使外甥女也返老還少。本篇的主旨是強調服食藥餌的重要性。篇末故事十分雋永。故事敘述一個女子在責打老翁，女子面若桃花，老翁頭髮皓然。而最後弄明白，原來二人是母子，女子是服了仙藥的母親，老翁是未服仙藥的兒子。鮮明的對比，給人留下意味深長的回味。

伯山甫者，雍州①人也。在華山②中精思③服餌④。時時歸鄉里省親，如此二百餘年不老。每入人家，即知人家先世已來善惡功過，有如臨見。又知未來吉凶，言無不效。見其外生女⑤年老多病，將藥與之。女服藥時年七十，轉⑥還少，色如桃花。漢遣使者，經見西河⑦城東有一女子笞一老翁，其老翁頭髮皓白，長跪⑧而受杖。使者怪而問之。女子曰：「此是妾兒。昔妾舅氏伯山甫以神方教妾，妾教使服之，不肯，而致今日衰老，不及於妾。妾恚怒，故與之杖耳。」使者問女及兒今各年幾。

女子答云：「妾年二百三十歲矣，兒今年七十。」此女後入華山，得仙而去。

【注釋】❶雍州　州名，東漢時置，治所在長安，轄境相當於今陝西、甘肅、寧夏、青海之一部分。❷華山　在陝西省東部，主峰在華陰縣南，古稱西嶽。❸精思　精誠存思，修身煉性。❹服餌　指服食藥餌以求長生的一套方法。❺外生女　即外甥女。❻轉　原作「稍稍」，據《漢魏叢書》本卷二改。❼西河　漢郡名，治所先在平定，後移離石。❽長跪　直身而跪。

【語譯】伯山甫是雍州人。他在華山中精誠存思，服食藥餌，常常回鄉里探望親屬，這樣過了二百年，也不衰老。他每到一家人家，就知曉這家上代以來的善惡功過，如同親見。又能知道未來吉凶，預言無不效驗。他見外甥女年老多病，就把仙藥贈給她。外甥女服藥時年已七十，變得恢復年輕，面色如同桃花一般。漢朝派遣使者出行，路過見到西河城東有一個女子在責打一個老翁，那老翁頭髮雪白，挺身而跪挨杖打。使者感到奇怪而問緣由。女子說：「這是我的兒子。當初我舅舅伯山甫把神方教授給我，我又教給他去服用，他不肯聽我教導，而致今日這樣衰老，不及我年輕。我生氣了，所以用杖責打他。」使者問女子和她的兒子各多少歲。女子回答說：「我二百三十歲了，兒子今年七十歲。」這一女子後來進入華山，成仙而去。

卷四

墨子

【題解】墨子約生於西元前四六八年，卒於西元前三七六年，是先秦大思想家。本篇記載墨子後來合服仙藥，成了地仙，直活到漢武帝時，但《墨子》書中並沒有神仙之術的論述，先秦諸子書及《史記》中也沒有墨子成仙的記載。本篇所敘當是道教徒的附會。

本篇分成前後二段。前一段記敘墨子止楚攻宋一事，明顯取之於《墨子・公輸》一篇。值得注意的倒是後一段的記敘。其中說到墨子的成仙是從存思入手，想像神仙，而終至神仙降臨，傳以要道，突出了存思的重要性。書中所記託名墨子所傳《五行記》及朱英丸神方、五行變化之術等，都對後世道教徒造成較大的影響。

墨子者，名翟，宋❶人也，仕宋為大夫。外治經典❷，內修道術，著書十篇❸，號為《墨子》，世多學之者。與儒家分塗，務尚儉約，頗毀孔子，尤善戰守之功❹。

公輸班❺為楚將作雲梯❻之械，將以攻宋。墨子聞之，徒行❼詣楚。足乃壞，裂裳以裹之，七日七夜到楚。見公輸班，說之曰：「子為雲梯，將以攻宋。宋何罪之有耶？楚餘於地而不足於民，殺所不足而爭所有餘，不可謂智。宋無罪而攻之，不可謂仁；知而不爭，不可謂忠；爭而不得，不可謂強。」公輸班曰：「吾不可以已❽，言於王矣。」墨子曰：「子今❾見我於王。」公輸班曰：「諾。」墨子見王曰：「今有人舍其文軒❿，鄰有弊轝⓫而欲竊之；舍其錦繡⓬，鄰有短褐⓭而欲竊之；舍其粱肉⓮，鄰有糟糠而欲竊之。此謂何若人也？」楚王曰：「若然者，必有狂疾⓯。」翟曰：「楚有雲夢⓰，麋鹿滿之，江漢⓱魚鼈為天下富，宋無雉⓲兔井鮒⓳，此猶粱肉之與糟糠也。楚有柟梓松橡⓴，宋無數尺之木，此猶有錦繡之與短褐也。臣聞大王更㉑議攻宋，與此同也。」王曰：「善哉！然公輸班已為雲梯，謂必取宋。」於是見公輸班㉒。

墨子解帶為城，以牒㉓為械。公輸班乃設攻城之機九㉔變，而墨子九拒之。公輸班之攻城械盡，而墨子之守有餘。公輸班屈㉕曰：「吾知所以攻子矣，吾不言。」墨子曰：「吾知子所以攻我，吾不言矣。」楚王問其故。墨子曰：「公輸班之意，不過欲殺臣，謂宋莫能守耳。然臣之弟子禽滑釐等三百人，早已操臣守禦之器，在宋城之上而待楚寇至矣。雖殺臣，不能絕也。」楚乃止，不復攻宋焉。

墨子年八十有二，乃歎曰：「世事已可知矣，榮位非可長保，將委流俗以從赤松㉖遊矣。」乃謝遣門人，入山精思至道，想像神仙，於是夜常聞左右山間有誦書聲者。墨子臥後，又有人來，以衣覆之。墨子乃伺之，忽見㉗一人，乃起問之曰：「君豈山嶽之靈氣乎？將度世之神仙乎？願且少留，誨以道要㉘。」神人曰：「子有至德，好道，故來相候。

子欲何求？」墨子曰：「願得長生，與天地同畢耳。」於是神人授以素書，朱英丸方、道靈教戒、五行變化，凡二十五卷。告墨子曰：「子既有仙分緣㉙，又聰明，得此便成，不必須師也。」墨子拜受合作，遂得其效。乃撰集其要，以為《五行記》㉚五卷。乃得地仙，隱居以避戰國。至漢武帝時，遂遣使者楊遼束帛㉛加璧以聘㉜墨子，墨子不出。視其顏色，常如五六十歲人。周遊五嶽，不止一處也。

【注釋】❶宋　周朝諸侯國名，建都商丘。戰國時為齊所滅。❷經典　上代流傳下來的典範性著作。❸著書十篇　《墨子》一書，《漢書．藝文志》著錄七十一篇，今存五十三篇，其中彙集了墨子弟子和後學的記錄。❹功　通「工」。事。❺公輸班　即公輸般，姓公輸，名般。春秋時魯國人，故稱魯班。是我國古代著名建築工匠。❻雲梯　攻城時用來登城的器械。❼徒行　步行。❽已　止。原無此字，據《漢魏叢書》本卷八補。❾今　原作「令」，據文義改。❿文軒　有文采的車子。⓫弊轝　破舊的車子。轝，同「輿」。⓬錦繡　華麗的絲織品。⓭短褐　貧賤者所穿粗布衣。⓮粱肉　精美的飯菜。⓯狂疾　精神病。⓰雲夢　楚國境內大澤名。⓱江漢　長江、漢水。⓲雉　野雞。⓳鮒　鯽魚。一說為蝦蟆。⓴柟梓松橡　皆大樹名。㉑更　原作「吏」，據《漢魏叢書》本卷八改。㉒公輸班　此下原有「攻宋」二字，據《漢魏叢書》本卷八及《墨子．公輸》刪。㉓牒　筷子。一說小木片。原作「幞」，幞為包被或包帕，幞頭則為起於後周的一種頭巾，都不可能用來代表攻城器械，故據《墨子・公輸》之文改。㉔九　形容多次。㉕屈　受挫。㉖赤松　赤松子，遠古仙人，傳說甚多而不一。㉗見　原作「有」，據《漢魏叢書》卷八改。㉘要　原作「教」，據《漢魏叢書》本卷八改。㉙分緣　緣分。㉚五行記　《抱朴子內篇・遐覽》曰：「其變化之術，大者唯有《墨子五行記》，本有五卷。昔劉君安未仙去時，鈔取其要，以為一卷。其法用藥用符，乃能令人飛行上下，隱淪無方，含笑即為婦人，蹙面即為老翁，踞地即為小兒，執杖即成林木，種物即生瓜果可食，畫地為河，撮壤成山，坐致行廚，興雲起火，無所不作也。」㉛束帛　帛五匹為一束。㉜聘　延請。

【語譯】墨子名翟，是宋國人，在宋國為官，做到大夫。他為了治世濟民而研習典籍，為了修身養性而研習道術，著書十篇，稱為《墨子》，世人多學習此書。墨家跟儒家學術思想不同，墨家崇尚節儉，多詆毀孔子，尤其擅長攻戰防守方面之事。

公輸班為楚國將領製作雲梯這一器械，將用來攻打宋國。墨子聽說，步行趕往楚國。腳破了，撕下下衣來裹紮，走了七天七夜，趕到楚國。墨子去見公輸班，說服他說：「您造雲梯，將用來攻打宋國。宋國有什麼過錯呢？楚國土地有餘而人民不足，殺自己所不足的人民去爭奪有餘的土地，不可稱為有智慧。宋國無過錯卻去攻打它，不可稱為仁慈；知道不對卻不去諫諍，不可稱為忠誠；諫諍卻沒有能阻止，不可稱為盡力。」公輸班說：「我不可以停止了，我已報告了楚王。」墨子說：「您現在把我引見給楚王。」公輸班說：「好的。」墨子見楚王說：「現在有人丟棄彩車，鄰居有破車，卻想竊取；丟棄華麗的絲綢衣服，鄰居有粗布衣卻想竊取；丟棄精美的飯菜，鄰居有糟糠卻想竊取。這個人可稱作什麼樣的人呢？」楚王說：「像這種樣子，這個人必定有精神病。」墨翟說：「楚國有雲夢澤，麋鹿布滿其中，長江、漢水的魚鱉是天下最豐富的，宋國沒有雉、兔、井中鯽魚，這就如同精美的飯菜同糟糠的比較。楚國有枏、梓、松、橡這些大樹，宋國沒有幾尺高的樹，這就如同華麗的絲綢衣服同粗布衣服的比較。臣聽說大王還要商議進攻宋國，這和那個有精神病的人的作法相同。」楚王說：「說得好啊！然而公輸班已經在造雲梯，他說一定攻得下宋國。」於是召見公輸班。

墨子解下腰帶作為城牆，用筷子作為攻城器械。公輸班就設計了多種攻城的變化，而墨子也設計了多種變化抵禦。公輸班攻城的器械用盡，而墨子抵禦的器械還有餘。公輸班受挫後說：「我知道進攻您的方法了，我不說。」墨子說：「我知道您進攻我的方法，我不說。」楚王問二人這樣說的原因。墨子說：「公輸班的意思，不過是要殺掉臣，就認為宋國不能守禦了。然而臣的弟子禽滑釐等三百人，早已拿著臣設計的守禦器械，在宋國城牆上等待楚軍來犯了。即使殺掉臣，也不能斷除臣抵禦楚軍的布署。」楚國就停止備戰，不再進攻宋國了。

墨子活到八十二歲，乃歎息說：「世事已可以知道了，榮位不可以永久保住，我打算放棄俗世而跟從赤松子學習了。」就辭退門人，入山精思大道，想像神仙，於是夜裡常常聽到附近山間有讀書的聲音。墨子躺下後，又有人來，把衣服蓋在他身上。墨子就守候此人，忽然看見面前一人，即起身問他：「您難道是山嶽的靈氣嗎？您還是超脫凡塵的神仙呢？希望您稍微停留，把道術的精要教授給我。」神人說：「您有崇高的道德，喜好道術，我所以來探望您。您有什麼要求？」墨子說：「希望能夠長生，與天地同終。」於是神人把寫在白絹上的仙書交給他，其中有朱英丸配方、神仙教誡、五行變化之法，共計二十五卷。神仙告訴墨子說：「您既有仙人緣分，人又聰明，得到這部仙書便能成功，不必要老師傳授了。」墨子拜受仙書，按方合作仙藥，遂受享仙藥的效驗。他把道術要旨集中寫下，成為《五行記》五卷。他因而成為地仙，隱居避開戰國之亂。到漢武帝時，皇帝遂派遣使者楊遼，捧了成束的帛和玉璧去延請墨子，墨子不肯出山。看他的臉色，常如五六十歲的人，周遊五嶽，不在一處長住。

劉政

【題解】劉政在道術的淵源上，是直接秉承墨子一系，服藥用符，因而長生，並能隱形變化。本篇著重描述變化術的種種神通，讀來頗有興味。

劉政者，沛國❶人也。高才博物，學無不覽。深維❷居世榮貴須臾，不如學道，可得長生。乃絕進取之路，求養性之術，勤尋異聞，不遠千里，苟有勝己，雖奴客❸必師事之。後治墨子《五行記》，兼服朱英丸，年百八十餘歲，色❹如童子。好為變化隱形。又能以一人作百人，百人作千人，千人作萬人。又能隱三軍之眾，使人化成一叢林木，亦能使成鳥獸。試取他人器物，易置其處❺，人不覺之。又能種五菓之木，立使❻華實可食。坐❼致行廚，供數百人。又能吹氣為風，飛沙揚石。以手指屋宇山林壺器，便欲傾壞，更指之，則還如故。又能化作美女之形，及作木人，能一日之中行數千里。噓水興雲，奮手起霧，聚壤成山，刺地成淵。能忽老忽少，乍大乍小。入水不濕，步行水上，召江海中魚鼈蛟龍黿❽鼉❾，即皆登岸。又口吐五色之氣，方廣十里，氣上連天。又能騰躍上下，去地數百丈。後去❿不知所在。

【注　釋】❶沛國　漢高祖改泗水郡置沛郡，治所在相縣（今安徽濉溪西北），東漢改為沛國，東晉復為郡。❷維　通「惟」。認為。❸奴客　家奴。❹色　原作「也」，據《漢魏叢書》卷八改。❺易置其處　原作「以置其眾處」，據《漢魏叢書》本卷八改。❻立使　原作「便」，據《漢魏叢書》本卷八改。❼坐　原作「生」，據《漢魏叢書》本卷八、《歷世真仙體道通鑑》卷六改。❽黿　鱉科之一種。❾鼉　即揚子鱷。❿去　原無此字，據《漢魏叢書》本卷八補。

【語　譯】劉政是沛國人。他才華出眾，見多識廣，博覽群書，無所不讀。他深切地感到，在世間享受榮華富貴，只是片刻之間，不如學習道術，可以長生不老。他於是絕意於仕進之路，追求修養心性的道術，努力尋求新的學說，不以千里為遠，如有學識超過自己的人，即使是家奴，也把他當作老師尊奉。他後來研習墨子《五行記》，同時服用朱英丸，活到一百八十多歲，臉色像兒童一樣。他喜歡施展變化隱形的法術。他又能把一個人變成一百人，把一百人變成一千人，把一千人變成一萬人。他又能使龐大的軍隊隱形，使兵士化成一叢樹木，也能使他們化成一群鳥獸。他還試取別人的器物，另放一個地方，不被人家察覺。他又能種植五果之類果木，使果木立刻開花結果，可以食用。他能輕易備辦廚房珍羞，供應數百人。他又能吹氣成風，飛沙揚石。他用手指屋宇、山林、壺器，這些東西便要倒壞，他又指一指，這些東西又恢復如故。他又能化作美女的模樣，又化作木人，一日之中能行數千里路。他噓出水沫就能興雲，舉手就能起霧，聚土就能成山，刺地就成深淵。他能忽然變老，忽然變少，忽然變大，忽然變小。他入水不沾濕，在水面步行，召集江海中魚鱉蛟龍黿鼉，都立即登岸。他能口吐五色之氣，籠罩方圓十里，氣上連天。又能騰身上下，離地幾百丈。劉政後來不知去了哪裡。

孫博

【題解】孫博也是秉承墨子變化之術。他重在作火，可使任何地方、任何物件著火，還可以立刻止火，恢復舊觀。他的其他神通，也是他人傳中所未見。

孫博者，河東❶人也。有清才❷，能屬文，著書百許篇，誦經數十萬言。晚乃學道，治墨子之術。能使草木金石皆為火，光照耀數十里。亦能使身中成炎❸，口中吐火，指大樹生草即焦枯，若更指之，則復如故。亦能使三軍之眾，各成一藂火。又有人亡奴藏匿❹軍中者，自捕之不得，因就博請。博語奴主曰：「吾為卿燒其營舍，奴必走出，卿但諦伺捉取之。」於是博以一赤丸擲於軍中，須臾火起漲天，奴果走出而得之。博乃更以一青丸擲之火中，火勢即滅，屋舍百物向已焦燃者，皆悉如故不損。博每作火有所燒，他人雖以水灌之，終不可滅，須博自止之，乃止耳。行大❺水中，不但己身不沾，乃能兼使從者數百人皆不沾。又能將人於水上敷席而坐，飲食作樂，使眾人舞於其上，不沒不濡，終日盡歡。其疾病者，就博自治，亦無所云為，博直指之，言愈即愈。又山間石壁及地上盤石，博便入其中，初尚見背及兩耳出石間，良久都沒。又能吞刀劍數十枚，及從壁中出入，如有孔穴也。又能引鏡為刀，屈刀為鏡，可積時不改，須博指之，刀復如故。後入林慮山❻中，合神丹而仙矣。

【注　釋】❶河東　郡名，秦置，治所在安邑（今山西夏縣西北）。❷清才　優異的才能。❸炎　通「燄」。❹又有人亡奴藏匿　原作「又有藏人亡奴在」，據《漢魏叢書》本卷八改。❺大　原作「火」，據《雲笈七籤》卷一〇九改。❻林慮山　在今河南林縣。一名隆慮，其山南接太行，北接恆山。

【語　譯】孫博是河東人。他才能優異，能寫作文章，著書一百多篇，能背誦經書數十萬字。晚年學習道術，研練墨子之術。他能使草木金石都著火，火光照耀數十里。也能使身體包藏火燄，口中吐火，手指大樹綠草立即焦枯，如果再指一指，則大樹綠草又恢復原來的樣子。他也能使軍隊的眾多兵士，都各成為一叢火。又有人的逃奴躲藏在軍中，自己拘捕捕不到，於是向孫博提出請求。孫博對奴主說：「我為你燒軍營，奴僕一定跑出，你只要注意守候去捉取他。」於是孫博把一顆赤丸擲到軍中，一會兒火起漲天，奴僕果真逃跑出來，奴主因而捕到他。孫博又把一顆青丸擲到火中，火勢立刻熄滅，剛才燒焦的房屋物件，都恢復原樣，沒有損壞。孫博每次作火燒物，他人雖用水澆灌，終究不能熄滅，必須孫博自己熄火，火才熄掉。他在大水中行走，不但自己身子不沾濕，竟能同時使數百隨從的人都不沾濕。他又能和人在水上布席而坐，吃喝奏樂，命眾人在水上舞蹈，不沉沒，不沾濕，整天盡情歡樂。有疾病的人，找孫博就自行痊癒，孫博不說什麼，不做什麼，直接一指，說好病就好了。又山間石壁和地上大石，孫博便能進入其中，初還見到背脊和兩耳露出在石外，過了好久，就全身沒入石中了。他又能吞幾十把刀劍，至於從壁中出入，如同牆壁有孔穴一般。他又能把鏡子拉成刀，把刀彎曲為鏡，可以長時間不改變，必須孫博手指，刀才恢復原樣。孫博後來進入林慮山中，調製神丹服用而成仙。

班孟

【題解】此篇主要敘述班孟的道術，敘述他能上天入地，能吸人屋上之瓦，聚人園中之樹等等，頗有些新奇。他的成仙之道依舊是靠服食，文中並未詳述。

班孟者，不知何許人，或云女子也。能飛行終日。又能坐空虛之中，與人言語。又能入地中，初時沒足，至腰及胷，漸漸但餘冠幘❶，良久而盡沒不見。又以指刺地，即成泉井，而可汲引。又吸人屋上瓦，瓦即飛入人家。人家有桑菓數千❷株，皆聚之，成積如山，如此十餘日，吹之各還其本處如常。又能含墨，舒紙著前，嚼墨一噴之，皆成文字，滿紙各有意義。後服酒餌丹，年四百餘歲，更少容。後入大治山❸中仙去也。

【注釋】❶幘 包頭髮的巾。❷千 原作「十」，據《漢魏叢書》本卷一〇、《歷世真仙體道通鑑》卷五改。❸

大治山 《漢魏叢書》本作「治」。

【語　譯】班孟，不知是個什麼樣的人，有人說是個女子。他能整天飛行。又能坐在半空中，跟人說話。又能進入地裡，起初時土才沒腳，後來沒到腰部和胸部，漸漸就只剩下冠和包頭巾，過了好一會兒，全身完全沒入土裡，看不見了。他又用手指刻地，即刻就成了湧泉的井，可以打水。他又能吸動人家屋上的瓦，瓦就飛入人家家裡。居民家裡種有桑樹果樹數千株，他能夠把這些樹都聚積起來，堆成了山，這樣十來天，再把這些樹吹還各自原來生長的地方，跟平時一樣。他又能夠口中含墨，鋪紙在面前，把墨嚼碎，一次噴出，墨汁噴在紙上，都成為文字，滿紙文字聯綴起來，各有意義。班孟後來喝酒食丹，年已四百多歲，容貌更年輕。他後來進入大治山，成仙而去。

玉子

【題解】本文所敘玉子，說是西周幽王時人，但從文中所敘地名等看，此人當是漢以後道教學者。他所以要學習道術，在於感歎人生匆促，羨慕神仙可以享受無窮的歲月，這也正是多數道教信徒追求神仙之術的主要動機。玉子的法術主要是務魁，法力之神妙，文中描寫頗為生動。

玉子者，姓張❶，名震，南郡❷人也。少學眾經，周幽王❸徵之不起。乃歎曰：「人居世間，日失一日，去生轉遠，去死轉近，而貪富貴，不知養性，命盡氣絕即死。位為王侯，金玉如山，何益形❹為灰土乎！獨有神仙度世，可以無窮耳。」乃師長桑子❺，受其眾術。乃別❻造一家之法，著道書百餘篇。

其術以務魁❼為主，而精於五行之意，演其微妙，以養性治病，消災散禍。能起飄風❽，發屋折木❾。作雲雷雨霧。以草芥瓦石為六畜龍虎，立便能行。分形為數百千人。又能涉行江漢。含水噴之，立成珠玉，遂不復變也。或時閉氣不息，舉之不起，推之不動，屈之不曲，伸之不直，如此數十日，乃復起如故。每與諸弟子行，各丸泥為馬與之，皆令閉目，須臾皆成❿大馬，乘之一日千里。又能吐五色氣，起數丈。見飛鳥過，指之墮地。又臨淵投符召魚鼈，魚鼈皆走上岸。又能使諸弟子舉眼即見千里外物，亦不能久也。其務魁時，以器盛水，著兩肘⓫之間，吹而嘘之，水上立有赤光，繞之曄曄而起。又以此水治百病，病⓬在內者飲之，在外者浴之，皆使立愈。後入崆峒山⓭合丹，丹成，白日昇天也。

【注釋】❶張　《雲笈七籤》卷一〇九、《歷世真仙體道通鑒》卷一〇作「章」。《漢魏叢書》卷八作「韋」。❷南郡　郡名。戰國秦昭襄王二十九年（西元前二七八年）置。治所在郢（今湖北江陵東北）。本篇下文有「周幽王徵之不起」之文，然周幽王時尚無南郡地名。❸周幽王　西周國王。姬姓，名宮涅。宣王子，政昏被殺，西周滅亡。❹形　原作「於是」，據《雲笈七籤》卷一〇九改。❺長桑子　《雲笈七籤》卷一〇九作「桑子」。《歷世真仙體道通鑒》卷六記曰：「長桑公子者常散髮行歌曰：『巾金巾，入天門，呼長精，吸玄泉，鳴天鼓，養丹田。』柱下史聞之曰：『彼長桑公子所歌之詞，得服五星，守洞房之道。』❻別　據《雲笈七籤》卷一〇九、《漢魏叢書》卷八補。❼務魁　魁，指北斗第一至第四星，即天樞、天璇、天璣、天權。務魁為存思北斗，從而具有特殊威權及種種神通的一種道術。❽飄風　暴風。❾發屋折木　原作「發木折屋」，據《漢魏叢書》卷八、《雲笈七籤》卷一〇九改。❿成　原作「乘」，據《雲笈七籤》卷一〇九改。⓫肘　人的上臂和前臂交接部分。原作「魁」，據《漢魏叢書》卷八改。⓬病　原無此字，據《雲笈七籤》卷一〇九、《漢魏叢書》卷八補。⓭崆峒山　位於甘肅平涼城西三十公里處，相傳黃帝曾到此問道於廣成子，故山下有問道宮。秦漢時山上即有寺觀建築。

【語譯】玉子，姓張，名震，南郡人。年輕時曾學習各種經籍，周幽王徵召他，他不肯從命。於是歎息說：「人活在世上，活一天，少一天，離生漸遠，離死漸近，卻貪戀富貴，不知道保養天性，壽盡氣斷就死了。位為王侯，金玉堆積如山，這些待到形軀變為灰土之時，又有什麼益處呢！只有神仙超越塵世，可以享無窮的歲月。」於是拜長桑子為師，學到他的各種法術。玉子又另創一家法術，著有道書一百多篇。

玉子的法術以務魁為主，而且通於五行的精義，發揮其微妙的作用，來養性治病，消災散禍。他能發起暴風，掀翻房屋，折斷樹木。他又能興動雲、雷、雨、霧。他又能用草芥瓦石變作六畜龍虎，立即就能行動。他又能變分形軀為數百上千人。他又能徒步渡過長江、漢水。他又能含水噴出水珠立即變成珠玉，就此不再變回去。他有時屏氣不呼吸，抬他抬不起來，推他推不動，使他屈身，他不彎曲，使他伸直，他又不伸直，這樣過了幾十天，後來起身，仍同過去一樣。他每次與眾弟子出行，各給他們一顆泥丸做成的馬，要他們都閉上眼睛，一會兒泥丸都變成大馬，乘上大馬，一日行千里。他又能口吐五色氣，氣騰起幾丈高。他看見鳥兒飛過，手指一指，鳥兒就落到地上。他又能在深潭前投符召魚鱉，魚鱉都急忙來到岸上。他又能使諸弟子抬眼就看見千里以外之物，但也不能持久。他在作務魁法術時，用器皿盛水，放在兩肘之間，用口吹水，水上立即有紅光產生，圍繞玉子，曄曄騰起。又用此水治療百病，病患在體內的飲用此水，病患在體外的浴用此水，都能使病患立刻痊癒。玉子後來進入崆峒山調製仙丹，仙丹煉成，白日昇天而去。

天門子

【題解】天門子名王綱，是漢魏時的神仙方士。他著有《天門子經》，《抱朴子內篇．遐覽》著錄其書，後世亡佚。《洞真太上太霄琅書》卷九提到天門、玉子傳「七經之道」，「七經之道」指房中術，可見《天門子經》是論述房中術的著作。本篇保留了《天門子經》的佚文。從文中可以看出，天門子把男女之事同陰陽、地支、五行聯繫起來，認為女能傷男，男則畏女，必須著意研究一套法術來對付，方能有益於男子的養生長壽。雖然他的詳細理論已無從知曉，但文中的見解仍值得研究漢魏房中術者所重視。

天門子者，姓王名綱。尤明補養❶之要，故其經曰：「陽生立於寅❷，純木之精；陰生立於申，純金之精。夫以木投金，無往不傷，故陰能疲❸陽也。陰人著脂粉者，法金之白也，是以真人❹道士莫不留心駐意，精其微妙，審其盛衰。我行青龍❺，彼行白虎，彼前朱雀，我後玄武，不死之道也。又陰人之情也，有急於陽，然能外自收❻抑，不肯請陽者，明金不為木屈也。陽性氣剛躁，志節疎略，至於遊宴，則聲氣和柔，言辭卑下，明木之畏金也。」天門子既行此道，年二百八十歲，色如童子。乃服珠醴❼得仙，入玄洲❽去也。

【注　釋】❶補養　指通過房中術補益養生。❷寅　地支之第三位。❸疲　原作「溲」，據《雲笈七籤》卷一〇九、《漢魏叢書》卷八改。❹真人　存養本性，體悟大道之人。❺青龍　青龍、白虎、朱雀、玄武（龜蛇）合稱四象，原為古人把東西南北每一方位的星象加以想像而成的四種動物形象，從而成為四方之神。《抱朴子內篇・雜應》引仙經說，老君真形的護衛，左有青龍，右有白虎，前有朱雀，後有玄武。與五行相應，則青龍屬木，白虎屬金，朱雀屬火，玄武屬水。文中此四句，指男女的性技巧。❻收　原作「戕」，據《雲笈七籤》卷一〇九改。❼珠醴　大珍珠化成的水，是一種仙藥。《抱朴子內篇・仙藥》：「又真珠徑一寸以上可服，服之可以長久，酪漿漬之皆化如水銀。亦可以浮石水蜂窠化，包彤蛇黃合之，可引長三四尺，丸服之，絕穀服之，則不死而長生也。」❽玄洲　十洲之一，在北海之中，其上多仙宮異景，為神仙所居。

【語　譯】天門子姓王名綱。他特別懂得補益養生之道的精要，所以他所著的經說：「陽生於寅，在五行中屬於純木的精華；陰生於申，屬於純金的精華。用木招架金，無論怎樣不會不受傷，所以陰能使陽疲乏。陰人塗脂抹粉，是取法金的白色，所以真人道士無不留心注意於陰陽之事，精研其中的微妙，詳悉其中的盛衰變化。我行青龍，她就使白虎，她在前行朱雀，我就在後使玄武，這是長生不死的道術。又陰人的性情，比陽人還急，然而外表能自己收斂抑制，不肯求陽人，說明金不肯為木所屈。陽人的性情剛強急躁，心氣粗疏，至於遊賞宴飲之時，則聲音情緒變得和柔，言辭謙卑，說明木是畏金的。」天門子實行了這一道術，活到二百八十歲，臉色如童子。他於是服用珠醴成仙，進入玄洲而去。

九靈子

【題　解】九靈子名叫皇化，他的道術是胎息內視、五行之道。他所著經已經不存，本篇保留其佚文。這段文字是說其道術的功效，主要為防災去病，造福家門。形容相當細緻，在本書各傳中並不多見。

九靈子者，姓皇名化，得還年卻老，胎息❶內視❷之要，五行之道❸。其經曰：「此術可以辟❹五兵❺，卻虎狼。安全己身，營護家門，保子宜孫，內外和睦。人見則喜，不見則思。既宜從軍，又利遠客。他人謀己，消滅不成。千殃萬禍，伏而不起。杜姦邪之路，塞妖怪之門。呪咀❻之者，其災不成。厭蠱❼之者，其禍不行。天下之賢，皆來宗己。傾神靈之心，得百姓之意。田蠶大行，六畜繁孳，奴婢安家，疾病得愈。縣官❽逆解，忿爭得勝，百事皆利。世有專❾行此道者，大得其效❿。」在人間五百餘年，顏容益少。後服鍊丹，而乃登仙去矣。

【注釋】❶胎息　行氣法中的一種。意謂鍊氣至深入程度，可以不用鼻口呼吸，全靠腹中內氣在體內氤氳潛行，如嬰兒在母胎中不用鼻口呼吸一樣。❷內視　又稱內觀，指排除雜念，慧心內照，是一種靜心的方法。❸五行之道　控制金、木、水、火、土五行以變化萬物的法術。❹辟　通「避」。❺五兵　五種兵器。究竟指哪五種兵器，史籍記載不一。此處泛指兵器。❻呪咀　即咒詛。此處指遭人祝告神明加禍於己的災禍。❼厭蠱　謂以巫術致禍於人。❽縣官　官府。❾專　此下原有一「世」字，據《仙苑編珠》卷上改。❿效　原作「妙」，據《仙苑編珠》卷上改。

【語譯】九靈子姓皇名化，他掌握恢復年輕、推遲衰老、胎息內視之術的精要和五行之道。他所著的經書說：「這一道術可以避免兵器加身之禍，退卻虎狼。可以使自身安全，維護全家，使子孫安穩，內外和睦。人見我就高興，不見我就思念。既適宜從軍，又利於作客遠方。他人陰謀害我，陰謀消毀，不能成功。各種各樣的災禍，都沉伏而不顯現。阻絕姦邪近身之路，堵塞妖怪來犯之門。有人咒詛我，災難不會降臨。有人用巫術害我，禍患不會來到。天下賢士，都來尊崇我。完全得到神靈的歡心，符合百姓的心意。莊稼蠶桑都大獲豐收，六畜繁殖眾多，奴婢安心在家，有疾病的人都能痊癒。官府預先已知實情，與人爭訟都能得勝，百事都順利。世上有人一心實行這一道術，就能大為受用其效驗。」他在人間五百多年，容顏越加年輕。後來服用鍊丹，就成仙而去。

北極子

【題解】北極子名陰恆，本篇保留了他所著經的佚文。北極子強調修身養性之道要重視「愛神」、「養性」（《仙苑編珠》卷上有關北極子記載中還提到「貴精」），並且要就現在的人生做起，尋求真正的長生。

北極子者，姓陰名恆。其經曰：「治身之道，愛神為寶；養性之術，死入生出。常能行之，與天相畢。因生求生，真生矣。以鐵治鐵，之謂真；以人治人，之謂神❶。」後服神丹而仙去❷。

【注釋】❶以鐵治鐵四句　《雲笈七籤》卷五六記載古之仙經云：「以金理金，是謂真金；以人理人，是謂真人。人常失道，非道失人；人常去生，非生去人。要常養神，勿失生道。長使道與生相保，神與生相守，則形神俱久矣。」對於理解北極子之經，可作參考。❷去　原作「焉」，據《漢魏叢書》卷一〇改。

【語譯】北極子姓陰名恆。他所著的經說：「修身的道術，以愛惜精神為最重要；養性的法術，是死的因素消滅，生的因素生出。能夠長久這樣做下去，就可與上天同壽。就著現在的人生尋求長生，這是真正的長生。用鐵鍊出的鐵，就稱為真鐵；用人的生道去修養人，就稱為人神。」後來北極子服食神丹，成仙而去。

絕洞子

【題解】絕洞子名李修。他著有《道源》一書，四十多篇，今已不存，本篇保存其一段佚文。這段佚文的主旨是要求養生者小心謹慎，時時如同臨深淵，馭奔馬一般。對照前文天門子的理論，細思文中所說「弱能制強，陰能弊陽」二句，則感到這段話似在談論房中術。本書〈太陽女〉說到絕洞子的弟子太陽女「敷演五行之道」，可見絕洞子的道術也以五行之道為主。

絕洞子者，姓李名修。其經曰：「弱能制強，陰能弊陽，常若臨深履危，御奔乘駕，長生之道也。」年四百餘歲，顏色不衰。著書四十篇，名曰《道源》。服還丹❶昇天也。

【注釋】❶還丹　九鼎丹之第四神丹。原無「還」字，據《漢魏叢書》本卷一〇補。

【語譯】絕洞子姓李名修。他寫的經說：「弱能勝強，陰能傷陽，如果經常如同面臨深淵，身處危境，駕馭飛奔的馬車那樣，那就是長生之道。」絕洞子活到四百多歲，面容不衰老。著書四十篇，書名《道源》。後來服用還丹，昇天而去。

太陽子

【題解】太陽子名離明，他秉性剛強，好喝酒，經常昏昏沉沉在醉鄉之中，以致鬢髮皓然。他的老師玉子責備他，他也驕慢地回口辯解。後來雖然成了仙，但對酒的嗜好依然未改。作為一個有缺點的仙人，離明在《神仙傳》中可說是僅有的一位。此篇文字不多，人物性格卻刻畫得頗為生動。

太陽子者，姓離名明。本玉子同年之親友也，玉子學道已成，太陽子乃事玉子，盡弟子之禮，不敢懈怠。然玉子特親愛之，有門人三十❶餘人，莫與其比也。而好酒恆醉，頗以此見責。然善為五行之道，雖鬢髮班白，而肌膚豐盛，面目光華，三百餘歲，猶自不改。玉子謂之曰：「汝當理身養性，而為眾賢法師❷。而低迷❸大醉，功業不修，大藥❹不合，雖得千歲，猶未足以免死，況數百歲者乎！此凡庸所不為，況於達者乎！」對曰：「晚學性剛，俗態未除，故以酒自驅。」其驕慢如此。

著七寶樹之術，深得道要。服丹得仙，時時在世間。五百歲中，面如少童。多酒，其鬢鬚皓白也。

【注　釋】❶十　《漢魏叢書》本卷一〇作「千」。❷師　原作「司」，據《漢魏叢書》本卷一〇改。❸低迷　神志模糊，昏昏沉沉。❹大藥　指金丹。

【語　譯】太陽子姓離名明。他跟玉子本是年齡相同的親友，玉子學習道術已經成就，離明就拜玉子為師，完全以弟子自居對待玉子，不敢懈怠。然而玉子特別親近喜愛他，玉子有門生三十多人，沒有人能跟離明相比。但是離明喜歡喝酒，經常喝醉，因此很受到玉子的責備。然而離明精通五行之道，雖鬢髮斑白，而肌膚豐滿，面容有光澤，三百多歲，還是沒有什麼變化。玉子對他說：「你應當修身養性，而成為眾弟子的表率。卻昏昏沉沉在醉鄉之中，道業不進修，金丹不調合，即使活得到一千歲，還是免不了一死，何況才活幾百歲呢！這是平庸的人也不會做的事，何況一個通達道術的人呢！」離明回答說：「後學秉性剛強，世俗的情態沒有改掉，所以借酒來自我放縱。」他性格就是這樣的驕慢。他著有七寶樹之術，深得道術的要領。他服用丹藥成仙，常常來到人世間。他五百歲之中，面容如同兒童。他多喝酒，所以鬢髮皓白了。

太陽女

【題　解】太陽女名叫朱翼，她師承絕洞子，推演五行之道，卻又有所增益。本篇對於她學習了道術，因而保持青春美貌，頗為渲染一番。

太陽女者，姓朱名翼。敷演五行之道，加思增益，致為微妙。行用其道，甚驗甚速。年二百八十歲，色如桃花，口如含丹，肌膚充澤，眉鬢如畫，有如十七八者也。奉事絕洞子，丹成以賜之，亦得仙昇天也。

【語　譯】太陽女姓朱名翼。她推演五行之道，更加用心思考，有所增益，極為微妙。採用她的道術，很有效驗，很為迅速。她年已二百八十歲，面色如桃花，嘴唇如同含著朱砂，肌膚豐盈光澤，眉鬢猶若畫出一般，就像十七八歲的姑娘似的。她跟從絕洞子學道，絕洞子丹煉成，賜給她一些，她也成仙昇天而去。

太陰女

【題 解】太陰女名盧全，她為了得到道法的精髓，開了一家酒店，暗中尋求有道之士。適逢嗜酒的太陽子到此飲酒，於是二人展開了一場相互試探的對話。當太陽子明白了對方向道之虔誠，就慨然把道法要訣及仙丹丹方傳給盧全，盧全因而終得仙去。這個故事著重描寫盧全追求道法的那種鍥而不舍的精神，人物的神態、語言也寫得比較生動。

盧全與太陽子都是遵奉玉子的道術。玉子之術以五行之道和務魁為主，本篇太陽子的話也說的是這方面內容。可是他說得十分隱晦，由於年代久遠，資料佚失，我們已無法完全理解他的話的確切意涵了。

太陰女者，姓盧名全❶。為人聰達，知慧過人，好玉子之道，頗得其法。未能精妙時，無明師，乃當鑪沽酒❷，密欲求賢。積年累久，未得勝己者。會太陽子過之飲酒，見女禮節恭修。言詞閒雅。太陽子喟然❸歎曰：「彼行白虎、螣蛇，我行青龍、玄武❹。天下悠悠❺，知者為誰？」

女聞之大喜。使妹問客：「土數為幾？」對曰：「不知也。但南三北五東九西七中一❻耳。」妹還報曰：「客，大賢者，至德道人也。我始問一，已知五矣。」遂請入道室，改進妙饌，盛設嘉珍而享之。以自陳訖。太陽子曰：「共事天帝之朝，俱飲神光之水，身登玉子之魁，體有五行之寶❼。唯賢是親，豈有所悋❽！」遂授補導❾之要，授以蒸丹之方。合服得仙，仙時年已二百歲，而有少童之色也。

【注釋】❶姓盧名全　《仙苑編珠》卷上作「姓盧名金」。宛委山堂本作「姓蘆名仝」。❷當鑪沽酒　賣酒。鑪，通「壚」。酒店安置酒甕的土墩子。沽酒，賣酒。鑪，原作「道」，據《仙苑編珠》卷上改。❸喟然　歎聲。❹彼行白虎螣蛇二句　白虎、螣蛇、青龍、玄武，各應金、火、木、水。此處蓋言五行道術各自不同。❺悠悠　眾多貌。❻南三北五東九西七中一　此言火三水五木九金七土一。當與服仙藥有關。《抱朴子內篇・仙藥》曰：「一言得之者，宮與土也。三言得之者，徵與火也。五言得之者，羽與水也。七言得之者，商與金也。九言得之者，角與木也。若本命屬土，不宜服青色藥；屬金，不宜服赤色藥；屬木，不宜服白色藥；屬水，不宜服黃色藥；屬火，不宜服黑色藥。」九，原作「七」，據《墉城集仙錄》改。❼身登玉子之魁二句　《墉城集仙錄》作「登玉子之魁綱，禮五行之秘寶」。❽悋　原作「怪」，據《墉城集仙錄》改。❾補導　補益導引之術。導，原作「道」，據《墉城集仙錄》改。

【語　譯】太陰女姓盧名全。為人聰達，智慧過人，喜歡研究玉子的道術，學到不少。她研究道術還不精妙的時候，沒有明師指點，就開了個酒店賣酒，想要秘密尋求賢者。過了好幾年，未能尋到道術勝過於自己的人。恰巧太陽子到這個酒店飲酒，見這個女子禮節恭敬美好，言辭文雅。太陽子歎息說：「她行白虎、螣蛇，我行青龍、玄武。天下求道的人眾多，懂得道術的人是誰呢？」女子聽到此話，大為高興。她派妹妹問客人說：「土數是幾？」太陽子回答說：「我不知道。只知道南三北五東九西七中一罷了。」妹妹返回告訴盧全：「客人是位大賢者，是位德行極高的道人。我才問了一樣，已經懂得了五樣。」盧全就請太陽子進入道室之中，改上精妙的膳食，大擺珍品，請太陽子享用。她自己陳述以後，太陽子說：「我們一同在天庭侍奉天帝，一起飲用神光照耀之水，身登玉子指引的斗魁，體內皆有五行之寶。我只親近賢人，難道會吝惜道術不傳嗎！」太陽子遂把補益導引的要訣傳授給盧全，又把蒸丹的配方傳授給她。盧全按方調合，服下就成了仙，成仙時年紀已二百歲，面色卻如同小孩子一樣。

太玄女

【題解】太玄女名顓和，研習玉子的道術而有成就，從文中所述看，主要是五行變化之術，和前文〈玉子〉篇所述相似。本文說共有三十六術，可見其變化多端了。

太玄女者，姓顓名和。少喪父❶，有術人相其母子，曰：「皆不壽也。」惻然以為憂，常曰：「人之處世，一失不可復生。況聞壽限之促，非修道不可以延生也❷。」乃行學道，治玉子之術。遂能入水不濡。盛寒之時，單衣行水上，而顏色不變，身體溫暖，可至積日。能徙官府、宮殿、城市及世人屋舍於他處，視之無異，指之則失其所在。又門戶櫝櫃有關籥者，指之即開。指山，山崩；指樹，樹死。更指之，皆復如故。將弟子行，所到山間，日暮以杖扣山石，石皆有門戶。開入其中，有屋室床几帷帳廚廩，供❸酒食如常，雖行萬里，所在常爾❹。能令小物忽大如屋，大物忽小於毫芒。野火漲天，噓之即滅。又能坐❺炎火之中，衣裳不燃。須臾之間，化為老翁、小兒、車馬，無所不為。行三十六術，甚有神效。起死無數。不知其何所服食，顏色益少，鬢髮如鴉，忽白日昇天而去❻。

【注釋】❶父　原作「夫主」，據《漢魏叢書》本卷七改。❷惻然以為憂六句　原無此六句，據《漢魏叢書》本卷七補。❸供　原無此字，據《漢魏叢書》本卷七補。❹爾　原作「耳」，據《漢魏叢書》本卷七改。❺坐　原作「生」，據《漢魏叢書》本卷七改。❻忽白日昇天而去　《三洞群仙錄》卷五作「後人抱犢山昇天」。

【語譯】太玄女姓顓名和。她小時候父親就死去了，有個術士給她母女相面，說：「都不能長壽。」她為這事悽然擔憂，常說：「人活在世上，一旦失去生命，就不可能又活過來。而我聽說，人的壽限短促，除非修道，不可能延長生命。」她於是去學道，研習玉子的道術。她就能入水而不沾濕。大寒時節，她身穿單衣在水上走，卻面色不變，身體溫暖，可以好幾日。她能把官府、宮殿、城市及人家的房屋遷到別處，看起來跟原樣毫無不同，手指一指，就不見了。又門戶、匣子、櫃子有門閂和鎖的，她一指就開了。她指山，山崩坍；指樹，樹死。她再指一指，都恢復到原樣。她帶領弟子出行，來到山中，日暮之時，用杖敲山石，山石都出現門戶。開門進入其中，有房間、床、几、帷帳、廚房、米倉，供應酒食跟平日一樣，即使出行萬里，來到的地方都能如此。她能使小的物件忽然大起來，大到像屋子一樣；能使大的物件忽然變小，小到像毫毛芒刺一樣。野火漫天，她吹口氣，火即熄滅。她又能坐在大火之中，衣裳不燃燒。她能片刻之間變為老翁、小孩、車馬，無所不能。她所施用的三十六種法術，都很有神效。人死了又被她救活的，無法計數。不知她服用什麼丹藥，容色越來越顯年輕，鬢髮漆黑，忽然白晝昇天而去。

南極子

【題解】南極子名柳融。本篇記載的是他的變化之術。他能把粉變成雞蛋，把杯變成龜，把水變成酒，憑空之中變出大樹來，而蛋、龜可食，酒能醉人，樹枝會枯黃，完全和真物一樣。本篇著重顯示這種法術的神奇之處。

南極子者，姓柳名融。能含❶粉成雞子，吐之數十枚，煮之而啖，與雞子無異❷。出雞子中黃，皆餘有少許粉如指端者，取粉塗杯呪之，即成龜。煮之可食，腸❸藏皆具，而粉杯成龜殼者。取肉則殼還成粉杯矣。又取水呪之，即成美酒，飲之醉人。又能舉手即成大樹，人或折其細枝以刺屋間，連日猶在，以漸萎黃，與真木無異也。服雲霜丹，而得仙去矣。

【注釋】❶含　原作「合」，據《雲笈七籤》卷一〇九、《漢魏叢書》本卷一〇改。❷與雞子無異　原無此五字，據《雲笈七籤》卷一〇九、《漢魏叢書》本卷一〇補。❸腸　原作「腹」，據《雲笈七籤》卷一〇九、《漢魏叢書》本卷一〇改。

【語　譯】南極子姓柳名融。他能口中含粉，就變成雞蛋，吐出幾十枚，煮熟而食，跟雞蛋沒有什麼兩樣。取出雞蛋黃，黃中都剩有少許指尖大小的粉，取粉塗在杯上再唸咒語，杯子就變成了龜。龜煮了可以吃，腸子內臟都有，而塗粉的杯子變成了龜殼。取出龜肉，則殼又變回塗粉的杯子了。又舀水唸咒語，就成為美酒，飲此酒也能醉人。他又能舉手就變出大樹，有人折取大樹的細枝插在屋邊，幾天還在，漸漸萎黃，跟真樹沒有兩樣。他服用雲霜丹，因而成仙而去。

黃盧子

【題解】黃盧子名葛起（一作葛期、葛越），他的道術主要是氣禁之術。《抱朴子內篇．至理》說：「夫人在氣中，氣在人中，自天地至於萬物，無不須氣以生者也。善行氣者，內以養身，外以卻惡，然百姓日用不知焉。吳越有禁咒之法，甚有明驗，多氣耳。」葛洪這裡指出，道教徒在行氣的基礎上，配合以咒語，就可以行氣禁之術。氣禁之術可以治病，可以防身，可以有種種神效。

本篇就主要寫氣功的這種外用的作用。

黃盧子者，姓葛名起❶。甚能治❷病，若千里，只寄姓名，與治之，皆得痊愈，不必見病人身也。善氣禁之道，禁虎狼百蟲，皆不得動，飛鳥不得去，水為逆流一里。年二百八十歲，力舉千鈞❸，行及奔馬。頭上常有五色氣，高丈餘。天大旱時，能至淵中召龍出，催促便昇天，即便降雨，數數如此。一旦與諸親故辭別，乘龍而去❹，遂不復還矣。

【注釋】❶名起　宛委山堂本《說郛》卷五八、商務印書館《說郛》卷四三、《三洞群仙錄》卷一四皆同作

「名起」。《三洞群仙錄》卷一二作「名期」。《漢魏叢書》本卷一〇、《雲笈七籤》卷一〇九、《仙苑編珠》卷中作「名越」。❷治　原作「理」，據《漢魏叢書》本卷一〇改。❸鈞　古代的重量單位，合三十斤。❹乘龍而去　此四字原在「與諸親故辭別」上，據《漢魏叢書》本卷一〇改。

【語　譯】黃盧子姓葛名起。他很能治病，若病人在千里之外，只要把姓名寄給葛起，葛起給他治病，病人都能痊癒，葛起不必見到病人本身。葛起擅長氣禁的道術，能禁制虎狼等各種動物，使牠們都不能動，飛鳥也飛不走，流水倒流一里。葛起二百八十歲時，力氣能舉起千鈞，走路能跟得上飛跑的馬。他的頭上常有五色氣，高一丈多。天大旱的時候，他能到深淵中召龍出來，經他催促，龍便昇天，即時就下雨，屢次如此。一日葛起向眾親友告別，乘龍而去，就不再回來了。

卷五

馬鳴生

【題解】馬鳴生（或作馬明生）的從仙經過，本篇寫得比較簡單，只說他受傷為道士救治，遂從其學道，遍遊天下，受丹經而成仙。而《雲笈七籤》卷九八、卷一〇六的記述要詳盡得多。傳中說為馬鳴生療傷的是一位美麗的女仙，名叫太真夫人。二人同住東嶽泰山石室之中，石室極為豪華，太真夫人多方試探，馬鳴生向道之心堅誠，沒有邪念。後太真夫人返回天上，囑馬鳴生師從安期先生，臨行贈馬鳴生詩二首，詩中流露眷戀之意。馬鳴生跟從安期先生受九丹之道，終於成仙。整個故事要比本篇纏綿細膩得多。到底是今本《神仙傳》故事在前，《雲笈七籤》所載乃擴張而成呢？還是《雲笈七籤》所載為故事原形，而今本《神仙傳》乃是刪節本呢？就不得而知了。

馬鳴生所受《太清神丹經》三卷，後傳與陰長生，在金丹術方面影響極大。

馬鳴❶生者，齊國臨淄❷人也。本姓和，字君賢❸。少為縣吏，因逐捕而為賊所傷，當時暫死，得道士神藥救之，遂活。便棄職隨師，初但欲求受治瘡病耳，知其有長生之道，遂久事之。隨師負笈❹西之女几山❺，北到玄丘山❻，南湊瀘江❼，周遊天下，勤苦備嘗，乃受《太清神丹經》❽三卷歸。入山合藥服之，不樂昇天，但服半劑，為地仙矣。常居所在不過三年，輒便易處，人或不知其是仙人也。架屋舍，畜僕從，乘車馬，與俗人無異。如此展轉遊九州，五百餘年，人多識之，怪其不老。後乃修大丹❾，白日昇天而去也。

【注釋】❶鳴　《雲笈七籤》卷九八、卷一〇六作「明」。❷齊國臨淄　周初齊國建都於臨淄，春秋戰國時亦建都於此，故址在今山東淄博東北。❸字君賢　《雲笈七籤》卷一〇六作「字君寶」。❹負笈　揹著書箱，指遊學。❺女几山　在今河南宜陽。《山海經・中山經》云：女几之山，其上多玉，其下多黃金。❻玄丘山　當指北海中玄洲之上的丘山。❼瀘江　指瀘水，即今雅礱江下游和金沙江會合雅礱江以後一段。《漢魏叢書》本卷二作「廬江」，則為漢郡名，治所在舒（今安徽廬江西南）。❽太清神丹經　《抱朴子內篇・金丹》曰：「復有太清神丹，其法出於元君。元君者，老子之師也。《太清觀天經》有九篇，云其上三篇，不可教授，其中三篇，世

無足傳，常沉之三泉之下，下三篇者，正是丹經上中下，凡三卷也。」《漢魏叢書》本卷二作《太陽神丹經》。❾

大丹　指金丹。

【語　譯】馬鳴生是齊國臨淄人。本姓和，字君賢。年輕時做過縣吏，因為追捕盜賊而被盜賊傷害，當時短時間死去，虧得道士用神藥救助，就又活了過來。他便放棄縣吏的職位，跟隨道士學道，最初只想治好傷病而已，後來知道老師有使人長生的道術，就長久跟從學習。他隨師遊學，西到女几山，北到玄丘山，南面直到瀘江，周遊天下，經歷了各種勞苦，才得到《太清神丹經》三卷歸來。他到山谷中配合仙藥服用，不樂意昇天，只服用了一半劑量的仙藥，就成了地仙了。他在一個地方居住，常不超過三年，便總是換一個地方，人們也許不知道他是仙人。他建造房屋，收容僕從，乘坐車馬，跟世俗之人沒有不同。他這樣轉移多處，遊歷九州，五百多年，許多世人認識他，奇怪他始終不老。後來他煉製金丹，白日昇天而去。

陰長生

【題解】陰長生是東漢時人，師從馬鳴生，得其《太清神丹經》真傳，乃作黃金數十萬斤，救濟窮乏之人，又服神丹昇天而去。本篇後半記載了陰長生的自序及三篇詩，陰長生自敘學道經歷，強調學道者要不畏艱苦，方能得到老師的賞識和傳授。陰長生還著重指出，長生之道不在行氣、導引、服食草木仙藥，只有服食神丹，方能長生。這是典型的外丹學家的理論。

據《道學傳》、《雲笈七籤》等書記載，葛洪的岳父鮑靚從陰長生得道訣，葛洪的學說自然承自陰長生，《抱朴子內篇》中有相關記述。陰長生的活動還及於巴蜀等地，所以他的影響很為廣遠。道書中有不下十種題為陰長生修撰。

陰長生者，新野❶人也，漢陰皇后之屬❷。少生富貴之門，而不好榮位，專務道術。聞有馬鳴生得度世之道，乃尋求，遂與相見。執奴僕之役，親運履之勞。鳴生不教其度世之道，但日夕與之高談當世之事，治生佃農❸之業。如此二十餘年，長生不懈怠。同時共事鳴生者十二人，皆悉歸去，獨有長生不去，執❹禮彌肅。嗚生乃告之曰：「子真是能得道者！」乃將長生入青城山❺中，煮黃土而為金以示之。立壇西❻面，以《太清神丹經》受❼之，乃別去。長生歸，合丹，但服其半，即不昇天。乃大作黃金數十萬斤，布施天下窮乏，不問識與不識者。周行天下，與妻子相隨，舉門而皆不老。後於平都山❽白日昇天，臨去時著書九篇，云：「上古得仙者多矣，不可盡論。但漢興已來，得仙者四十五人，連余為六矣。二十人尸解❾，餘者白日昇天焉。」

抱朴子曰：「洪聞諺書有之曰：『子不夜行，不知道上有夜行人。』故不得仙者，亦安知天下山林間有學道得仙者耶！陰君已服神丹，雖未昇天，然方以類聚，同聲相應，便自與仙人相集❿，尋索聞見，故知此近世諸仙人之數耳⓫。而俗民謂為不然，以己所不聞，則謂無有，不亦悲哉！夫草澤間士以隱逸得志，以經籍自娛，不耀文彩，不揚聲名，不修⓬求進，不營聞達，人猶不識之，豈況仙人！亦何急急今聞達朝闕之徒，知其所云為哉！」

【章　旨】簡述陰長生成仙經過，葛洪並加評論。

【注　釋】❶新野　古縣名，西漢置，治所在今河南新野。❷漢陰皇后之屬　陰長生為東漢和帝之陰皇后的曾祖。《雲笈七籤》卷一〇六載〈陰真君〉傳曰：「漢和帝永元八年三月己丑立皇后陰氏，即長生之曾孫也。」❸佃農　農耕之事。❹執　原作「敬」，據《漢魏叢書》本卷四改。❺青城山　位於四川灌縣境內，為道教發祥地之一，號稱天下第五名山。❻西　原作「四」，據《漢魏叢書》本卷四改。❼受　通「授」。❽平都山　又名酆都山，位於四川酆都東北隅，為道教七十二福地之一。❾尸解　指棄屍於世而自己解化仙去。此與肉體飛昇仍有距離，故視作仙法之下品。❿集　原無此字，據《漢魏叢書》本卷四補。⓫耳　原作「爾」，據《漢魏叢書》本卷四改。⓬修　原作「循」，據《漢魏叢書》本卷四改。

【語　譯】陰長生是新野人，是東漢陰皇后的親屬。他幼年生長在富貴人家，卻不喜歡追求尊榮的官位，專心研究道術。他聽說有個馬鳴生已經得到超越塵世的道術，於是便去尋找，終得與馬鳴生相見。他在馬鳴生身邊做著奴僕的事情，親自動手為馬鳴生拿鞋子。馬鳴生不教授他如何超脫塵世的道術，只是從早到晚跟他高談當前的世事，談論謀生、農耕的事情。這樣過了二十多年，陰長生並不懈怠。同時一同侍奉馬鳴生的有十二人，全都回去了，只有陰長生不離去，禮貌更加恭敬。馬鳴生於是對他說：「你真是能得道的人！」於是帶領陰長生進入青城山中，煮黃土為黃金給他看。又朝西建立土壇，把《太清神丹經》傳授給他，就告別而去。陰長生回到家中，配合神丹，只服用了半劑，並不立即昇天。於是大規模製作黃金幾十萬斤，布施給天下貧乏的人，不管他認識不認識。他遍行天下，與妻子兒女一起，滿門都不老。他後來在平都山白日昇天而去，臨去時著書九篇，書中說：「上古成仙的人很多，不可能全都說起。但漢朝開國以來，成仙的有四十五人，連我則四十六人了。二十人尸解，其餘的都是白日昇天。」

抱朴子說：「我聽說諺書有這樣的話：『你不夜間行走，不知道路上有夜間行人。』所以沒有成仙的人，他怎麼知道天下山林中有學道成仙的人呢！陰君已服用了神丹，雖然沒有昇天，然而法術類似便相聚，聲音相同便應和，他自然便跟仙人會集，尋求聞見，所以知道近代眾仙人的數目了。而俗民認為不是這樣，自己沒有聽說過，就認為世上沒有仙人，不也可悲嗎！草野的士人用隱居閒逸來滿足個人志趣，用經籍來自我娛樂，不炫耀文采，不宣揚聲名，不追求進身，不謀取聞達，人們還不認識他，何況仙人！仙人又何必急於讓有名望有地位的朝廷中人，知道他所做的事呢！」

陰君自序云：「維漢延光元年❶，新野山北，予受和君神丹要訣❷，道成去世，副❸之名山，如有得者，列為真人。行乎去來，何為俗間？不死之道，要在神丹。行氣❹導引❺，俯仰屈伸，服食草木❻，可得少延，不能度世❼，以至天仙。子欲聞道，此是要言。積學所致，無為❽為神。

上士聞之，勉力加勤；下士大笑，以為不然。能知神丹，久視[9]長存。」

於是陰君裂黃素寫丹經，一通封以文石之函[10]，著[11]嵩山；一通黃櫨[12]簡，漆書之，封以青玉之函，置大華山[13]；一通黃金之簡，刻而書之，封以白銀之函，著蜀經[14]山；一通白縑[15]書之，合為一卷[16]，付弟子，使世世當有所傳付。

又著詩[17]三篇，以示將來。其一曰：「唯余之先，佐命唐虞[18]。爰逮漢世，紫艾[19]重紆。余獨好道，而為匹夫。高尚素志，不事王侯。貪生得生，亦又何求！超跡蒼霄，乘虛[20]駕浮。青腰[21]承翼與我為仇。入火不灼，蹈水不濡。逍遙太極[22]，何慮何憂！遨戲仙都，顧愍群愚。年命之逝，如彼川流。奄忽[23]未幾，泥土為儔。奔馳索死，不肯暫休。」其二曰：「余之聖師，體道之真[24]。昇降變化，松喬[25]為鄰。惟余同學，十有二人。寒苦求道，歷二十春。中多怠慢，志行不勤。痛乎諸子，命也自天。天不妄授，道必歸賢。身投幽壤，何時可還！嗟爾將來，勤加精研。勿為流俗，富貴所牽。神道一成，昇彼九天。壽同三光，何但億年！」其三曰：「惟余垂㉖髮，少好道德。棄家隨師，東西南北。委於五濁㉗，避世自匿。二十餘年，名山之側。寒不遑衣，飢不暇食，思不敢歸，勞不敢息。奉事聖師，承顏悅色。面垢足胝，乃見哀識。遂授要訣，恩深不測。妻子延年，咸享無極。黃金已成，貨財千億。役使鬼神，玉女侍側。余得度世，神丹之力。」陰君留人間一百七十年，色如童子，白日昇天也。

【章旨】概要記述陰長生的自序和著書內容。

【注釋】❶漢延光元年　延光為東漢安帝年號。延光元年為西元一二二年。但是西元九六年和帝永元八年陰長生的曾孫女已被立為皇后，則陰長生應為東漢初時人，不可能到延光元年才受馬鳴生神丹要訣。而《抱朴子內篇・金丹》曰：「近代漢末新野陰君，合此太清丹得仙。」而延光元年也不是東漢之末。綜上所述，可見史籍關於陰長生的記載很不一致。❷新野山北二句　按前文馬鳴生（即和君）在青城山傳授丹經與陰長生，而此則說在「新野山北」，一在今四川省，一在今河南省，二者相距甚遙。而下文陰長生之詩第三首曰：「二十餘年，名山之側。」則似指青城山。❸副　交付。❹行氣　亦稱鍊氣、食氣、服氣。是指一種以呼吸吐納為主，而往往輔以導引、按摩的養生內修方法。❺導引　是修煉者以自力引動肢體所做的俯仰屈伸運動，以鍛鍊形體的一種養生術，屬氣功中之動功。❻服食草木　指服食各種仙藥。❼能度世　原作「求未度」，據《漢魏叢書》本卷四改。❽無為　老子首倡「無為」的思想，他認為天道自然無為，人君應當「為無為」，「無為則無不為」。他所主「無為」偏重於哲學、政治方面。而道教徒則引申到養生方面，《抱朴子內篇・論仙》曰：「仙法欲靜寂無為，忘其形骸。」則以無為指心不動，如此則內心不起，外境不入，內外安靜則神定氣和。❾久視　久活。❿函　匣子。⓫著　放置。⓬黃櫨　木名。櫨，原作「櫃」，據《漢魏叢書》本卷四改。⓭大華山　即華山，在陝西華陰南。⓮經　《漢魏叢書》本卷四作「綬」。⓯白縑　白色細絹。⓰一卷　《漢魏叢書》本卷四作「十篇」。⓱詩　原作「書」，據《漢魏叢書》本卷四改。⓲唐虞　指堯、舜。堯為陶唐氏，舜為有虞氏。⓳紫艾　指紫艾綬，是一種紫綠色的綬帶。艾，指色綠似艾。⓴虛　《漢魏叢書》本卷四作「龍」。《歷世真仙體道通鑑》卷一三作「飛」。㉑青腰　玉女名，此指仙女。㉒太極　此指道體，即化生宇宙的本原。逍遙太極，指得道的境界。㉓奄忽　急遽貌。㉔之真　原作「如貞」，據《漢魏叢書》本卷四、《歷世真仙體道通鑑》卷一三改。㉕松喬　赤松子、王子喬二仙人，此處泛指仙人。㉖垂　《漢魏叢書》本卷四作「束」。㉗五濁　指世間眾生所具有的五種基本的生存缺陷和牽累，即煩惱濁、見濁、命濁、生死濁、時運濁。道教認為，要出此五濁，脫離苦海，唯有修道一途。

【語譯】陰君的自敘說：「漢延光元年，在新野山的北面，我接受和君傳授的神丹要訣，修煉道術成就，離開塵世，我把丹經付託名山，如有人得到，就可以置身於得道真人的行列。人處於由生至死的行程中，在俗世之間做些什麼呢？使人不死的道術，關鍵在於服用神丹。行氣、導引，做俯仰屈伸的肢體運動，服食草木仙藥，都可以稍微延長生命，但不能超越塵世，以至成為天仙。您如想要知道道術，這是關鍵的話。多年學道所能達到的，無為也就通神了。深通道術的人聽到我這番話，就會更加勤勉；愚昧無知的人聽到這番話，就會大笑，認為不對。能夠懂得服用神丹，就可以長生不老。」於是陰君割下黃絹抄寫丹經，一份封存在有花紋的石匣之內，放置在嵩山；另一份寫在黃櫨木簡上，用漆書寫，用青玉匣封存，放置在大華山；另一份採用黃金簡，刻字其上，用白銀匣封存，放置在蜀經山；另一份用白色細絹書寫，全文合為一卷，交付給弟子，使世世代代有所傳授。

陰君又寫了三篇詩，留給後人看。第一篇詩說：「我的上代，曾經輔佐堯、舜治理天下。到了漢朝，家族中又有人佩上了紫艾綬帶。我偏喜好探討道術，因而只是個平民。我認為我的平生志向十分高尚，不願侍奉王侯。貪圖人生終於得到長生，我又要求什麼呢！高飛青天之上，在空中來往。仙女青腰陪侍，作為我的伴侶。我入火不會燒傷，入水不會沾濕。在大道之境逍遙自在，又有什麼可以憂慮！我遨遊仙界，只是憐憫眾多愚民。人壽的漸逝，就像那水流一般。匆匆過去，沒有多少時間，人體就和泥土為伴了。人們都奔馳向前，去求取死亡，不肯休息一下。」第二篇詩說：「我的尊崇的老師，得到真正的大道。他上天下地，變化無窮，和仙人為鄰。我昔日的同學，共有十二人。受寒受苦，追求道術，經歷二十多年。其中多數人懈怠輕忽，志行不夠努力。我痛惜諸位同學，命運由上天注定。上天不肯隨便授予道術，一定要授予賢者。他們的身體投於深深的地下，什麼時候還能回還！唉，你們這些後來的人，要努力鑽研道術。不要做一般俗人，被富貴所牽絆。神道一旦修成，就飛昇九天之上。壽命同於日、月、星，何止只活一億年！」第三篇詩說：「我從童年時起，就已喜好研習道術。拋棄家庭，跟隨老師，東西南北奔走。身陷於五濁之中，避開人世而躲藏。二十多年裡，生活在名山旁邊。天寒來不及加衣服，腹飢沒有功夫進食，想家不敢歸去，勞累不敢休息。侍奉尊崇的老師，用和悅的面容來承應他。臉孔污垢，足底生繭，這才被老師憐憫賞識。他於是授我丹經要訣，師門恩深，無法測度。妻子兒子延年益壽，都享用無窮的歲月。黃金已經製成，資財十億。使鬼神聽命服役，玉女在身旁陪侍。我能夠超越塵世，全靠服食神丹之力。」陰君留在人間一百七十年，面色像兒童一樣，白日昇天而去。

茅君

【題解】茅君名茅盈，漢代人，修道成仙。本篇敘述的故事是：他得道回家，施展道術，救死回生。後離家去句曲山任神職，多造福於平民，終於受太上老君之封，既昇天界，又管民事。他的兩個弟弟茅固、茅衷也在他幫助下成為仙君。

茅盈之名，始見於漢代緯書，《尚書帝驗期》云：「茅盈從西城王君，詣白玉龜台，朝謁王母，求長生之道。王母授以玄真之經，又授寶書。」這可算是最早關於茅盈的故事了。葛洪所著本篇，敘述三茅君事跡相當細緻生動，在《神仙傳》現存各篇中，可說是保存原貌最多的幾篇之一了。本篇之後，晉道士李遵著有《茅三君傳》，梁道士張澤也有〈九錫真人三茅君碑〉（見《茅山志》卷二〇），唐代成書的《集仙傳》也有〈大茅君〉傳。其後《歷世真仙體道通鑒》卷一六、《玄品錄》卷二、《茅山志》卷五都有茅盈兄弟之傳，內容則大為增益了。

茅盈是道教茅山派的祖師，茅山派宗承上清派，以茅山為祖庭，從南齊陶弘景開始，歷唐、宋、元、明諸朝，成為道教一大宗派。三茅君至宋代還曾得到徽宗、理宗的封號。

茅君者，名盈，字叔申，咸陽人❶也。高祖父濛，字初成，學道於華山，丹成乘赤龍而昇天，即秦始皇時也。有童謠曰：「神仙得者茅初成，駕龍上天昇太清❷，時下玄洲❸戲赤城❹。繼世而往在我盈，帝若學之臘嘉平❺。」其事載《史記❻》詳矣。秦始王方求神仙長生之道，聞謠言，以為己姓符合謠讖，當得昇天，遂詔改臘為嘉平❼以應之。望祀蓬萊，使徐福將童男童女入海，求神仙之藥❽。

茅君十八歲，入恆山學道❾，積二十年，道成而歸，父母尚存。見之怒曰：「為子不孝，不親供養，而尋逐妖妄，流走四方！」舉杖欲擊之，君跪謝曰：「某受天命，應當得道。事不兩濟，違遠供養。雖無旦夕之益，而使父母壽老，家門平安。某道已成，不可鞭辱，恐非小故。」父怒不已，操杖擊之。杖即摧折而成數十段，皆飛揚如弓激矢，中壁穿柱，壁柱俱陷。父驚即止。君曰：「向所啟者，實慮如斯，邂逅中人，即有傷損。」父曰：「汝言得道，能起死人否？」君曰：「死人罪重惡積，不可復生者，即不可起也；若橫受短折者，即可令起也。」父因問鄉里死者若干人，誰當可起之。君乃遂召社公❿問之。父聞中庭有人應對，不之見也。問社公：「此村中諸已死者，誰可起之？」眾人皆聞社公對曰：「某甲可起。」君乃曰：「促約勑⓫所關由，使發遣之，事須了，可掘。」於是日入之後，社公來曰：「事已決了，便可發出。」於是君語死者家人掘之。發棺出死人，死人開目動搖，但未能語。舉而出之，三日後能坐，言語了了。如此發數十人，皆復生，活十歲方復死。

【章旨】敘述茅盈之祖茅濛成道及茅盈學道歸來起死回生的事跡。

【注釋】❶咸陽人　《雲笈七籤》卷一〇四作「咸陽南關人」。《漢魏叢書》本卷九作「幽州人」。❷太清　太清境，道教最高仙境三清境之一，全稱「大赤天太清境」，由玄氣化成，道德天尊（太上老君）居此。❸玄洲　道教傳說之地，在北海之中，其上多仙人宮室。❹赤城　山名，在浙江天台西北，山上赤石屏列如城，故名。❺臘嘉平　秦始皇三十一年十二月，秦始皇改臘為嘉平（見《史記・秦始皇本紀》）。臘，古時陰曆十二月祭名，始於周代。❻記　原作「紀」。❼嘉平　原作「嘉平節」，據《雲笈七籤》卷一〇四、《歷世真仙體道通鑒》卷一六改。❽望祀蓬萊三句　《史記・秦始皇本紀》記載，秦始皇二十八年，「齊人徐市等上書，言海中有三神山，名曰蓬萊、方丈、瀛洲，僊人居之。請得齋戒，與童男女求之。於是遣徐市發童男女數千人入海求僊人。」徐市，一作徐福。❾入恆山學道　《三洞群仙錄》卷三、《漢魏叢書》本卷九作「學道於齊」。恆山在今河北曲陽西北與山西接壤處。❿社公　土地神。⓫約勑　約束誡飭。

【語譯】茅君名盈，字叔申，咸陽人。他的高祖茅濛，字初成，在華山學習道術，丹煉成，乘赤龍昇天而去，正是在秦始皇之時。童謠說：「成了神仙的茅初成，駕龍上天昇入太清仙境，有時下到玄洲，遊戲赤城山。下代繼續成仙的是我家盈，皇帝若要學他，臘祭名嘉平。」事情在《史記》中詳細記載。秦始皇正在尋求成仙長生的道術，聽到童謠，認為自己的姓符合童謠中「在我盈」的預言，應當昇天成仙，就下詔把臘祭改為嘉平，來適應童謠。又遙祭蓬萊，命徐福帶領童男童女入海，尋求神仙之藥。

茅君十八歲，進入恆山學習道術，共學了二十年，學成道術回家，父母尚在。父親見到茅君發怒說：「你做兒子不孝順，不親身供養父母，卻尋求妖邪不實之術，奔走四方！」舉起杖要打茅君，茅君長跪謝罪說：「我受天命，應當得道。做事不可能兩方面都同時做成，離別父母，不能供養。雖然沒有早晚侍奉的好處，但使父母長壽終老，家門平安。我的道術已經修成，不可對我鞭打折辱，鞭打我恐怕不是小事件。」父親憤怒不止，拿起杖就打。杖就折斷為幾十段，都飛射起來，好像弓發出的箭，射中牆壁，穿進柱中，牆壁柱子都出現凹陷。父親吃驚就住了手。茅君說：「我剛才稟告的，其實就是顧慮會發生這樣的情況，如果偶然斷杖射中人，就會造成損傷。」父親說：「你說修成道術，能夠救活死人嗎？」茅君說：「已死的人，如果犯罪重，壞事做得多，不可以復生的，我也不可以救活他；若是遭受意外之禍而短命死亡的，我可以立即救活他。」父親就問茅君，鄉里若干死人，哪些人應當可以救活。茅君就召社公來詢問。父親聽到廳堂中有人在回答，卻看不見人。茅君問社公：「這村中眾多已死的人中，誰可以救活？」眾人都聽見社公回答說：「某人可以救活。」茅君於是說：「快去關照有關職司，要他們放人，此事須得辦妥，才可以掘墓。」於是日落之後，社公來稟報說：「事情已肯定辦好了，現在可以打開墳墓，挖出棺材了。」於是茅君告訴死者家屬去掘墓。打開棺材，露出死人，死人睜眼動搖，但是還不能說話。把他抬出棺材，三天之後就能坐，話說得清清楚楚。這樣從墓中挖出幾十人，都復生，又活了十年才又死。

爾時君之弟名固，字季偉；次弟名衷❶，字思和。仕漢，位至二千石❷。將之官，鄉里親友會送者數百人。親屬榮晏時，茅君亦在座，乃曰：「吾雖不作二千石，亦當有神靈之職，剋三月十八日❸之官，頗能見送乎？」在座中眾賓皆相然曰：「此君得道當出眾，皆復來送也。」君曰：「若見顧者，誠荷君之厚意也。但空來，勿有損費，吾當自有供給。」至期日，君門前數頃之地，忽自平治，無復寸草。忽見有青縑帳幄，下敷數重白毡，容數千人。遠近皆神異之，翕然相語，來者塞道，數倍於前送弟之時也。賓客既集，君言笑延接，一如常禮。不見指使之人，但見金盤玉盃自到人前。奇殽異菓，不可名字，美酒珍饌，賓客皆不能識也。妓樂絲竹，聲動天地。隨食隨益，人人醉飽。明日迎官來至，文官則朱衣紫帶，數百人；武官則甲兵旌旗，器仗耀日，千餘人。茅君乃與父母宗親辭別，乃登羽蓋車而去。麾幢幡蓋❹，旌節旄鉞❺，如帝王也。驂❻駕龍虎，麒麟❼、白鶴、獅子，奇獸異禽，不可名識。飛鳥數萬，翔覆其上。流雲彩霞，霏霏繞其左右。去家十餘里，忽然不見，觀者莫不歎息。

君遂徑之江南，治於句曲山❽。山有洞室，神仙所居，君治之焉。山下之人為立廟而奉事之。君嘗在帳中與人言語，其出入，或導引人馬，或化為白鵠。人有疾病祈之者，煮雞子十枚以內帳中，須臾一一擲還，雞子如舊。歸家剖而視之，內無黃者，病人當愈，中有土者，不愈。以此為候❾焉，雞子本無開處也。廟中常有天樂異香，奇雲瑞氣。君或來時音樂導從，自天而下，或終日乃去。遠近居人，賴君之德，無水旱疾癘螟蝗之災，山無刺草毒木及虎狼之厲，時人因呼此山為茅山焉。

後二弟年衰，各七八十歲，棄官委家，過江尋兄。君使服四扇散❿，卻老還嬰，於山下洞中修練四十餘年，亦得成真。太上老君⓫命五帝使者持節，以白玉版，黃金刻書，加九錫之命⓬，拜君為太元真人、東嶽上卿、司命真君，主吳越生死之籍，方卻昇天，或治下於潛山⓭。又使使者以紫素策文⓮，拜固為定錄君，衷為保命君，皆例上真，故號三茅君焉。其九錫文、紫素策文多不具載，自有別傳。其後每十二月二日、三月十八日，三君各乘一白鶴集於峰頂也⓯。

【章　旨】敘述茅盈出任神官時的盛況及其治績，末敘茅氏三兄弟任仙官之事。

【注　釋】❶名衷　商務印書館《說郛》一百卷本卷四三、宛委山堂本《說郛》卷五八作「名裏」。❷二千石　漢代對郡守的通稱。漢郡守俸祿為二千石，即月俸百二十斛，因有此稱。❸三月十八日　《茅山志》卷五、《雲笈七籤》卷一〇四作「來年四月三日」。❹麾幢幡蓋　麾，古代用以指揮軍隊的旗幟。幢，作為儀仗的一種旗幟。幡，長方而下垂的旗子。蓋，指傘蓋，一種長柄圓頂的儀仗物。❺旌節旄鉞　旌，古代用羽毛裝飾的旗子。節，符節，古代使者執以作憑證。旄，用犛牛尾裝飾的旗子。鉞，古兵器，似斧而略大於斧。❻驂　古代駕在車前兩側的馬。❼麒麟　古代傳說中的一種動物。狀如鹿，獨角，全身生鱗甲，尾像牛。多作為吉祥的象徵。❽句曲山　在今江蘇省句容、金壇、溧水、溧陽等縣，因茅盈三兄弟在此修道成仙，遂稱茅山。山中有洞，名華陽洞，其中洞府相連，共有五門，詳見《茅山志》卷六。宛委山堂本《說郛》卷五八作「句容山」。❾候　占驗。❿四扇散　《雲笈七籤》卷七七載茅盈所授黃帝四扇散方，內收松脂等八味，注曰：「黃帝受風后四扇神方，卻老還少之道也。我昔受於高丘先生，令以相傳耳。」⓫太上老君　道教天神，教主。為三清之第三位。⓬九錫之命　古代君王給上公的禮遇。錫，賜。命，加服（據《春秋公羊傳・莊公元年》）。何休注曰：「禮有九錫：一曰車馬，二曰衣服，三曰樂則，四曰朱戶，五曰納陛，六曰虎賁，七曰弓矢，八曰鈇鉞，九曰秬鬯。」可見並不全是衣服，而是表示榮寵的器物和待遇。⓭潛山　在今安徽潛山。⓮紫素策文　寫在紫色絹上的授職文書。⓯三君各乘一白鶴集於峰頂也　《茅山志》卷六載：「三君往曾各乘白鵠，集山之三處。」

【語　譯】那時茅君的二弟名固，字季偉；三弟名衷，字思和。他們都在漢朝做官，官位都做到郡守一級。他們將要去上任，鄉里親友數百人聚集給他們送行。親友盛宴之時，茅君也在座，就說：「我雖不任郡守一級的官，也將有神靈的官職，限定三月十八日上任，能夠都來送我嗎？」在座的眾賓客都表示同意說：「這是您得了道，應當出眾榮昇，我們都會再來送您。」茅君說：「若來送我，實在感受諸位的厚意。只是空手來，不要破費，我自會有供給。」到了約定的日子，茅君門前幾頃地面，忽然之間，自己整治平坦，沒有一點雜草。忽然出現青色細絹帳幕，下鋪幾層白氈，可容納數千人。遠近的人都感到這事很神異，都互相告訴，來送行的人堵塞道路，人數是上回送他二弟時的幾倍。賓客來到，茅君談笑迎接，全同於平常的禮節。宴上看不見侍者，只見金盤玉盃自到人的面前。奇異的葷菜果品，說不出名目，美酒好菜，賓客都不認識。樂隊的絲竹演奏，響徹天地。大家一邊食用，食品一邊添加，人人都喝醉吃飽。第二天，迎官的隊伍來到，文官穿朱衣，束紫帶，有數百人；武官則身穿盔甲，手執兵器，打著各種旗幟，器仗映日生輝，有一千多人。茅君於是跟父母及同宗親屬告別，就登上羽蓋車而去。儀仗隊裡打著麾、幢、幡、蓋，舉著旌旗、符節、旄旗、鉞斧，就像帝王一樣。車前兩側駕著龍虎，還有麒麟、白鶴、獅子，奇獸異禽，說不出名字。數萬飛鳥，在隊伍上方飛翔遮蓋。流雲彩霞，飛揚繚繞在他們周圍。離家十多里，隊伍忽然不見，觀看的人無不歎息。

茅君於是直接到了江南，在句曲山上治事。山上有洞室，是神仙居住的地方，茅君就加以整理居住。山下的人為他立廟供奉他。茅君常在帷帳中跟人說話，他出入，有時人馬在前引路，有時就化身白色天鵝。人們有疾病向他祈禱，就煮雞蛋十枚，放在帳中，一會兒雞蛋一枚枚拋回，跟原來一樣。回到家中打開雞蛋看，其中沒有蛋黃，病人將會痊癒，蛋中有土，病就治不好。人們根據這種情況來進行占驗，雞蛋原本也沒有地方可以打開。廟中常有天樂異香，奇雲瑞氣。有時茅君來到時，音樂伴奏，人員前導後從，從天而降，有時終日才離去。遠近的居民，依賴茅君的德庇，沒有水、旱、疾病、螟蝗的災害，山上沒有刺草、毒木及虎狼的禍患，當時的人因而叫這座山為茅山。

後來茅君的兩個弟弟年紀衰老，各自七八十歲，放棄了官位和家庭，過江尋找哥哥。茅君命他們服食四扇散，返老還童，在山下洞中修煉四十多年，也成為得道真人。太上老君命五帝使者手持符節，用白玉為版，黃金刻字的策文，宣布授予茅君九樣賜物的禮遇，任茅君為太元真人、東嶽上卿、司命真君，主管吳越一方眾生的生死簿，才昇天界，又在潛山治理下民。太上老君又派使者用紫絹策文任茅固為定錄君，任茅衷為保命君，皆列位上班真人，所以稱茅氏兄弟為三茅君。上述九錫文、紫素策，由於字多就不全文記載在本篇了，還有別傳可容。此後每年的十二月二日、三月十八日，三茅君各自乘一隻白鶴，分別停駐在一個峰頂之上。

張道陵

【題　解】張道陵，真名張陵，後世道教徒稱他為張道陵，尊奉為「天師」。張道陵字輔漢，東漢沛國豐人。史料記載，他在蜀中修道，造作道書，傳授弟子，因為凡是信徒都要出五斗米為信米，所以人稱為五斗米道。當時五斗米道在蜀中傳播很廣，信徒甚眾，張道陵乃創立二十四治。治即教區，每治設祭酒，分領道民，有如官長。五斗米道有條例制度，規定道民隨事出米、絹、柴等物，參加修橋鋪路，有病自己首過，有功上報祭酒，可增福壽等等。張陵傳位於其子張衡，張衡傳位其子張魯。東漢末天下大亂，人民不保其生，五斗米道據險自治，能撫養民夷，故信從者眾，遍行於巴、蜀、漢中。後張魯投降曹操，此道遂流行全國。

《神仙傳》記載張道陵活動相當詳細完備。《四庫全書》本和《漢魏叢書》本的內容幾乎完全不同，為使讀者能對張道陵的道法及行道活動有個全面的了解，故將二本此篇全部收錄，讀者可加以對照補充。

張道陵的道術強調煉丹，依《黃帝九鼎丹經》煉神丹。他也講究行氣、存思、導引、房中之術。他又通過步罡踏斗來降伏妖魔。他還標榜從太上老君處受正一盟威之道，行法中重視法籙。

張陵、張衡、張魯所傳道派，在兩晉時稱五斗米道。南北朝時稱天師道。張道陵在唐、宋、元、明各代都受到皇帝所加封號。元代時由於信州龍虎山天師世系受封為正一教主，天師道遂改稱正一道。迄及明、清，正一道都還是道教的一大教派。

天師❶張道陵，字輔漢，沛國豐縣❷人也。本太學❸書生，博採五經。晚乃歎曰：「此無益於年命。」遂學長生之道，得《黃帝九鼎丹經》❹，修鍊於繁陽山❺。丹成服之，能坐在立亡，漸漸復少。後於萬山石室中，得隱書秘文❻及制命山嶽眾神之術，行之有驗。

初，天師值中國紛亂，在位者多危，退耕於餘杭❼。又漢政陵遲，賦斂無度，難以自安，雖聚徒教授，而文道凋喪，不足以拯危佐世。陵年五十，方退身修道，十年之間，已成道矣。聞蜀民朴素，可教化，且多名山，乃將弟子入蜀，於鶴鳴山❽隱居。既遇老君，遂於隱居之所備藥物，依法修鍊。三年丹成，未敢服餌，謂弟子曰：「神丹已成，若服之，當沖天為真人。然未有大功於世，須為國家除害興利，以濟民庶。然後服丹，即輕舉，臣事三境❾，庶無愧焉。」

老君尋遣清和玉女，教以吐納清和之法❿。修行千日，能內見五藏⓫，外集外神⓬。乃行三步九迹，交乾履斗，隨罡所指，以攝精邪⓭。戰六天魔鬼⑭，奪二十四治，改為福庭⑮，名之化宇，降其帥為陰官。先時蜀中魔鬼數萬，白晝為市，擅行疫癘，生民久罹其害。自六天大魔推伏之後，陵斥其鬼眾，散處西北不毛之地，與之為誓曰：「人主於晝，鬼行於夜，陰陽分別，各有司存。違者，正一有法，必加誅戮。」於是幽冥異域，人鬼殊途。今西蜀青城山，有鬼市，并天師誓鬼碑、石天地、石日月⑯存焉。

【章　旨】敘述張道陵得道煉丹，降伏魔鬼的事跡。

【注　釋】❶天師　上天所命眾民之師。《雲笈七籤》卷六引《玉緯》云：「漢末有天師張道陵，精思西山。太上親降，漢安元年五月一日，授以《三天正法》，命為天師。」❷沛國豐縣　東漢時有沛國，豐縣在今江蘇省西北端，鄰接安徽、山東兩省。❸太學　古代官辦的大學。漢武帝元朔五年設五經博士，弟子五十人，是為建立太學之始。東漢太學大為發展，質帝時太學生達三萬人。❹黃帝九鼎丹經　《抱朴子內篇．金丹》、《雲笈七籤》卷六七俱述及《黃帝九鼎神丹經》，說黃帝服食此丹，遂以昇仙。黃帝以傳玄子（元君），玄子以傳後人。九丹指丹華、神符、神丹、還丹、餌丹、鍊丹、柔丹、伏丹、寒丹，得一丹即可成仙，欲昇天欲留人間皆可。陳國符《道藏源流考》附錄五之三亦論之。❺繁陽山　在四川新都南十五里。眾山連接，孤峰特起。相傳張道陵嘗修煉於此。上有浴丹池、通仙井、麻姑洞。❻隱書秘文　旨意隱秘的書。「隱書」在道教中也指男女雙修術的書籍。❼餘杭　縣名，在浙江杭州北部。❽鶴鳴山　一作鵠鳴山，在今四川成都大邑北。❾三境　即三清所居之境。玉清聖境，元始天尊居之；上清真境，靈寶天尊居之；太清仙境，道德天尊居之。❿吐納清和之法　即呼吸清和之氣之法，實即行氣之術。⓫內見五藏　此謂內視之術。《雲笈七籤》卷四三有通過存思內見五臟之術：「第一見肺紅，白色七葉，四長三短，接喉嚨下。」第二見心、第三見肝、第四見腎、第五見脾。另有存想五臟神之術，道教認為人內臟皆有神，皆有姓字服色，存想其神，神存於體，則人形體安康。⓬外集外神　通過存思使天地間神靈來集，甚或進入人體，成為身神。存神方法有多種不同。⓭乃行三步九迹四句　此指步罡踏斗，是道教常用的禱神儀式。罡，原指北斗星的斗柄，後以天罡泛指北斗星。斗，指北斗星。道士依北斗九星（斗杓七星加輔弼二星）及八卦的原理行步轉折，宛如踏在罡星斗宿之上，此稱為禹步。禹步中行三步，留下九個足跡，即稱三步九跡（《抱朴子內篇．仙藥》論及）。交乾履斗，是指禹步中的具體步伐，交泰轉步罡的口訣即有「坎雙艮只步交乾」之語。道教認為，踏罡步斗所施之法，對鬼神、外物有神秘禁制作用。攝，通「懾」。⓮六天魔鬼　謂上古以來的邪神魔鬼。《雲笈七籤》卷八「釋除六天玉文三天正法」云：「六天者，赤虛天、泰玄都天、清皓天、泰玄天、泰玄倉天、泰清天。此六天起自黃帝以來，民人互興殺害，不稟自然，六天之理於茲而興。太上給以鬼兵，使於三代之中驅除惡民。而六天臨治，轉自偽辭，太上下玉文，遂截六天之氣，更出三天正法，割惡救善。」⓯奪二十四治二句　《歷世真仙體道通鑒》卷一八載太上老君對張道陵說：「吾昔降蜀山，立二十四治，……近有六天鬼神、血食之輩，侵奪以居，晝夜不分，人鬼無別，枉暴生民，妄罹災害，深可痛惜！」二十四治，應天二十四氣，合二十八宿。共分上八治、中八治、下八治，主要分布在川西、川北一帶。治，治理道事的神職之所。⓰石天地石日月　《歷世真仙體道通鑒》卷一八注云：「《青城山記》云：青城山有石天地，上圓下方，闊一丈二尺，有十二角。又有石日月，各闊五丈，厚一丈二寸。相對柱上，烏兔焯爍，方圓磅礴可覩焉。」

【語譯】天師張道陵，字輔漢，沛國豐縣人。他本是太學的書生，博學五經。晚年歎息說：「這樣學習對於人的年壽命運沒有益處。」於是學習可以長生的道術，他得到《黃帝九鼎丹經》，在繁陽山進修煉丹。丹煉成服食下去，能夠坐著時人還在，立起身就不見了，漸漸恢復年輕。後來在萬山石室之中，得到旨意隱秘的書以及節制指揮山嶽眾神的道術，施行起來，很有效驗。

昔時天師正逢中原紛爭擾亂，做官的多有凶險，就退居餘杭耕作。又漢朝的政治衰敗，賦斂沒有節制，張道陵難以安身，雖然招收學生來教授，但當時文章道德日益頹喪，不能夠用以拯救百姓危難，輔佐君主治理人世。張道陵五十歲才退身修習道術，十年之間，已經修成道術。他聽說蜀地人民秉性樸素，可以教化，而且名山又多，就帶領弟子入蜀，在鶴鳴山隱居。他與太上老君相遇之後，就在隱居的地方貯備藥物，依照方法修煉。三年後丹煉成，不敢服食，就對弟子說：「神丹已經煉成，若服下去，將會飛昇仙界成為真人。然而我對於人世沒有建立大功，應該為國家興利除害，來救濟百姓。然後服下神丹，立即身輕飛舉，在天界稱臣，就差不多沒有什麼愧疚了。」

太上老君不久派遣清和玉女去教授張道陵吐納清和之氣的方法。修行此法千日，能夠見到體內五臟，能夠使天地間神靈來集。行禹步的三步九跡，經乾位，踏北斗，隨斗柄所指方向，來懾伏精邪。大戰六天的魔鬼，奪回二十四治，改為福庭，稱之為化宇，降伏魔鬼頭領，任為陰官。以前蜀中數萬魔鬼，白晝聚集，擅自傳播疾病，百姓長時間受其禍害。自六天大魔被降伏之後，張道陵驅逐他們部下的鬼卒，分散居住在西北不生草木的地方，跟他們立下誓言：「人是白天的主人，鬼在夜裡行動，陰陽分開，各有各的主管和存身之地。如果違反誓言，正一之道有法律，一定要加以誅戮。」於是幽冥陰間成為另一個領域，人鬼各走各的。如今西蜀青城山，有鬼市，並且天師誓鬼碑、石天地、石日月都在那裡。

張道陵者，沛國人也。本太學書生，博通五經。晚乃歎曰：「此無益於年命。」遂學長生之道，得黃帝九鼎丹法。欲合之，用藥皆靡費錢帛，陵家素貧，欲治生❶，營田牧畜，非己所長，乃不就。聞蜀人多純厚，易可教化，且多名山，乃與弟子入蜀。住鵠鳴山，著作道書二十四篇。乃精思鍊志，忽有天人下，千乘萬騎，金車羽蓋，驂龍駕虎，不可勝數。或自稱柱下史❷，或稱東海小童，乃授陵以新出正一盟❸威之道。陵受之，能治病，於是百姓翕然奉事之以為師，弟子戶至數萬。即立祭酒，分領其戶，有如官長。并立條制，使諸弟子隨事輪出米、絹、器物、紙、筆、樵薪、什物等。領人修復道路，不修復者，皆使疾病。縣有應治橋道，於是百姓斬草除溷，無所不為。皆出其意，而愚者不知是陵所造，將為此文從天上下也❹。陵又欲以廉恥治人，不喜施刑罰。乃立條制，使有疾病者，皆疏記生身已來所犯之辠，乃手書投水中，與神明共盟約，不得復犯法，當以身死為約。於是百姓計念❺，邂逅疾病，輒當首過。一則得愈，二使羞慚，不敢重犯，且畏天地而改。從此之後，所違犯者，皆改為善矣。

陵乃多得財物，以市其藥合丹。丹成，服半劑，不願即昇天也。乃能分形作數十人❻，其所居門前水池，陵常乘舟戲其中，而諸道士賓客，往來盈庭，蓋座上常有一陵，與賓客對談，共食飲，而真陵故在池中也。其治病事，皆採取玄素❼，但改易其大較，轉其首尾，而大途猶同歸也。行氣服食，故用僊法，亦無以易。故陵語諸人曰：「爾輩多俗態未除，不能棄世，正可得吾行氣、導引、房中之事，或可得服食草木數百歲之方耳。其有九鼎大要，唯付王長，而後合有一人，從東方來，當得之。此人必以正月七日日中到。」具說長短形狀，至時果有趙昇者，恰從東方來，生平未❽相見，其形貌亦如陵所說。陵乃七度試昇，皆過，乃受昇丹經。七試者，第一試，昇到門，不為通，使人罵辱四十餘日。露宿不去，乃納之。第二試，使昇於草中守黍驅獸，暮遣美女非常，託言遠行過，寄宿，與昇接牀。明日，又稱脚痛不去，遂留數日。亦復調戲，昇終不失正。第三試，昇行道，忽見遺金三十餅❾，昇乃走過不取。第四試，令昇入山採薪。三虎交前，咬昇衣服，唯不傷身，昇不恐，顏色不變。謂虎曰：「我道士耳，少年不為非，故不遠千里，來事神師，求長生之道，汝何以爾也？豈非山鬼使汝來試我乎？」須臾虎乃起去。第五試，昇於市買十餘匹絹，付直訖。而絹主誣之云：「未得。」昇乃脫己衣，買絹而償之，殊無悋色。第六試，昇守田穀，有一人往，叩頭乞食，衣裳破弊，面目塵垢，身體瘡膿，臭穢可憎，昇愴然為之動容，解衣衣之，以私糧設食，又以私米遺之。第七試，陵將諸弟子登雲臺絕巖之上，下有一桃樹，如人臂，傍生石壁，下臨不測之淵。桃大有實。陵謂諸弟子曰：「有人能得此桃實，當告以道要。」於時伏而窺之者二百餘人，股戰流汗，無敢久臨視之者，莫不卻退而還，謝不能得。昇一人乃曰：「神之所護，何險之有！聖師在此，終不使吾死於谷中耳。師有教者，必是此桃有可得之理故耳。」乃從上自擲，投樹上，足不蹉跌。取桃實滿懷，而石壁險峻，無所攀緣，不能得返。於是乃以桃一一擲上，正得二百二顆。陵得而分賜諸弟子各一，陵自食，留❿一以待昇。陵乃以手引昇，眾視之，見陵臂加長三二丈，引昇，昇忽然來還。乃以向所留桃與之，昇食桃畢。

陵乃臨谷上，戲笑而言曰：「趙昇心自正，能投樹上，足不蹉跌，吾今欲自試投下，當應得大桃也。」眾人皆諫，唯昇與王長嘿然。陵遂投空，不落桃上，失陵所在。四方則皆⓫連天，下則無底，往無道路，莫不驚歎悲涕。唯昇長二人良久乃相謂曰：「師則父也，自投於不測之崖，吾何以自安！」乃俱投身而下，正墮陵前。見陵坐局腳牀⓬、斗帳⓭

中，見昇長二人，笑曰：「吾知汝來。」乃授二人道畢，三日乃還，歸治舊舍。諸弟子驚悲不息。後陵與昇長三人，皆白日沖天而去。眾弟子仰視之，久而乃沒於雲霄也。初陵入蜀山，合丹半劑，雖未沖舉，已成地仙，故欲化作七試，以度趙昇，乃如其志也。

【章旨】此節錄自《漢魏叢書》本卷四之〈張道陵〉。此傳著重敘述張道陵在蜀中創立正一道，管理教眾，最終傳道與王長、趙昇的事跡。

【注釋】❶治生　經營家業。❷柱下史　此指老聃。老聃在周任御史，恆立殿柱之下，故稱柱下史。老聃在道教被尊奉為太上老君。❸盟　原作「明」，《歷世真仙體道通鑒》卷一八記載，太上老君授予張道陵《正一盟威秘錄》。正一派道書中皆作「盟威」，故據以改。❹縣有應治橋道六句　《歷世真仙體道通鑒》卷一八記載，張道陵「竊教民立橋梁，修道路，置義井，謂之立功。」立功者由仙官奏名上宮，增其福壽。❺念　原作「愈」，據《太平廣記》卷八改。❻分形作數十人　《抱朴子內篇・地真》：「玄一之道，亦要法也。」「守玄一，并思其身，分為三人，三人已見，又轉益之，可至數十人，皆如己身，隱之顯之，皆自有口訣，此所謂分形之道。」❼玄素　指玄素術，即房中術，傳說由仙女玄女及素女授與黃帝，故稱玄素術。❽未　原作「原」，據中華書局本《太平廣記》卷八改，其「未」字下有校記：「未原作原，據明鈔本、陳校本改。」❾缾　即「瓶」字。❿留　原作「閨」，據《太平廣記》卷八及《叢書集成》本《神仙傳》（亦取之於《漢魏叢書》）卷四改。⓫則皆　原作「皆仰上則」，據《雲笈七籤》卷一〇九改。⓬局腳牀　一種曲腳坐榻。⓭斗帳　小帳，形如覆斗，故名。

【語譯】張道陵是沛國人。他本是太學書生，博通五經。到了晚年歎息說：「學這些對於年壽、命運沒有益處。」因而去學習長生之術，得到黃帝九鼎丹的製作方法。想要按方配製，但所用的藥材都很費錢財，張道陵素來家道貧寒，想要經營家業，種田放牧，都不是他所長，神丹就不能煉成。他聽說蜀人多數淳樸忠厚，容易教化，而且蜀地多名山，於是和弟子入蜀。住在鵠鳴山，寫作道書二十四篇。他精深思索，鍛鍊意志，忽然有天仙下臨，上千車子，上萬騎士，車子鑲金，羽毛做車蓋，車前駕著龍虎，數也數不盡。有的自稱是柱下之史，有的自稱是東海小童，於是把新出的正一盟威道術授給張道陵。張道陵接受了這一道術之後，能夠治病，於是百姓全部尊奉他為聖師，弟子達到幾萬戶。就設立祭酒一職，分別率領弟子，有如官長一般。並且制訂條例制度，使眾弟子隨著事情輪流捐出米、絹、器物、紙、筆、木材、雜物等。領人修復道路，不參加修復的人，使他們都生病。縣裡有應當治理的橋梁道路，百姓就斬伐雜草，掃除污穢，無所不做。這些都出於張道陵之意，但是愚昧的人不知文書是張道陵所造，還以為是從天上降下的。張道陵又想用廉恥之心來治理百姓，不喜歡用刑罰來治理。他創立了條例制度，使有疾病的人都把出生以來所犯的罪過記在紙上，把親手所寫紙片投入水中，跟神明約定，不可再犯法，再犯法將要身死。於是百姓心想，萬一生病，就應當去向神明承認自己的過錯。這樣做，一則百姓的病可以治好，二則使他們感到羞慚，不敢重犯，而且因敬畏天地而改正過錯。從此之後，違法有過錯的人，都改過從善了。

張道陵於是得到很多財物，用來購買藥物，配製神丹。神丹煉成，服用半劑，不願立即昇天。他於是能夠分形成為幾十個人，他的住房門前有水池，張道陵常乘船在池中遊玩，而眾道士、賓客，來來往往，坐滿廳堂，因為座上常有一個張道陵，跟賓客對談，一起飲食，而真的張道陵本人在池中。他治病，都採取玄素之術，但改變其基本方法，轉換開頭和結尾，而總體上說，還是同樣結果。他在行氣、服食仙藥等方面，則採用仙法，也沒有什麼改變。所以張道陵對眾人說：「你們這些人，俗人的心態習慣多，沒有除淨，不能遺棄時世，正可以學習我的行氣、導引、房中的道術，或許可以學習服食草木仙藥能活幾百歲的方子罷了。我有九鼎神丹重要之術，只能傳給王長，以後該有一個人，從東方來，應當得到丹法。此人必定在正月七日日中時來到。」他詳細地說了此人的高矮形貌，到時果然有一個叫趙昇的人，恰好從東方來，生平從未見過，形貌就像張道陵所說的樣子。張道陵於是七次試驗趙昇，趙昇都通過，就把丹經傳授給趙昇。七次試驗是這樣。第一次試驗，趙昇來到門口，不給他通報，使人辱罵趙昇四十多天。趙昇露宿不離開，就接納他入見。第二次試驗，命趙昇在草叢中守黍驅獸，傍晚派遣一個非常美麗的女子，託辭遠行經過此地，晚上寄宿趙昇處，跟趙昇接床。次日，又稱腳痛不去，就逗留了幾天。她又挑逗趙昇，趙昇終究不失端正的態度。第三次試驗，趙昇走在路上，忽然看見路上有人遺留的金子三十瓶，趙昇走過不取。第四次試驗，命趙昇入山打柴。三隻老虎在趙昇面前竄來竄去，咬他的衣服，只是不傷害他的身體，趙昇也不恐懼，臉色不變。他對老虎說：「我不過是個道士，年紀輕，不做壞事，所以不以千里為遠，來侍奉神師，求學能致長生的道術，你們為什麼這樣呢？難道不是山鬼派你們來試探我嗎？」一會兒老虎就離開了。第五次試驗，趙昇在市上買了十多匹絹，付完絹錢。而絹主不顧事實硬說：「我沒有收到錢。」趙昇就脫下身穿的衣服，買絹償還，毫無吝嗇的表情。第六次試驗，趙昇在看守從田裡收穫的糧食，有一個人來到他那裡，叩頭乞討吃食，衣裳破敝，滿面塵垢，身上長著膿瘡，又髒又臭，令人討厭，趙昇卻為他臉上露出傷感的表情，脫下身上的衣服給他穿，用私人的糧食做飯給他吃，又把私人的米給他。第七次試驗，張道陵帶領眾弟子登上懸崖雲臺之上，下方有一株桃樹，像人臂一般，斜生在石壁之上，下臨不可測度的深淵。桃樹上結了很多桃子。張道陵對眾弟子說：「有人能夠採到這桃子，將把道術最重要的內容告訴他。」當時趴在石上向下窺視的人，有二百多個，都大腿顫抖，身上流汗，沒有人敢長久往下看，無不倒退而回，推辭說不能採到。只有趙昇一人說：「神靈護佑，有什麼危險！聖師在此，終究不會使我死在深谷中。聖師有這樣的話，必定是因為這桃子有可以得到的道理。」於是從崖上跳下，落在樹上，腳不跌壞。摘了滿滿一懷桃子，但石壁險峻，沒有攀緣的地方，不能夠返回。於是把桃子一顆一顆投擲到上面，正好採得二百零二顆。張道陵得到桃子，分給眾弟子一人一顆，張道陵自食一顆，留一顆等待趙昇。張道陵就用手拉趙昇，眾弟子目睹其狀，只見張道陵的手臂增長了二三丈，手拉趙昇，趙昇忽然之間返回了。張道陵把剛才留下的桃子給他，趙昇吃了桃子。

張道陵於是身臨深谷之上，玩笑地說：「趙昇心地端正，因而能跳到樹上，腳不跌壞，我現在想要嘗試跳下，應當採到大桃子。」眾弟子都勸阻他，只有趙昇和王長沉默不語。張道陵就向空中跳去，並不落在桃樹上，找不到張道陵所落的地方。四面山峰連天，下臨無底深谷，前行沒有道路，沒有人不驚歎悲啼。只有趙昇、王長二人好久才互相說：「老師就是父親，他自己跳到不能測度的山崖之下，我們自己怎麼安心呢！」就一起投身跳下，正落在張道陵面前。見張道陵坐在曲腳坐榻上，斗帳之中，張道陵看見趙昇、王長二人，笑著說：「我知道你們會來。」就授與二人道術，三天才回還，回到原來住處理事。眾弟子驚悲不止。後來張道陵與趙昇、王長三人，都白日沖天而去。眾弟子仰天而望，見他們三人好久才消失於雲霄之中。當初張道陵進入蜀山，先配製了半劑神丹，雖然沒有飛昇天界，但已成為地仙，所以要變化出七次試驗，來接引趙昇，遂實現了他的心願。

欒巴

【題解】欒巴，字叔元，《後漢書》有傳。史傳說，他在東漢順帝時為宦官，後性功能恢復，遂出任外官，曾任郎中、桂陽太守、荊州太守、豫章太守、議郎、永昌太守等職，後因上書為竇武、陳蕃申冤，得罪靈帝，被迫自殺而死。史傳記載中就說到欒巴「有道術，能役鬼神」，在豫章任上曾毀壞一些鬼怪的廟宇，安定百姓。《神仙傳》此傳中就記載了他的一些道術，如進入牆壁、降伏狸怪、遠程救火等等。道教學者認為，像欒巴這樣深通道術之士，不會真的自殺身死，《真誥》記述：「昔巴作兵解去，入林濾山中，積十三年而後還家。今在鶴鳴赤石山中。」（見《歷世真仙體道通鑑》卷一五）

本篇最末一段，初讀殊感突兀，但查文淵閣、文瀾閣《四庫全書》，皆有此段文字，可見不是抄手誤入其中。細細讀後可以看出，此段文字當是欒巴所著道經的摘文（本書保存了不只一位道教學者的著作片斷）。其主要理論是主張對氣血不要擾亂，通過導引令其自然流通。對內心的修養，則主張保持澄靜，不為名利所動。這些都和道教守一之說相通。

欒巴，蜀人❶也。太守請為功曹❷，以師事之。請試術，乃平坐❸，入壁中去。壁外人叫虎，虎❹還，乃巴也。遷豫章太守。有廟神，能與人言語。巴到，推社稷❺，問其蹤由。乃走❻往齊，為書生。太守以女妻之，生一男。巴往齊，勑一道符，乃化為狸❼。巴為尚書。正旦❽，會群臣飲酒。巴乃含酒起，望西南噀❾之。奏云：「臣本鄉成都市失火，故為救之。」帝馳驛往問之，云：「正旦失火時，有雨自東北來滅火，雨皆作酒氣也。」

「故終日不違如愚，若無所得而愚，是乃物之塊然者也，士大夫學道者多矣。然所謂『八段錦❿』、『六字氣⓫』，特導引、吐納而已。不知氣血寓於身，而不可擾，貴於自然流通，世豈復知此哉！雖日宴坐⓬，而心騖⓭於外，營營然⓮如飛蛾之赴霄⓯燭，蒼蠅之觸曉牕，知往而不知返，知就利而不知避害。海魚有以蝦為目者，人皆笑之，而不知其故。晝非日不能馳，夕非火不能鑒。故學道者，須令物不能遷其性。冶容曼色，吾視之與嫫母⓰同；大廈華屋，吾視之與茅茨⓱同。澄心清淨，湛然而無思，時導其氣，即百骸皆通。抱純白⓲，養太玄⓳，然後不入其機⑳，則知神之所為，氣之所生，精之所復，何行而不至哉！」所著百章，發明道秘，要眇深切，迷途之指南也。

【注釋】❶蜀人　宛委山堂本《說郛》卷五八作「蜀郡成都人」。《歷世真仙體道通鑑》卷一五作「內黃人」。《後漢書・欒巴列傳》則作「魏郡內黃人」。❷功曹　官名。漢代郡守下有功曹史，簡稱功曹。除掌人事外，並得與聞一郡政務。❸坐　原作「生」，據《漢魏叢書》本卷五改。❹虎　原作「狼」，據文瀾閣《四庫全書》本改。❺社稷　社為土神，稷為穀神。❻走　原作「老」，據《漢魏叢書》本卷五、《歷世真仙體道通鑑》卷一五改。❼狸　也叫山貓，毛棕黃色，有黑色斑紋。❽正旦　正月初一。❾噀　噴。❿八段錦　是由八節修煉動作編成的一套有效的導引方法。一般研究者認為，八段錦出現於北宋末。如果本篇此段文字確出於欒巴，則八段錦產生時間將大大提前了。⓫六字氣　是一種以呼氣配合默唸字音的調氣法。六氣訣指：噓、呵、呬、吹、呼、嘻。⓬宴坐　閒坐；安坐。⓭騖　追求。⓮營營然　來往不絕貌。⓯霄　通「宵」。⓰嫫母　古之醜婦，相傳為黃帝妻。⓱茅茨　茅草蓋的屋頂，指茅屋。⓲純白　指純潔空明之心。⓳太玄　此指秉之於玄玄大道之元氣。⓴機　指機巧之心。對以上三句的理解，可參考《莊子・天地》：「機心存於胸中，則純白不備；純白不備，則神生不定；神生不定者，道之所不載也。」

【語譯】欒巴是蜀郡人。太守請他任功曹之職，像對待老師一樣對待他。太守請求他試驗一下他的道術。他就和太守不分尊卑而坐，人卻進入牆壁中去。牆壁外的觀眾驚叫牆裡有隻老虎，老虎由牆裡回還，竟是欒巴。欒巴昇任豫章太守。當地廟中有神，能跟人說話。欒巴到任，推問當地土地神等，查究廟中之神的來歷。廟中之神就逃到古齊國的地方，變為書生。當地太守把女兒嫁給他，生下一個男孩。欒巴去到齊地，發出一道符，書生就化作山貓。欒巴任尚書。正月初一，天子大會群臣飲酒。欒巴含酒起身，向西南方噴出。他啟奏說：「臣本鄉成都的市上失火，所以噴酒救火。」皇帝派使者乘驛馬馳往成都問詢情況，成都人說：「正月初一失火時，從東北方有雨來救火，雨都帶酒氣。」

「所以整天沒有不同意見，好像愚蠢的樣子，若是沒有什麼心得而顯得愚蠢，這就是像土塊一樣的蠢物，學習道術的士大夫中這樣的人多得很。然而所謂『八段錦』、『六字氣』之類，只不過是導引、吐納而已。殊不知氣與血在人身上，不可以擾亂，貴在自然流通，世人哪裡懂得這個道理呢！雖然每天閒坐，內心卻在追求外面的名利，心神運營不息，就像飛蛾奔向夜晚的蠟燭，蒼蠅觸動早晨的窗紙，只知奔過去，而不知返回，只知追求利益，而不知迴避禍害。海魚當中有一種靠蝦作為眼睛的，人們都嘲笑牠，卻不知牠該嘲笑的原因。白天沒有太陽就不能馳騁，晚上沒有燈火就不能審視。所以學習道術的人，必須使得外物不能改變他的心性。柔美的女子，我看起來跟嫫母相同；高大華麗的房屋，我看起來跟茅屋相同。內心清靜，湛然不起思緒，時常導引元氣，則渾身筋骨都通暢。懷抱純潔空明之心，修養淳樸自然的元氣，然後不生機巧之心，就知道神如何起作用，氣產生的源頭，精如何回復，那麼做什麼而達不到呢！」欒巴所著百章道經，闡明道術的奧秘，幽遠深切，可為學道人迷路時指明方向。

卷六

淮南王

【題解】劉安，漢高祖之孫，襲父封為淮南王。好讀書鼓琴，善為文辭，才思敏捷，與其賓客編寫《鴻烈》（即《淮南子》）一書。此書以道家為主，兼收法家、陰陽家思想。劉安頗受漢武帝尊重，但胸懷野心，後因反謀暴露自殺，受株連者達數千人。《史記》、《漢書》都載有其傳。

道教仙傳的記載則與正史記載很有不同。《神仙傳》的〈淮南王〉說，淮南王劉安好神仙之道，有八位深通道術的老翁來投奔他。他被誣告謀反，八位老翁就請他服下神丹，全家飛昇而去，連雞犬也隨之昇天。而漢武帝受此事影響，也開始求道，終得王母降臨，得到尸解之術。很明顯，仙傳作者對於史事作了很大改造。

淮南王安，好神仙之道，海內方士從其游者多矣。一日有八公詣之，容狀衰老，枯槁傴僂。閽者❶謂之曰：「王之所好，神仙度世，長生久視之道，必須有異於人，王乃禮接。今公衰老如此，非王所宜見也。」拒之數四，公求見不已，閽者對如初。八公曰：「王以我衰老，不欲相見，卻致年少又何難哉！」於是振衣整容，立成童幼之狀，閽者驚而引進。王倒屣❷而迎之，設禮稱弟子曰：「高仙遠降，何以教寡人？」問其姓氏，答曰：「我等之名，所謂文五常、武七德、枝百英、壽千齡、葉萬椿、鳴九皋、修三田、岑一峰也。各能吹噓風雨，震動雷電，傾天駭地，迴日駐流，役使鬼神，鞭撻魔魅，出入水火，移易山川，變化之事，無所不能也。」

時王之小臣伍被，曾有過，恐王誅之，心不自安，詣闕告變，證安必反。武帝疑之，詔大宗正❸持節❹淮南，以案其事。宗正未至，八公謂王曰：「伍被，人臣，而誣其主，天必誅之。王可去矣，此亦天遣王耳。君無此事，日復一日，人間豈可捨哉！」乃取鼎煮藥❺，使王服之，骨肉近三百餘人，同日昇天。雞犬舐藥器者，亦同飛去。八公與王駐馬於山石上，但留人馬蹤跡，不知所在。宗正以此事奏帝，帝大懊恨，命誅伍被。自此廣招方士，亦求度世之藥，竟不得。其後王母降時，授仙經，密賜靈方，得尸解之道❻。由是茂陵玉箱金杖丹出人間❼，抱犢道經見於山洞❽，亦視❾武帝不死之跡耳。

【注釋】❶闇者　守門人。❷倒屣　急於出迎，把鞋穿倒。❸大宗正　即宗正。九卿之一，多由皇族中人充任，為皇族事務機關的長官。❹節　符節。古代使者持以作憑證。❺取鼎煮藥　此當指神丹金液。《抱朴子內篇・仙藥》：「昔仙人八公，各服一物（指仙藥），以得陸仙，各數百年。乃合神丹金液，而昇太清耳。」《藝文類聚》卷七八曰：「於是八公乃詣王，授丹經及三十六水方。」《雲笈七籤》卷一〇九曰：「遂受（授）丹經及三十六水銀等方。」❻其後王母降時四句　《漢武帝內傳》載，西王母及上元夫人等女仙曾降臨漢宮，西王母賜漢武帝《五嶽真形圖》等仙經，上元夫人授以六甲靈飛十二事，王母還說將賜以神丹半劑。武帝後未遵從仙人所囑，後元二年病死。仙經在柏梁臺焚毀。道教學者認為武帝實尸解成仙而去。尸解，遺脫屍骸，登仙而去。❼茂陵玉箱金杖丹出人間　據《太平廣記》卷三所引《漢武帝內傳》記載，武帝死後，葬於茂陵，有一玉箱、一玉杖隨葬。數年後，有人在扶風市上買得此二物，皇帝遂以此二物付太廟。「丹」字疑當作「乃」。❽抱犢道經見於山洞　據《太平廣記》卷三所引《漢武帝內傳》記載，漢武帝有雜經三十餘卷，常讀玩之，遺詔以此經隨葬。到元康二年，河東功曹李友入上黨抱犢山採藥，於巖室中得此經，盛以金箱。河東太守張純把金箱及藏經奏進，宣帝問左右侍臣，侍臣認出是武帝殯殮時物。宣帝遂命把經箱付武帝廟中。武帝陵墓未損，而陪葬之物忽出於世，說明武帝未死，實是尸解成仙了。❾視 通「示」。

【語譯】淮南王劉安，喜好研習神仙道術，跟他交遊的海內方士甚多。有一天，有八位老翁來見王，他們形容衰老，瘦削駝背。守門的人對他們說：「大王喜歡的，是能夠做神仙超脫塵世，長生久活的道術，必須有不同於一般人的地方，大王才以禮接待。現在你們衰老到這個樣子，就不是大王所應該接見的了。」守門人拒絕多次，八位老翁求見不止，守門人回答他們還是剛才那一番話。八位老翁說：「大王因為我們衰老，不願跟我們見面，而變得年輕，又有什麼難呢！」於是他們抖擻衣服，整理容顏，立刻就變成年幼的樣子，守門人吃驚了，就引他們入內。淮南王匆忙地倒穿著鞋子前來迎接，施禮自稱弟子說：「高仙從遠方降臨，有什麼高論教誨寡人呢？」淮南王問他們的姓氏，他們回答說：「我們的名字，稱為文五常、武七德、枝百英、壽千齡、葉萬椿、鳴九皐、修三田、岑一峰。我們各能吹起風雨，發動雷電，天翻地震，太陽倒回，河流停駐，役使鬼神，鞭撻妖魔，出入水火，移動山河，變化之事，無所不能。」

當時淮南王的侍臣伍被曾犯過錯，害怕淮南王殺他，心中不安，就到朝廷告發事變，證明劉安一定會造反。武帝感到懷疑，下詔命大宗正持符節到淮南，查究這件事。宗正還沒有到淮南，八位老翁就對淮南王說：「伍被是人之臣子，卻誣告他的君主，上天必定會懲罰他。大王可以離開人間了，這也是上天打發大王走了。大王若沒有這次事變，一天天過去，難道肯捨棄人間嗎！」於是用鼎煮仙藥，供淮南王服食，親戚近三百多人，同一天飛昇天界。雞犬舔食了盛藥的器皿，也一同飛昇而去。八位老翁與淮南王立馬在山石上，只留下人馬的蹤跡，不知人馬到哪裡去了。宗正把這件事奏報武帝，武帝大為懊惱生氣，就命斬了伍被。從此武帝廣招方士，也去尋求服用能超脫塵世的仙藥，竟沒有得到。後來西王母降臨，授與他仙經，秘密地賜給他成仙的藥方，使他得到尸解成仙的道術。從此之後，隨葬茂陵的玉箱、金杖竟出現在人間，隨葬的道經也出現在抱犢山的巖洞中，這也是顯示武帝沒有真死的蹤跡。

李少君

【題解】漢武帝晚年親近方士，追求延年益壽的道術，李少君就是這些方士中最突出的一個。《漢書・郊祀志上》有關於他的記載，《神仙傳》則在此基礎上加以擴大和神化了。本篇所敘李少君的道術，主要是二方面：一是安期先生所傳神丹飛雪之方，這是金丹之術；二是天仙傳授武帝，武帝轉授李少君的五帝、六甲左右靈飛十二事，這是降神伏魔等各種道術。本篇對於鍊金丹的禁忌及鑪中的變化，都作細致敘述，值得注意。

李少君，字雲翼，齊國臨淄人也。少好道，入泰山採藥，修絕穀❶遁世全身之術。道未成，而疾困於山林中。遇安期先生❷經過，見少君，少君叩頭，求乞活。安期愍其有至心，而被病當死，乃以神樓散一匕❸與服之，即起。少君於是求隨安期奉給，奴役使任，師事之。安期將少君，東至赤城❹，南至羅浮❺，北至大垣，西游玉門❻，周流五嶽，觀看江山，如此數十年。安期一日語之：「我被玄洲❼召，即日當去。汝未應隨我至彼，今當相捨去也。復六百年，當迎汝於此。」因授神丹鑪火飛雪之方、誓約、口訣❽畢。須臾，有乘龍虎導引數百人迎安期，安期乘羽車而昇天也。

少君於是還。齋戒賣於市，商估六國。或時為吏，或作師醫治病，或時眴賃❾。易姓改名，遊行處所，莫知其有道。逮漢武帝之時，聞帝招募方士，特敬道術。而先貧，不辦合大藥，喟然長歎語弟子曰：「老將至矣，死將近矣，而財不足用。躬耕力作，商估求錢，必不致辦合藥。又吾亦羸，拙於斯事也。聞天子好道，請欲見之，求為合丹。可得恣意，無求不得。天子中成者，成之；不中教者，便捨去。吾在世上，已五百餘年，而不為一權❿者，必不免於蟲蟻之粮矣。」乃以方上武帝，言：「臣能凝汞成白銀，飛丹砂成黃金。金成服之，白日昇天⓫。神仙無窮，身生朱陽之羽，體備圓光之翼⓬，竦則凌天，伏入無間⓭。控飛龍而八遐⓮已遍，駕白鴻而九陔⓯立周。冥海⓰之棗大如瓜，鍾山⓱之李大如瓶，臣已食之。逮先師安期先生授臣口訣，是以保黃物⑱之可成也。」於是引見，甚尊敬之。賜遺無數，為立屋第⑲。武帝自謂：「必能使我度世者。」

【章　旨】敘李少君得道及謁見漢武帝經過。

【注　釋】❶絕穀　亦稱辟穀、絕粒，即不食五穀之意。道教認為，人體中有三尸，是欲望產生的根源，是毒害人體的邪魔。三尸在人體中靠穀氣生存，如果人不食五穀，斷其穀氣，三尸就不能生存了，所以絕穀則可益壽長生。❷安期先生　琅琊阜鄉人，人稱千歲翁。秦始皇東遊，曾見之。事見《列仙傳》。❸匕　勺、匙之類取食物的用具。❹赤城　山名，在浙江天台西北，山上赤石屏列如城，故名。❺羅浮　山名，位於廣東省東江的北岸，博羅縣西北。羅浮山為道教名山，稱為第七洞天。❻玉門　古關名，故址在今甘肅敦煌西北小方盤城。❼玄洲　在北海之中，其地多金石紫芝、仙官宮室，為三天所治之處。❽神丹鑪火飛雪之方誓約口訣　「鑪火飛雪」，金丹作法，須用飛煉。所謂飛者，即簡單之昇華，「鑪火飛雪」，是形容神丹煉成之時，丹砂飛著釜上，如凝霜雪，《抱朴子．勤求》即有「凝霜雪於神爐」之語。煉丹時要歃血為誓，並有口訣，各種丹法都各有規定，《抱朴子內篇．金丹》及《雲笈七籤》中皆有記載。❾煦賃　做傭工。❿權　權變。⓫臣能凝汞成白銀四句　這是黃白之術。《抱朴子內篇．黃白》載，煎鉛錫或水銀，投藥其中，即成銀。以法煉丹砂、水銀等，即成為金。此種金、銀勝於自然金、銀，服之可去三尸，益壽長生。⓬身生朱陽之羽二句　謂神仙可如日月一般，巡遊天宇。朱陽，指日。圓光，指月。⓭無間　指地底、地獄。《太上感應篇》：「送下無間，備受眾苦。」⓮八遐　猶八極，八方極遠之地。⓯九陔　中央至八極之地。⓰冥海　傳說中的大海。⓱鍾山　山名。在崑崙西北，一說即崑崙。其地多產美玉。⑱黃物　指煉出之黃金，唐初稱為「藥金」。⑲第　原作「地」，據《漢武帝外傳》改。

【語　譯】李少君，字雲翼，齊國臨淄人。年輕時喜歡研究道術，入泰山採藥，修習絕食五穀，脫離人世，保全自身的道術。道術沒有修成，卻生病困在山林中。正逢安期先生經過，看見少君，少君叩頭，請求救命。安期先生憐憫他有求道的誠心，卻患病將死，就給他服用了一匕仙藥神樓散，少君的病就好了。少君於是請求跟隨安期先生，供給所需，作為安期先生的奴僕來差用，並把安期先生作為老師侍奉。安期先生帶著少君，東到赤城山，南到羅浮山，北至大垣，西遊玉門關，遍訪五嶽，觀看江山，這樣過了幾十年。有一天，安期先生對少君說：「我被玄洲仙官所召，即日就要離開。你不應隨我到那裡去，現在我將捨你而去。再過六百年，我將在這裡迎接你。」於是授與少君神丹鑪火飛雪之方、誓約、口訣。一會兒，有一支駕著龍虎的車並以數百人為先導的隊伍，前來迎接安期先生，安期先生就乘上羽車飛上天去。

少君於是回到齊國。潔淨身心之後，在市上貨賣，在六國做生意。有時做小吏，有時做醫師為人治病，有時為人做傭工。他改名換姓，所走到的地方，沒有人知道他有道術。到了漢武帝時，少君聽說皇帝招募方士，特別尊崇有道術之士。而少君上代貧窮，配合不成仙藥，便長歎對弟子說：「衰老將要來到，死亡將要臨近，而我的錢財不夠配合仙藥之用。親身努力耕作，做買賣賺錢，必定配合不成仙藥。我又瘦弱，做這些事都很笨拙。聽說天子喜好道術，我想去見他，請求為他配合仙藥。這樣我就可以任意而為，沒有什麼要求辦不到。天子如果是個適合成就仙業的人，就使他成就仙業；如果是個不適合教誨的人，就捨棄他離去。我在世上，已經五百多年，卻不偶一做次從權變化之事，一定不能免於死去成為蟲蟻口中之食的命運。」少君於是把仙方獻給武帝，說道：「臣能夠凝結汞成為白銀，飛鍊丹砂成為黃金。黃金煉成，服食下去，白天飛昇天界。神仙的境界無窮，身體如淩空日月一樣，生有羽翼，縱身則沖天，伏身則入地。控御飛龍遊盡八極之地，駕馭白鴻而天下立時周遍。冥海的棗子有瓜大，鍾山的李子大如瓶，臣已經吃過。到了先師安期先生授臣口訣，因此保證黃金可以作成。」於是引見武帝，武帝很尊敬他。賞賜的財物無法計數，為他建了府第。武帝自說：「少君一定能使我超越塵世。」

少君嘗從武安侯❶飲酒。坐中有老人，年九十餘。少君言與其祖父遊射處，老人為小兒時，從其祖父，識有此人。一座盡驚。少君見武帝有故銅器，少君望而識之，曰：「昔齊桓公嘗陳此器於柏寢❷。」帝按其刻，果齊桓公器，乃知少君數百歲人也。然視之，常如❸年五十許人。面色甚好，肌膚悅澤，尤有光華。眉目口齒，似十五童子。諸侯王貴人，聞其能令❹人不死，老更少壯，饋遺之金錢無限。

乃密作神丹，丹成未服。又就帝求五帝、六甲左右靈飛之書，凡十二事❺，帝以元封四年七月以書授少君。到元封六年九月，少君稱疾上表云：「陛下思心玄妙，志甄長生，於是招訪道術，無遠不至。精誠感神，天神斯降。自非宿命所適，孰能諧❻合！然丹方禁重，宜絕臭腥。仙❼沴養物，仁充❽蠢動❾。而陛下不能絕奢侈，遠聲色，殺伐不止，喜怒不除。萬里有不歸之鬼，市朝有流血之刑。神丹大道，未可得成。而臣疾與年偕，今者虛瘵❿，又不獲躬親齋戒，預覩彭祖丹砂之變，於此邈矣。先師安期先生昔所賜金丹之方，信而有徵⓫。若按節度，奉法戒，爾乃可修⓬用之焉。若鬱砂虹飛，玄朱九轉⓭，剖六一而流精奪日⓮，採霜雪而月光風卷⓯。徘徊丹霞，騰沸龍虎⓰。投鈆錫而黃金克成⓱，刀圭⓲入喉而凋氣立反。爾乃駕神虬⓳以上昇，騁雲車以涉遠。當驗此方之神，將明小臣之不妄矣。」乃以小丹方與帝而稱疾，固非大丹方也⓴。

其夜，武帝夢與少君俱上嵩高山㉑。半道有繡衣使者乘龍持節從雲中下，言太一㉒請少君。武帝覺，即遣使者問少君消息。且告近臣曰：

「如朕夢，少君將捨朕去矣。」明日少君臨病困，武帝自往視，并使左右人受其方書。未竟，而少君絕。武帝流涕曰：「少君不死也，故作此而去。」既斂[23]之，忽失其所在。中表衣帶[24]不解，如蟬蛻也。於是為殯其衣物[25]。百餘日，行人有見少君在河東蒲坂[26]市者，乘青騾。帝聞之，使發其棺，棺中無所復有，釘亦不脫，唯餘履在耳。武帝殊益懊恨求少君之不勤也。明年栢梁臺火燒，失諸秘書[27]妙文也。

初少君與議郎董仲[28]相親，見仲宿有固疾[29]，體枯氣少，乃與其成藥二劑，并其方一篇，用戊巳之草、后土脂、精艮、獸沉肪、先莠之根、百卉華醴、龍銜之草[30]。亥月[31]上旬，合煎銅鼎，童男童女沐浴潔淨，調其湯火，取使合成如雞子，三枚為程[32]。服盡一劑，身體便輕；服盡三劑，齒落更生；服盡五劑，命不復傾。仲為人剛直，博學五經，然不達道術，常笑人服藥學道。數上書諫武帝，以為人生有命，衰老有常，非道術所能延益。雖見其有異，以為天性，非術所致。得其藥，竟不服，又不解從問其方，為藏去之而已。少君去後數月，仲病甚矣。又武帝數道其夢，恨惜之。仲乃憶所得少君藥，試取服之。未半能行，身體輕壯，所苦了愈。藥盡，氣力如三十時。乃更信世間有不死之道，即以去官行求道士，問以方意，悉不能曉。然白髮皆還黑，形容甚盛，後八十餘乃死。臨死，謂子道生曰：「我得少君神方，我不信，事後得力，無能解之㉝，懷恨黃泉。汝後可行求術人，問解之者。若長服此藥，必度世也。」道生感父遺言，遂不肯仕，周旋天下，求解此方。到江夏，遇博澤先生。先生曰：「此乃非神丹金玉也，可使人得數百年而已耳。」乃具為說解其方意，所用物真名。道生合藥服之，得壽三百七十歲。入雞頭山㉞中，不知竟得道不。同時卓元成、張子仁、吳士耳㉟、蔡子盛、魏仲明、張元達服之，或得三百歲，或得五百歲。皆至死不病不傴，面不皺理，齒不落，髮不白，房室㊱不廢。此蓋少君凡弊方耳，猶使人如此，況其上方邪！少君當去時，密以六甲左右靈飛術十二事傳東郭延㊲，以神丹飛雪㊳之方授少君鄉里人薊子訓㊴者。此二人後學道，並得仙。少君又授子訓《崑崙神州真形》㊵也。

【章　旨】敘述李少君傳授武帝丹方及其仙去經過。

【注　釋】❶武安侯　田蚡，漢景帝王皇后同母弟。武帝初年，封武安侯，為太尉。後任丞相，驕橫專斷。喜延攬人才，推崇儒術。❷昔齊桓公嘗陳此器於栢寢　栢，同「柏」。柏寢，春秋時臺名。在今山東廣饒境。《晏子春秋・雜下五》：「景公新成柏寢之臺。」此臺既為齊景公所造，而齊桓公要早於景公一百多年，則此記載必有誤。「桓」字或為「景」字之誤。❸如　原作「時」，據《漢武帝外傳》改。❹聞其能令　原作「聞能令其」，據《漢魏叢書》本卷六、《漢武帝外傳》改。❺又就帝求五帝六甲左右霝飛之書二句　《漢武帝內傳》載，天仙上元夫人命青真小童傳授漢武帝五帝、六甲左右靈飛之書，共十二篇。其中有神靈名號、召神之符及昇天入地、降妖伏魔種種法術，故稱十二事。五帝，指五方五帝（也有指五岳五帝）。六甲左右靈飛，指六十甲子神，即「上清瓊宮靈飛六甲玉女」，共分六部，即甲子太玄宮右靈飛玉女部、甲戌黃素宮左靈飛玉女部等等（見《上清素奏丹符靈飛六甲》一書）。《漢武帝內傳》並載，西王母囑咐武帝可把五帝、六甲左右靈飛十二事傳授李少君。霝，古「靈」字。❻諧　原作「偕」，據《漢武帝外傳》改。❼仙　原無「仙」字，據《漢武帝外傳》補。❽充　原作「克仁」，據《漢武帝外傳》改。❾蠢動　指蟲類。或指動物。❿虛瘵　虛弱生病。⓫徵　驗證。⓬修　原作「備」，據《漢武帝外傳》改。⓭若鬱砂虹飛二句　這二句是形容飛煉金丹。厚積的丹砂，飛煉之時，如彩虹飛起。丹砂飛煉九次，其色黑紅變化（丹砂變成水銀，水銀又變成丹砂）。⓮剖六一而流精奪日　一，原作「二」，據《漢武帝外傳》改。煉丹者用六一泥塗在土釜接封處，既可起到密封的作用，也可參與反應。丹煉成要剖開封泥，打開土釜，金丹就發出耀目光華。六一，指六一泥，用戎鹽、鹵鹽、礬石、牡蠣、赤石脂、滑石、胡粉七種藥材和為泥，「六一」為七，故稱六一泥。精，光亮。⑮探霜雪而月光風卷　這也是形容打開土釜，煉成的丹砂的樣子。「霜雪」形容丹砂凝結之狀，「月光」形容丹砂的光彩。《雲笈七籤》卷六五曰：「凡三十六日，藥成也。寒之一日發視，丹砂當飛著上釜。如奔月墜星，雲繡九色，霜流煒燁，又如凝霜積雪，劍芒翠光，玄華八暢，羅光紛紜。」⑯龍虎　指汞（水銀）和鉛。《雲笈七籤》卷六六引《龍虎真文》云：「虎者，真鉛也；龍者，真汞也。」⑰投鉛錫而黃金克成　《抱朴子內篇・黃白》云，昔李根煎鉛錫，以少許藥如大豆者投鼎中，以鐵匙攪之，冷即成銀。又有道士教廬江太守華令思，「云以鐵器銷鉛，以散藥投中，即成銀。又銷此銀，以他藥投之，乃作黃金。」《雲笈七籤》卷六五載：「欲作黃金，取還丹一銖，置一斤鉛中，即成真金矣。」⑱刀圭　量藥之器。約梧桐子大小。⑲虬　一種無角的龍。⑳乃以小丹方與帝而稱疾二句　小丹，指一般仙藥。大丹，指還丹金液，服之可長生久視，成仙昇天。《抱朴子內篇・金丹》論述大丹後說：「又諸小餌丹方甚多，然作之有淺深，故力勢不同，雖有優劣，轉不相及，猶一酘之酒，不可以方九醞之醇耳。然小丹之下者，猶自遠勝草木之上者也。」㉑嵩高山　即嵩山。古稱中嶽，在河南登封北。山，原作「上」，據《漢武帝外傳》改。㉒太一　最高天神。《史記・封禪書》：「天神貴者太一，太一佐曰五帝。」㉓斂　同「殮」。給屍體穿衣下棺。㉔中表衣帶　內衣、外衣的衣帶。㉕殯其衣物　把其衣物置於棺內，停柩待葬。殯，殯殮。㉖河東蒲坂　即河東郡蒲坂縣。治所即今山西永濟西南蒲州鎮。但西漢時此縣改名蒲反縣，到東漢時方復改為蒲坂縣。㉗秘書　指宮禁秘藏的讖緯圖籙等書。㉘議郎董仲　《漢魏叢書》本卷六作「朝議郎董仲躬」。又《抱朴子內篇・論仙》謂董仲舒撰有《李少君家錄》，可見董仲舒熟知李少君之事。㉙固疾　久治不癒的病。固，同「痼」。㉚用戊巳之草后土脂精艮獸沉肪先莠之根百卉華體龍銜之草　此皆方士所用藥材隱名，不知所指，故後來董仲之子道生「周旋天下，求解此方」。《漢武帝外傳》「體」作「醴」。《漢魏叢書》本作「用戊巳之草、後土脂、黃精根、獸沉肪、先莠之根、百卉花釀」。㉛亥月　農曆十月。㉜沐浴潔淨四句　原無此四句，據《漢武帝外傳》補。但「淨」字原作「清」，「成」字下原有「服」字，又據《漢魏叢書》本卷六改。㉝後得力無能解之　原無此七字，據《漢魏叢書》本卷六補。㉞雞頭山　甘肅平涼西崆峒山，亦曰笄頭。或指湖北荊門北六十里之雞頭山。㉟耳　《漢武帝外傳》作「昇」。㊱房室　房事；性生活。室，原作「屋」，據《漢武帝外傳》改。㊲東郭延　仙人名，事見本書卷七。㊳雪　原作「玄」，據前文「神丹鑪火飛雪之方」之語改。㊴薊子訓　仙人名，事見本書卷七。原作「薊子順」，據《漢武帝外傳》改。㊵崑崙神州真形　當是道教真形圖之一種。現存有〈五嶽真形圖〉，係用等高線畫法畫成的五嶽地形圖，載明入山路徑、地形、高度、仙真靈官及仙藥所在地。據說道士入山佩之，可避凶邪，神靈迎接。〈崑崙神州真形〉，當也是此類地形圖。真，原作「貞」，據《漢武帝外傳》改。

【語　譯】少君曾經陪同武安侯飲酒。座中有個老人，九十多歲。少君說到跟他祖父一同出遊射獵的地方，老人小時候，跟從他的祖父，識得有少君此人。滿座賓客都為之震驚。少君看見武帝處有舊銅器，少君一望就認識，說：「從前齊桓公曾經把這件銅器陳放在柏寢臺。」武帝查驗銅器上銘刻，果然是齊桓公的銅器，才知少君已是幾百歲的人了。然而看他的外貌，常像五十多歲的人。臉色很好，皮膚滋潤，還有光澤。眉目牙齒，好似十五歲的童子。眾封王的皇子及貴人們，聽說少君能夠使人不死，年老更顯得少壯，就送給他無數金錢。

少君於是秘密製作神丹，神丹製成沒有服用。他又向武帝求看有關五帝、六甲左右靈飛的書，其中各種法術共十二件，武帝在元封四年七月把書傳授給他。到了元封六年九月，少君上表稱病說：「陛下心想玄妙的道術，有志做到長生不老，於是招尋訪求有道術之士，無論多遠也沒有不找到的。您的至誠之心感動了神靈，天神因而降臨。若不是命中注定，如何能夠這樣和諧！然而丹方的禁忌很嚴，應該禁絕臭腥之物。仙法主張養育萬物，慈仁普及到蟲蟻。但陛下不能杜絕奢侈之風，疏遠聲色享受，殺伐不止，喜怒不除。萬里邊疆，有陣亡將士不能回歸的靈魂，朝廷市場，有流血的刑罰。製作神丹的道術，就不可能成功。而臣的病隨著年齡增大而發展，如今虛弱病沉，又不能親身齋戒，去觀看根據彭祖所傳煉丹鑪中丹砂的變化，神丹煉成的可能因此更遠了。先師安期先生當年賜給我的金丹之方，信實而可驗證。若按規定，遵行法則、戒忌，這才可以製作神丹。若是茂密的丹砂像彩虹一樣飛起，紅黑九次轉變顏色，剖開六一泥，只見煉成的丹砂射出的光華，勝過日光，探取凝結如同霜雪的丹砂，猶如月光隨風捲動。紅霞動蕩，汞鉛沸騰。神藥投入鉛錫之中，就作成黃金，用刀圭量藥服下，衰頹之氣立即消去。這才駕馭神虬騰空，馳騁雲車到遠方去。這時將驗證這個方子的神效，表明小臣說話不虛妄。」少君於是把小丹方子給武帝，自己稱病，卻不獻上大丹的方子。

那一夜，武帝做夢與少君一起登嵩山。半路有位繡衣使者，手持符節，騎龍從雲中下臨，說太一邀請少君上天去。武帝醒來，立即派遣使者去問詢少君的消息。並且對身邊的臣子說：「按照朕的夢看來，少君將捨棄朕離去。」次日少君到了病重時，武帝親自去看他，並派侍從的人接受少君的方書。沒有接受完，少君就死了。武帝流淚說：「少君不會死的，故意作這個樣子離去。」等到給他大殮時，忽然之間人不見了。內外衣帶不解，如同蟬蛻殼一般。於是把他的衣物入棺待葬。一百多天之後，有行路的人在河東郡蒲坂縣的市上看見少君，騎著青騾。武帝聽說，命人打開少君的棺材，棺中沒有什麼東西，棺釘也沒有拔出過，只有鞋還在。武帝越加十分懊惱自己沒有努力向少君求教。次年柏梁臺火燒，失去臺中收藏的眾多有關方術的秘藏書籍和奧妙文章。

從前少君與議郎董仲交好，見董仲一向患有久治不癒的疾病，體瘦氣少，就送給他配製好的藥二劑，還有藥方一篇，藥方是用戊巳之草、后土脂、精艮、獸沉肪、先莠之根、百卉華體、龍衘之草。亥月上旬的時候，把這些藥材在銅鼎中合煎，童男童女沐浴潔淨，調製藥湯，調節火力，取出煉成的藥，揉成雞蛋大小藥丸，三枚作為規格。服完一劑，身體便感到輕捷；服完三劑，牙齒落了會再生出來；服完五劑，生命就不會再有危險。董仲為人剛直，博學五經，然而不通道術，常嘲笑別人服藥學道術。屢次上書諫阻武帝學道，認為人生下來就有命運，衰老是正常規律，道術不能為人增壽。雖然看見李少君跟常人不一樣，但認為這是少君天性如此，不是修習道術造成的。得到少君的藥，竟然不服用，又不知道從而詢問藥方如何理解，只把這些收藏起來就走開了。少君離去之後幾個月，董仲病得很厲害。武帝又屢次說到他所做的夢，悔恨惋惜沒有好好向少君請教。董仲才回憶起得到的少君的藥，取來嘗試服用。服用不到一半，就能行走，身體輕捷健壯，備受折磨的疾病痊癒了。藥吃完，氣力就像三十歲時一般。董仲才更相信世上有使人不死的道術，隨即放棄官職，出行尋求有道之士，問詢少君所留藥方的實際含意，人們都不能懂得。然而白髮都恢復為黑色，外貌很為壯盛，後來八十多歲才死。臨死時，他對兒子道生說：「我得到少君神藥藥方，我不相信，後來得到神藥之助，卻沒有能力解讀藥方，懷恨黃泉。你以後可以出行尋求法術之士，詢問能解讀藥方的人。若是長久服用此藥，一定能超脫塵世而成仙。」道生被父親遺言打動，因而不肯做官，遍行天下，尋求解讀這一藥方。到了江夏郡，遇到博澤先生。先生說：「這藥方不是神丹、金、玉之類，只可使人活幾百歲罷了。」於是向他詳細解說這一藥方的含意，所用藥物的真名。道生配合藥物服用，活到三百七十歲。進入雞頭山中，不知究竟有沒有得道。與他同時的卓元成、張子仁、吳士耳、蔡子盛、魏仲明、張元達服用此藥，有的活到三百歲，有的活到五百歲。他們都到死不生病，不駝背，臉上無皺紋，牙齒不落，頭髮不白，房事不停止。這是少君的一般的比較差的藥方，還使人如此，何況他的上等的方子呢！少君將離去時，秘密地把六甲左右靈飛術十二事傳給東郭延，把神丹飛雪之方傳給少君鄉里人薊子訓。這二人後來學習道術，都成了仙。少君又把〈崑崙神州真形〉傳授給薊子訓。

時有文成將軍❶，亦得少君術。事武帝，帝後遣使誅之。文成謂使者曰：「為吾謝❷帝，不能忍少日而敗大事乎？帝好自愛，後三十年，求我於成山❸。方共事，不相怨也。」使者還見言之。帝令發其棺，視之無所見，唯有竹筒一枚。帝疑其弟子竊其屍而藏之，乃收捕驗❹問其跡，帝乃大悔誅文成。後復徵諸方士。更於甘泉祀太一❺，又別設一座祀文成，帝親執禮焉❻。

【章旨】此節據《漢魏叢書》本卷六補。敘文成將軍之事。

【注釋】❶文成將軍 《漢武帝外傳》載：「齊人李少翁，年二百歲，若童子，作諸方術，皆有驗。帝甚信之，拜為文成將軍，以客禮之。於甘泉宮中畫太一諸神像祀之。少翁云：先致太一，然後可得昇天，昇天然後可至蓬萊。歲餘未驗，帝漸厭倦。少翁又使鬼神方，皆驗。唯祀太一，積年無應。帝性急峻，甚惑之，而少翁愈驕矜，帝怒誅之。」《漢書・郊祀志上》亦有記載。❷謝　告。❸成山　在今山東榮成舊榮成東北。❹驗　原作「檢」，據《漢武帝外傳》改。❺一　原作「乙」，據《漢武帝外傳》改。❻又別設一座祀文成二句　《漢書・郊祀志上》並無此記載，但說到「天子既誅文成，後悔其方不盡。」因而對方士諱言誅文成，而說：「文成食馬肝死耳。」

【語　譯】當時有文成將軍，也得到少君的道術。他侍奉武帝，武帝後來派遣使者去處死他。文成對使者說：「代我告訴皇帝，不能忍耐少許日子，因而敗壞大事嗎？希望皇帝好好自愛，三十年以後，到成山來找我。正在共同侍奉太一，我不怨他。」使者返回，見到武帝，轉述文成的話。武帝下令打開文成的棺材，看見裡面沒有什麼東西，只有一枚竹筒。武帝懷疑文成的弟子偷了文成屍體藏起來了，就把弟子收捕查問文成的蹤跡，武帝這才大為悔恨殺了文成。後來武帝重又徵集眾方士。再在甘泉宮祭祀太一，又別設一個神座祭祀文成，武帝親自行禮。

王真

【題解】本篇敘述王真的故事。王真的道術來源有二：一是來源於一本《仙經雜言》的書，此書轉述了周代仙人郊間人的口訣，後經人解釋，實是胎息、胎食、鍊形等術。另一個來源則是由薊子訓轉授的李少君所傳的丹法。前者僅可養身，後者則可以成仙度世。本篇對於郊間人所傳之術敘述頗為具體，沒有什麼神秘色彩，讀了可使我們對早期道教的道術有一個較切實的了解。

王真，字叔堅，上黨❶人也。少為郡❷吏，年七十❸乃好道。尋見《仙經雜言》，說：「郊間人者，周宣王時郊間採薪之人也。採薪而行歌曰：『巾金巾，入天門；呼長精，噏玄泉；鳴天鼓，養泥丸。』時人莫能知，唯柱下史曰：『此是活國中人，其語秘矣，其人乃古之漁父也。何以知之？八百歲人，目瞳正方；千歲人，目理縱。採薪者，乃千歲之人也。』」真讀此書而不解其旨，遂❹搜問諸所在道士，經年而遇，有解其旨者語真曰：「此近淺之術也，為可駐年反白而已耳。」乃語：「訣云『巾金巾』者，恆存肺炁入泥丸中，徐徐以繞身，身常光澤。『噏玄泉』者，漱其口液而服之，使人不老，行之七日有效。『鳴天鼓』者，朝起常叩齒三十六下，使身神安。又夜恆存赤氣從天門入周身內外，在腦中變為火以燔身，身與火同光，如此存之，亦名曰鍊形。泥丸，腦也；天門，口也。習閉炁而吞之，名曰胎息；習漱舌下泉而嚥之，名曰胎食。行之勿休。」真受訣，施行胎息、胎食、鍊形之方，甚有驗。斷穀二百餘年，肉色光美，徐行及馬，力兼數人。自歎曰：「我行此術，唯可不死，豈及神丹金玉之方邪！」乃師事薊❺子訓，子訓授其肘後方❻也。

魏武帝❼聞之，呼與相見。見佀年可三十許，意嫌其虛詐。定校其鄉里，皆異口同辭，多有少小見真者。乃信其有道，甚敬重之。郄孟節師事真十數年，真以蒸丹小餌法❽授孟節，得度世。鄉里計真已四百歲。後一日將三少妾登女几山❾，語弟子，言合丹去，去遂不復還。真曰行三百里。孟節能含⑩棗核以不食至十年，又能閉炁不息，身不動搖若死人，可至百日半歲，亦有家室。此法是真所習郊間人之法也。孟節為人質謹，不妄言，魏武帝為立茅舍，使領⑪諸方士。晉惠懷之際⑫，人故有見孟節在長安市中者。魏武帝時亦善招求方術道士，皆虛心待之，但諸得道者莫肯告之以要言耳。

【注釋】❶上黨　郡名，西漢時治所在長子（今山西長子西）。❷郡　原作「群」，據《漢武帝外傳》改。❸年七十　《仙苑編珠》卷下、《漢魏叢書》本卷一〇作「年七十九」。❹遂　原作「逐」，據《漢武帝外傳》改。❺薊　原作「蒯」，據《漢武帝外傳》改。❻附後方　繫於附後的丹方，謂寶秘此方的意思。❼魏武帝　即曹操，其子曹丕稱帝，追尊曹操為武帝。❽蒸丹小餌法　這是服食小丹的一種方法。不用飛煉，採用蒸法。餌，服餌。❾女几山　在今河南宜陽。《山海經》載，女几之山，其上多玉，其下多黃金。❿含　原作「合」，據《漢武帝外傳》改。⓫領　原作「令」，據《漢武帝外傳》改。⓬晉惠懷之際　指西晉惠帝、懷帝時，西元二九〇至三一二年。

【語譯】王真，字叔堅，上黨人。他年輕時做過郡吏，七十歲時才喜好研習道術。不久見到《仙經雜言》一書，書上說：「郊間人是周宣王時在野外打柴的人。他一邊打柴一邊唱歌道：『巾金巾，入天門；呼長精，噏玄泉；鳴天鼓，養泥丸。』當時沒有人能知曉歌中的意思，只有柱下史說：『這人是活國中的人，他的話隱秘，這人是古代的漁父。怎麼知道呢？八百歲的人，眼睛的瞳孔是正方形的；千歲人，目紋是縱向的。打柴人是千歲人。』」王真讀了此書卻不懂書中的意思，就到處詢問他所到之處的有道之士，經過一年而遇到了，有理解他書中意思的人說：「這是淺近的道術，照做可以人不衰老，頭髮由白返黑罷了。」就對他說：「口訣說『巾金巾』，就是經常存思肺氣進入泥丸之中，緩緩繞身，身體常有光澤。『噏玄泉』，就是用唾液漱口，再吞服下去，可使人不老，這樣做，七日有效驗。『鳴天鼓』，就是早上起身，就經常叩擊牙齒三十六下，使體內諸神安逸。又夜中經常存思赤氣從天門進入周身內外，在腦中變為火來燒身，身體與火同樣光色，這樣存思，也稱作鍊形。泥丸，指腦；天門，指口。練習閉氣並吞氣，稱作胎息；練習用唾液漱口並嚥下去，稱作胎食。這樣作不要停止。」王真接受了郊間人的歌訣，實行了胎息、胎食、鍊形的方術，很有效驗。他斷穀二百多年，皮色潤澤好看，慢步還能趕上馬跑，力氣抵得上幾個人。他自己歎息說：「我實行這道術，只可以不死，哪裡及得上神丹及金、玉等仙方呢！」他於是拜薊子訓為師，薊子訓傳授給他附後仙方。

魏武帝聽說王真的名字，便叫他來見面。魏武帝見王真年紀大約三十多歲，心裡嫌他虛假騙人。找他鄉里人查證，鄉里人都異口同辭證實王真的話，有多人小時候看見過王真。魏武帝才相信他，很敬重他。郄孟節把王真當老師侍奉十多年，王真把蒸丹小餌法授給孟節，孟節也得超脫凡世成仙。鄉里人算計王真已經四百歲。後來有一天，他帶著三個年輕的小妾登女几山，對弟子說，說是入山配製神丹去，這一去就不再回來了。王真能夠一日步行三百里。郄孟節能夠口含棗核，不進食達十年之久，又能閉氣不呼吸，身體不動搖，像個死人，可到百日半年，他也有家室。

這法術就是王真所練習的郊閭人的法術。孟節為人質樸慎重，不說假話，魏武帝給他建了茅屋，命他管理眾方士。晉惠帝、懷帝時，有人卻看見孟節在長安市場中。魏武帝也擅長招求方術之士、有道之士，都能虛心對待他們，但是眾得道的人不肯把要訣告訴他。

陳長

【題解】陳長是個在東海中島嶼上修道的人。他的道術不詳，能夠長壽不老，為人治病有神效，大約是地仙一流人物。

陳長者，在苧嶼山❶六百年。每四時設祭，亦不飲食，亦無所修。人有病者，與祭水飲之，皆愈也❷。

【注釋】❶苧嶼山　島嶼名，在今浙江省沿海。《抱朴子內篇・金丹》：「海中大島嶼，亦可合藥。若會稽之東翁洲、亶洲、紵嶼，及徐州之莘莒洲、泰光洲、鬱洲，皆其次也。」《三洞群仙錄》卷七作「苧萸山」，《三洞珠囊》卷一作「紵萸」，《漢魏叢書》本卷一〇作「紵嶼山」。❷人有病者三句　《漢魏叢書》本卷一〇作「諸奉事者每有疾病，即以器詣長乞祭水飲之，皆愈」。

【語譯】陳長在苧嶼山已經六百年。島上的人四季都擺設供品來祭他，他不飲不食，也不見修習什麼道術。島人有病，就給患者飲用供祭的水，病都會好。

紵嶼山上❶，累世相承事之，莫知其所來及服食本末。紵嶼在東海中，吳中周詳者，誤到其上，留三年乃得還，具說之如此。紵嶼其山，地方圓千里。上有千餘家，有五穀成熟。莫知其年紀，風俗與吳同。

【注釋】❶紵嶼山上　此下全段，據《漢魏叢書》本卷一〇補。

【語譯】紵嶼山的島民一代代承接侍奉陳長，不知曉陳長從何而來和他服食什麼仙藥。紵嶼山在東海中，吳地的周詳，曾誤到這個島上，停留三年才得回還，陳說這樣一些情形。紵嶼山方圓千里。上有一千多戶人家，有五穀成熟。島民不知道紀年年數，風俗與吳地相同。

劉綱

【題解】本篇與下篇〈樊夫人〉篇重複，下篇要詳盡得多。

劉綱者❶，上虞縣令也。與妻樊夫人俱得道術。二人俱坐堂❷上，綱作火燒屋，從東邊起，夫人作雨，從西邊上，火滅。

【注釋】❶劉綱者　商務印書館一百卷本《說郛》卷四三載：「劉綱者，下邳人也，初居四明山。」宛委山堂本《說郛》卷五八記曰：「劉綱者，下郡人也，初居四明山。」❷堂　原作「林」，據下篇〈樊夫人〉改。

【語譯】劉綱是上虞縣的縣令。他與妻子樊夫人都有道術。二人一起坐在堂上，劉綱作法起火燒屋，從東邊燒起，夫人就作法起雨，從西邊下過來，火就滅了。

樊夫人

【題解】劉綱和樊夫人是一對深通道術的夫婦。據《歷世真仙體道通鑑》卷三一所載，劉綱是晉時人，曾任上虞縣令，他拜帛和為師，曾著《續仙傳》行世。本篇敘述他們夫婦幾次比試道術，或令桃樹互擊，或變物相剋，最終總是樊夫人獲勝。文中對這幾次比試的描寫，可說是本書寫得最生動有趣的文字，讀來令人不禁莞爾。

樊夫人者，劉綱之妻也。綱字伯鸞，仕為上虞❶令，亦有道術，能檄召鬼神，禁制變化之道❷。亦潛修密證，人莫能知。為理尚清淨簡易，而政令宣行，民受其惠，無旱暵漂墊之害❸，無疫毒鷙暴之傷。歲歲大豐，遠近所仰。暇日與夫人較其術，因❹俱坐堂上，綱作火燒客碓舍❺，從東而起。夫人禁之，火即便滅。庭中兩株桃，夫妻各呪一株，使之相鬬擊。良久，綱所呪者不勝，數走出於籬外。綱唾盤中，即成鯽魚。夫人唾盤中，成獺❻，食其魚。綱與夫人入四明山❼，路值虎。綱禁之，虎伏不敢動，適欲往，虎即滅之。夫人徑前，虎即❽以面向地，不敢仰視。夫人以繩縛虎牽歸，繫於床腳下。綱每共試術，事事不勝。將昇天，縣廳側先有大皂莢樹，綱昇樹數丈，力能飛舉。夫人即平坐床上，冉冉如雲炁之舉，同昇天而去矣。

【注　釋】❶上虞　縣名，今浙江省仍有此縣。❷禁制變化之道　以咒語、內氣施於對象使之發生變化的方術，大多用為辟鬼神精魅，治病防身。❸旱暵漂墊之害　水旱之災。暵，乾旱。墊，因地面低下而浸在水中。❹因　原作「用」，據《漢魏叢書》本卷七改。❺客碓舍　莊客舂米的房子。❻獺　水獺，一種生活在水邊的野獸，能游泳，捕魚為食。❼四明山　在今浙江寧波西南。❽綱禁之六句　原無此六句，據《漢魏叢書》本卷七補。

【語　譯】樊夫人是劉綱的妻子。劉綱字伯鸞，官做到上虞縣令，也有道術，能發檄文召來鬼神，能夠施展禁制變化之術。他暗自修習，秘密驗證，外人不能知曉。他治理上虞縣崇尚清淨簡易，他的政令宣布施行，人民受到好處，不遭到水旱災害，不受到病疫強暴的傷害。年年大豐收，遠近人民都依靠他。閒暇的日子，劉綱跟夫人比試道術，二人都坐在堂上，劉綱作法起火燒莊客舂米的房子，從東面燒起。夫人作法禁止，火立即熄滅。庭院中有兩株桃樹，夫妻各對一株唸咒祝告，使它們互相搏擊。好一會兒，劉綱所唸咒祝告的那一株桃樹鬥不過對方，幾次逃到籬笆外去。劉綱吐唾液在盤中，立即變成鯽魚。樊夫人吐唾液在盤中，就變成水獺，水獺吃掉鯽魚。劉綱和夫人進入四明山，路上遇到老虎，劉綱禁制老虎，老虎伏地不敢動，劉綱才要向前，老虎就不見了。夫人直接向前，老虎就把臉對著地，不敢抬頭看。夫人用繩縛住老虎，牽了回來，繫在坐榻腳下。劉綱每次和夫人共同試驗道術，每樣比試他都不勝。他們將要昇天，縣廳旁邊本來生有一株大皂莢樹，劉綱昇到樹上幾丈，力量能夠使自己飛舉昇天。夫人則坐在坐榻上，慢慢地像雲氣一樣昇騰，二人一同昇天而去。

東陵聖母

【題　解】東陵聖母，不詳其姓字。她拜劉綱為師，當為晉人。本篇著重描寫她與丈夫的一場糾紛。聖母的丈夫杜某不信道術，認為聖母行道救人是妖邪，就告到官府。官府把聖母收入獄中，聖母即從獄窗飛上天去。通過這個故事，作者著意向讀者證明神仙的實際存在，並批評那些不信神仙、不信道術的世人。《神仙傳》全書的主旨也即在於此。

東陵聖母者，廣陵海陵❶人也。適杜氏，師事劉綱學道，能易形變化，隱顯無方。杜不信道，常恚怒之。聖母❷理疾救人，或有所❸詣，杜恚之愈甚，告官訟之，云聖母姦妖，不理家務。官收聖母付獄，頃之，已從獄窗中飛去。眾望見之，轉高入雲中。留所著履一緉在窗下。自此昇天，遠近立廟祠之。民所奉事，禱祈立效。常有一青鳥在祭所，人有失物者，乞問所在，青鳥即集盜物人之上。路不拾遺，歲月稍久，亦不復爾。至今海陵縣❹中，不得為姦盜之事，大者即風波沒溺，虎狼殺之，小者即病傷也。

【注釋】❶廣陵海陵　指廣陵郡海陵縣。海陵，以其地高阜而又傍海得名。治所在今江蘇泰州。❷聖母　此下原有「或行」二字，據《漢魏叢書》本卷七刪。❸所　此下原有「之」字，據《漢魏叢書》本卷七刪。❹縣　原作「海」，據《漢魏叢書》本卷七改。

【語譯】東陵聖母是廣陵郡海陵縣人。嫁給杜某，師從劉綱學習道術，能夠換形變化，隱顯無窮。杜某不信道術，常惱怒聖母。聖母治病救人，有人去找她，杜某對她更加惱怒，到官府控告她，說聖母妖邪，不理家務。官府逮捕聖母，送入獄中，不多久，聖母已經從監獄的窗戶中飛出去。眾人望見她，轉向高空，飛入雲中。留下所穿的一雙鞋在窗下。聖母從此飛昇天界，遠近百姓建立廟宇來祭祀她。人民祭祀她，有所祈禱，立即就有效驗。經常有一隻青鳥在祭祀的地方，有被偷東西的人，去問聖母東西在哪裡，青鳥就停在偷東西的人的上方。因而路不拾遺，時間久了，也就不再發生這類事了。至今海陵縣中，人們不可以做奸邪偷盜的事，壞事做得大的，就在風浪中淹死，被虎狼殺死，壞事做得小的，也要生病受傷。

孔元

【題解】孔元是一位有道之士，他有素書二卷，記載道術要點。對於可傳之人，卻挑選嚴格。四十年可選一人，八十年可選二人。如無適當人選，寧可不傳。他住在隱蔽的水邊洞窟之中，不是精誠向道之人找不到。後來他終於得到可傳之人馮遇。通過這一故事，作者強調說明道術珍秘，尋求道術必須努力的道理。

孔元[1]者，常服松脂、茯苓、松實[2]，年更少壯，已一百七十餘歲。人或飲酒，請元作酒令，元乃以杖拄地倒立，頭向下，持酒倒飲，人不能為之也。乃於水邊鑿岸作一穴，方丈餘，止其間。斷穀或一月兩月而出，家人亦不得往來。窟前有一栢樹，生道後棘草間，委曲隱蔽。弟子有急欲請元窟室者，皆莫能知。後東方有一少年，姓馮名遇，好道，伺候元，便尋窟室，得見。曰：「人皆來，不能見我，汝得見，似可教也。」乃以素書二卷授之，曰：「此道之要言也。四十年得傳一人，世無其人，不得以年限足故妄授。若四十年無所授者，即八十年而有二人可授者，即頓接二人。可授不授，為閉天道；不可授而授，為泄天道：皆殃及子孫。我已得所傳，吾其去矣。」❸後入西華嶽❹得道也。

【注　釋】❶孔元　《仙苑編珠》卷下、《三洞珠囊》卷二皆同。《漢魏叢書》本卷六、宛委山堂本《說郛》卷五八、商務印書館一百卷本《說郛》卷四三皆作「孔元方」。❷常服松脂茯苓松實　《抱朴子內篇・仙藥》載茯苓、松柏脂皆為仙藥。上黨趙瞿服松脂，壽至三百歲，成地仙而去。又秦宮人食松葉松實，壽至二百許歲。❸家人亦不得往來三十三句　此三十三句據《漢魏叢書》本卷六補。其中「元」本皆作「元方」，為求前後一致，改為「元」。❹西華嶽　指西嶽華山。

【語　譯】孔元經常服食松脂、茯苓、松子，人更年輕壯健，已經一百七十多歲。人家飲酒，請孔元行酒令，孔元就用杖拄地倒立，頭向下，持酒杯倒飲，別人沒有能力照樣做。孔元在水邊岸上鑿出一個洞窟，約一平方丈多些，住在裡面。他斷穀一兩個月出來，家中人也不可往來。洞窟前有一株柏樹，生在路邊荊棘荒草之中，路徑彎曲，洞窟隱蔽。弟子有急事要找孔元洞窟，都不知道路徑。後來東方有一個年輕人，姓馮名遇，喜好研習道術，守候孔元出入，便尋到洞窟，得以見到孔元。孔元說：「人們都來找我，不能見到我，你能夠見到我，像是可以教誨的人。」於是把寫在白色生絹上的文字二卷交給馮遇，說：「這是有關道術要點的記述。四十年可以傳授一個人，如果世上沒有合適的人，不可以因為年限到了的緣故就隨便傳授。若四十年沒有可以傳授的人，到八十年而有兩個人可以傳授，就立即接受兩個人。有可以傳授的人卻不傳授，是閉塞天道；對於不可以傳授的人卻傳授給他，是漏洩天道：這兩種作法都會給子孫造成禍害。我已得到真傳，我該離去了。」孔元後來進入西嶽華山，真正得到了天道。

王烈

【題解】王烈是魏晉時人，與竹林七賢的嵇康是摯友。王烈曾遇到山裂，得以服用山髓，而攜歸與嵇康，則成了硬石。王烈在山中石室見到素書二卷，與嵇康復往，則石室不知所在。王烈私下對弟子說：「叔夜未合得道故也。」這兩則故事都說明，仙緣並不是人人皆有，如嵇康也講求養生服食，但命中無仙緣，則勞而無功，始終不能夠得道。

王烈，字長休，邯鄲❶人。常服黃精❷并鍊鉛❸，年二百三十八歲，有少容，登山如飛。少為書生，嵇叔夜❹與之游。烈嘗入太行山❺，聞山裂聲。往視之，山斷數百丈，有青泥出如髓❻。取摶❼之，須臾成石。如熱臘之狀，食之味如粳米❽。烈合數丸如桃大，用攜少許歸。乃與叔夜曰：「吾得異物。」叔夜甚喜，取而視之，已成青石，擊之琤琤如銅聲。叔夜即與烈往視之，斷山已復如故。烈入河東抱犢山❾中，見一石室。室中有石架，架上有素書兩卷。烈取讀，莫識其文字。不敢取去，卻着架上暗書，得數十字形體以示康，康盡識其字。列喜，乃與康共往讀之。至其道徑，了了分明，比及，又失其石室所在。列私語弟子曰：「叔夜未合得道故也。」⑩仙經云：「神山⑪五百歲輒一開，其中有髓，得服之者，舉⑫天地齊畢。」列前得者，必是也。

河東聞喜⑬人，多累世奉事列者。晉永寧⑭年中，出洛下遊諸處，與人共戲鬬射。列挽二石弓⑮，射百步，十發矢，九破的。一年復去。又張子道者，年九十餘，拜列，列平坐受之。座人怪之，子道曰：「我年八九歲時，見顏色與今無異。吾今老矣，列猶有少容。」後莫知所之⑯。

【注釋】❶邯鄲　縣名，治所在今河北邯鄲西南。❷黃精　多年生草本植物，百合科。《抱朴子內篇・仙藥》謂：「服其花勝其實，服其實勝其根。」「服黃精僅十年，乃可大得其益耳。」❸鍊鉛　即鉛丹，由焙燒金屬鉛或炒鉛粉製取。外丹家認為，久服鉛丹，可通神明。《雲笈七籤》卷七一載「造鉛丹法」，卷七六載「九轉鍊鉛法」。❹嵇叔夜　即嵇康（西元二二四—二六三年），字叔夜，譙郡銍（今安徽宿縣西南）人。三國魏之文學家、學者。崇尚老莊，講求養生服食之道，為「竹林七賢」之一，後為司馬昭所殺。❺太行山　在山西與河北之間，山脈為東北向西南走向，最高處達二千多公尺。❻髓　骨髓，骨頭裡像脂肪般的東西。❼摶　把東西揉弄成球形。❽粳米　粳稻脫殼而成的米，黏性較強，脹性較小。❾河東抱犢山　河東，指今山西及河北西部一帶，因黃河由北向南流過，此地區位於黃河之東，故名。抱犢山，在今河北省獲鹿縣西。❿烈合數丸如桃大二十八句　此二十八句據《漢魏叢書》本卷六補。⓫山　原作「仙」，據《漢魏叢書》本卷六改。⓬舉　通「與」。和；及。⓭聞喜　縣名，在今山西省西南部。⓮永寧　西晉惠帝年號，永寧元年為西元三〇一年。⓯二石弓　指用二百四十斤力量方能拉開的強弓。一石，一百二十斤。指弓的強度。⓰河東聞喜人二十一句　此二十一句據《漢魏叢書》本卷六補。

【語　譯】王烈，字長休，邯鄲縣人。經常服食黃精和鉛丹，活到二百三十八歲，還有年輕人的面容，登山像飛一樣快。年輕時做書生，嵇叔夜跟他交遊。王烈曾經進入太行山，聽到山開裂的聲音。他走過去看，原來山斷裂幾百丈，有青泥像骨髓一樣流出。他取青泥揉成團，一會兒泥成了石頭。青泥像熱臘的樣子，吃起來味道似粳米。王烈揉了幾團桃子大的青泥，帶了少許回去，送給叔夜說：「我得到一樣奇異的東西。」叔夜很高興，取過一看，已成為青石，敲擊發出璫璫的聲音，如同敲銅發出的聲音。叔夜即和王烈去看，斷裂的山已恢復到原來的樣子。王烈進入河東的抱犢山，見到一個石室。室中有石架，架上有兩卷寫在白色生絹上的書。王烈取出閱讀，不認識上面的文字。他不敢把字卷取走，就在石架上暗暗書寫，寫下幾十個字的形狀帶給嵇康看，嵇康完全認識這些字。王烈高興，就跟嵇康同去讀那兩卷書。來到上次的路徑，看得分明，待到快到目的地時，又找不到石室所在之處了。王烈私下對弟子說：「這是叔夜命中不應當學到道術的緣故。」仙經說：「神山五百年則裂開一次，裂開處有山髓，能夠服用到，壽與天地齊同。」王烈以前所得到的，一定就是此物。

河東聞喜縣的人，很多人幾代相承奉事王烈。晉永寧年時，王烈離開洛陽到各處遊玩，跟人們一起比賽射箭。王烈可拉開二石弓，箭射一百步遠，十次射箭，九次射破箭靶的中心。一年過後又離去了。還有個張子道，九十多歲了，向王烈跪拜，王烈端坐受拜。在座的人感到奇怪，子道說：「我八九歲的時候，看見王烈的面容跟現在沒有什麼兩樣。我現在老了，王烈還有年輕人的面容。」後來沒有人知道王烈到哪裡去了。

涉正

【題解】涉正，字玄真，巴東人。《漢魏叢書》本卷一〇說他「漢末從二十弟子入吳」，可見東漢末是他主要活動時期。他的主要道術不詳，教授弟子的無非是行氣、房中術及服食石腦小丹這樣一些道教基本養生術。他的主要特點是長久閉目，偶一睜開，則聲如霹靂，光如閃電，可見他是另有秘術了。

涉正，字玄真，巴東❶人。說秦王時事如目前。常閉目，行亦不開，弟子數十年莫見其開目者。有一弟子固請開之，正乃為開目，有聲如霹靂，光如電，弟子皆匐地。正道成，莫見其所服食施行，而授諸弟子，皆以行炁、房室及服石腦小丹云❷。李八百呼為四百歲❸小兒也。

【注釋】❶巴東　郡名，治所在魚復（今四川奉節東）。❷正道成四句　據《雲笈七籤》卷一〇九補。房室，指房中術。石腦小丹，指服食石中髓。《抱朴子內篇．仙藥》：「石腦芝，生滑石中，亦如石中黃子狀，但不皆有耳。打破大滑石千許，乃可得一枚。初破之，其在石中，五色光明而自動，服一升得千歲矣。」房室，《漢魏叢書》本卷一〇、《歷世真仙體道通鑑》卷五皆作「絕房室」。❸四百歲 《三洞群仙錄》卷一作「千歲」。從秦始皇時至東漢末，約四百多年。

【語 譯】涉正，字玄真，巴東人。他說起秦始皇時的事情如在目前。他長久閉目，走路也不睜開，弟子幾十年沒有見他睜開過眼睛。有一個弟子堅持請求他睜開眼睛，涉正於是為他睜開眼睛，眼中發出暴雷一樣的聲音，射出閃電一般的光芒，弟子都仆倒在地。涉正修道成功，沒有看見他服食什麼神丹仙藥，施行什麼特殊道術，他傳授給眾弟子的，都是行氣、房中術及服食石腦小丹等等。李八百叫他四百歲小兒。

焦先

【題解】焦先是東漢末至三國魏時人。他住在一個小草屋中，生活極貧苦齷齪，但行為不苟且，是一個獨善其身的隱者。《四庫全書》本和《漢魏叢書》本的《神仙傳》對於焦先的記載可說完全不同。《四庫全書》本中的焦先，並沒有什麼神跡，人們對他是不是個瘋子存有懷疑，並不認為他可能是個神仙。而《漢魏叢書》本中的焦先則不同，他煮白石為食，火燒不焦，雪凍不死，活到二百多歲，有時還很年輕，這就明顯是個神仙了。為使讀者對這兩個焦先都能有所了解，本篇把《漢魏叢書》本〈焦先〉傳附錄於後。

焦先，字孝然，河東太陽❶人也。漢末關中❷亂，先失家屬，獨竄於河渚間。食草飲水，無衣履。時太陽長朱南望見之，謂之亡士，欲遣船捕取。同郡侯武陽語縣：「此狂癡人耳。」遂註其籍，給廩❸日五升。人皆輕易之，然其行不踐邪逕，必循阡陌。及其搶拾，不取大穗。飢不苟食，寒不苟衣。每出見婦人，則隱翳，須至乃出。自作一瓜牛廬❹，淨掃其中，營木為床，而草褥其上。至天寒時搆火以自炙，呻吟獨語。太和、青龍❺中，嘗持一杖南渡，河水泛漲，輒獨云：「未可也。」由是人頗疑不狂。所言多驗，僉❻謂之隱者也。年八十九終。

【注　釋】❶太陽　鎮名，在山西晉城。原無此二字，據《三洞珠囊》卷二補。❷關中　指函谷關以西秦故地。❸廩　官倉的糧食。❹瓜牛廬　形似蝸牛殼的小圓舍。❺太和青龍　三國魏明帝的年號。❻僉　眾人。

【語　譯】焦先，字孝然，河東太陽鎮人。漢末關中騷亂，焦先失去家屬，一個人逃到河中陸地上。吃草喝水，沒有衣服鞋子。當時太陽鎮長官朱南望見他，認為他是逃亡的士人，想要派船去捕捉他。同郡的侯武陽告訴縣裡官員：「這是個瘋子。」縣裡就給他登記了戶籍，每日供給他五升糧食。人們都看不起他，然而他走路不走斜路，一定照著縱橫的路徑走。至於他掇拾食物，也不拾飽滿的穀穗。餓了不隨便吃東西，冷了不隨便穿衣服。每次出去見婦人，則先躲藏起來，待到對方來到才出見。他自己造了一個像蝸牛殼的圓草房，把裡面打掃乾淨，用木頭做了床，鋪草在上面作褥子。到天冷時聚木柴生火取暖，低聲對自己說話。太和、青龍年間，他曾手持一支木杖往南渡黃河，河水上漲氾濫，他獨自說：「不可以渡河。」從此人們很懷疑他不是瘋子。他所說的話，多數驗證，眾人認為他是隱者。他活到八十九歲死去。

附錄

焦先者，字孝然，河東人也。年一百七十歲，常食白石，以分與人，熟煮如芋食之。日日入山伐薪以施人，先自村頭一家起，周而復始。負薪以置人門外，人見之，鋪席與坐，為設食。先便坐，亦不與人語。負薪來，如不見人，便私置於門間便去，連年如此。及魏受禪❶，居河之湄❷，結草為庵❸，獨止其中。不設牀席，以草褥襯坐。其身垢污，濁如泥潦。或數日一食。行不由徑❹，不與女人交游，衣敝則賣薪以買故衣着之。冬夏單衣。太守董經因往視之，又不肯語，經益以為賢。後遭野火燒其庵，人往視之，見先危坐庵下不動，火過庵燼，先方徐徐而起，衣物悉不焦灼，又更作庵。天忽大雪，人屋多壞。先庵倒，人往不見所在，恐已凍死。乃共拆庵求之，見先熟臥於雪下，顏色赫然，氣息休休❺，如盛暑醉臥之狀。人知其異，多欲從學道。先曰：「我無道也。」或忽老忽少，如此二百餘歲。後與人別去，不知所適，所請者，竟不得一言也。

【注　釋】❶魏受禪　指曹丕取代漢帝，建立魏朝。以帝位讓人稱為禪讓，漢帝被迫讓位給曹丕。❷湄　河濱。❸庵　小草屋。❹徑　小路。❺休休　噓氣聲。

【語　譯】焦先，字孝然，河東人。年已一百七十歲，經常吃白石，還把白石分給旁人，白石煮熟像芋艿一樣食用。他天天入山砍柴送人，先從村頭第一家送起，送遍全村，又從頭開始。他揹柴放在人家門外，人家見了，鋪下坐席讓他坐，給他安排吃食。焦先便坐下，也不跟人家談話。他揹柴來，如果沒有見到那家人，便自己把柴放在門邊離去，年年如此。待到魏王接受漢帝禪讓，建立魏朝，焦先就住到河邊，造了小草屋，獨自住在裡面。小草屋裡不設床席，用草褥墊坐。他渾身骯髒，好像沾著渾濁的泥漿。有時幾天才吃一頓。走路不走小路，不跟女人交遊，衣服破了就賣柴買舊衣穿。冬季夏季都穿單衣。太守董經於是去看他，他又不肯跟董經說話，董經越加認為他德行高。後來野火延燒到小草屋，人們去看，見焦先端坐在小草屋下不動，火燒過去，小草屋燒光，焦先才慢慢站起身，衣物全未燒焦，他重造了小草屋。天忽然下大雪，人家的房屋許多都壓壞了。焦先的小草屋倒坍了，人們趕去，不見焦先在那裡，怕他已經凍死。就一起拆開倒坍的草屋來尋找，看見焦先熟睡在雪下，面色鮮明，氣息休休，好像盛夏喝醉酒睡覺的樣子。人們知道他有不同於平常人的地方，許多人想要向他學道術。焦先說：「我沒有道術。」他的外貌一會兒顯得年老，一會兒顯得年輕，這樣活到二百多歲。後來他向人告別離開，不知他到哪裡去了，向他求教的人，竟然沒有得到他一句回答。

孫登

【題解】魏晉之世，是個十分黑暗的時代，上層社會爭奪權力的鬥爭十分激烈，動亂不已，不少有才華的知識分子都因而喪了性命。孫登是個有見識的隱者。嵇康與他交遊，他對嵇康說，有才必須有識，懂得真一之道，保全生命，才能談到用才。但是嵇康露才揚己，站在曹魏貴族的立場上，而司馬氏禪代之勢已不可阻擋，他不能接受孫登的忠告，終於遭禍。

孫登，字公和，汲郡❶人。無家屬，於郡北山為土穴居之。好讀《易》，撫一絃琴。冬夏單衣。天大寒，人視之，輒被髮自覆身，髮長丈餘。又雅容非常，歷世見之，顏色如故。市中乞得錢物，轉與貧人，更無餘資。亦不見食。❷性無恚怒，人或投諸水中，欲觀其怒，登既出，便大笑。嘗往宜陽山❸，有作炭人見之，知非常人，與語，登不應。

文帝聞之，使阮籍往觀❹，既見與語，亦不應❺。嵇康從之遊三年，問其所圖，終不答。康將別，謂曰：「先生竟無言乎！」登乃曰：「子識火乎？生而有光，而不用其光，果在於用光！人生而有才，而不用其才，果在於用才！故用光在乎得薪，所以保其體❻；用才在乎識真❼，所以全其生❽。今子才多識寡，難乎免於今之世矣。子無求乎！」康不能用，後作〈幽憤詩〉❾曰：「昔慚柳下❿，今愧孫登。」竟莫知其所終。時楊駿⓫為太傅，使傳⓬迎之，問訊不答。駿遺以一布⓭袍，亦受之，出門就人借刀斷袍，上下異處，置於駿門下，又復斫碎之。時人謂為狂，後乃知駿當誅斬，故為其象也。駿錄⓮之，不放去，登乃卒死⓯，駿給棺埋之於振橋。後數日，有人見登在董馬坡，因寄書與洛下⓰故人。⓱

【注釋】❶汲郡　郡名，晉泰始二年置，治所在汲縣（今河南汲縣西南）。❷冬夏單衣十二句　此十二句據《漢魏叢書》本卷六補。❸宜陽山　宜陽縣內之山，在今河南宜陽境內。❹文帝聞之二句　文帝，指司馬昭，晉武帝受禪即位後，追尊司馬昭為文皇帝。阮籍，字嗣宗，陳留尉氏（今屬河南省）人，曾為步兵校尉。是三國魏時文學家、哲學家。❺既見與語二句　《晉書・阮籍傳》載，孫登隱居蘇門山，阮籍往見，孫登默不作聲，阮籍長嘯而退。下到半山，忽聞空中嘯聲嘹亮，如鸞鳳鳴叫，裂谷穿雲。❻體　《歷世真仙體道通鑑》卷三四作「耀」。❼識真　指懂得真一之道。《抱朴子內篇・地真》：「守形卻惡，則獨有真一。」「守一存真，乃能通神。」「白刃臨頸，思一得生。」「陸辟惡獸，水卻蛟龍。不畏魍魎，挾毒之蟲。鬼不敢近，刃不敢中。」真一，指人之真性，為宇宙大道之在於人身者。真，原作「貞」，據《歷世真仙體道通鑒》卷三四改。❽生　《歷世真仙體道通鑒》卷三四作「年」。❾幽憤詩　嵇康與鍾會有隙，後康之友人呂安為其兄呂巽（大將軍司馬昭的長史）枉訴繫獄，供詞牽引及康；鍾會乘機譖之，康遂被收繫。後竟被殺。此詩作於獄中，抒寫被囚後的憂鬱與憤慨。❿昔慚柳下　柳下，即柳下惠，春秋時人。《論語・微子》：「柳下惠為士師，三黜。人曰：『子未可以去乎？』曰：『直道而事人，焉往而不三黜！』」此句是說，從前曾自愧缺乏柳下惠那樣堅持直道的精神。下，胡刻《文選》作「惠」。⓫楊駿　字文長，西晉弘農華陰（今屬陝西）人。因其女為武帝皇后，任車騎將軍，封臨晉侯。惠帝時，為太傅、大都督，總攬朝政，遍樹親黨。後為賈后所殺。⓬傳　指驛站上所備車馬。⓭布　麻或葛的織物。⓮錄　拘捕。⓯卒死　突然死亡。卒，同「猝」。⓰洛下　指洛陽城。⓱時楊駿為太傅十九句　此十九句據《漢魏叢書》本卷六補。

【語　譯】孫登，字公和，汲郡人。他沒有家眷，在郡的北山挖了個土窟居住。喜歡讀《周易》，彈奏一根絃的琴。他冬季夏季都穿單衣。天氣極冷的時候，人們看他，披髮蓋在身上，頭髮有一丈多長。還有他外表優美脫俗，不同一般人，歷代看見他，面容總跟過去一樣。在市場中求乞得來的錢物，轉手給了窮人，自己沒有餘錢。也沒有看見他進食。他的性情不會發怒，人們有時把他扔到水中，想要看他發怒，孫登出了水，便放聲大笑。他曾住在宜陽山，有燒炭人見到他，知道他不是普通人，跟他說話，孫登不答話。

文帝聽說孫登，派遣阮籍去看他，阮籍見到孫登，跟他說話，他也不答話。嵇康與他交遊三年，問他自己的意圖，孫登終究不回答。嵇康將要跟他分別，對他說：「先生竟然沒有話贈別嗎？」

孫登才說：「您認識火嗎？火產生就有光，卻不使用它的光，果真就在如何使用光的問題上嗎！人生下就有才能，卻沒有施展他的才能，果真就在如何施展才能的問題上嗎！所以光得到使用，在於有柴，有燒柴就可用來保持火的本體；施展才能在於懂得真一之道，能守一存真就能保全其生命。如今您才能多而見識少，在當今世上要想免遭不幸很難了。您不要請求吧！」嵇康沒有能採用他的話，後來所作〈幽憤詩〉說：「昔日我為不及柳下惠而羞赧，如今我為孫登的勸告而慚愧。」不知孫登最終如何。楊駿做太傅時，派人用驛站車馬迎接他來，問他話，他不答。楊駿贈給他一件布袍，他也收下，出了門就向人借刀把袍斬斷，上下分開，放在楊駿門前，重又把斷袍砍碎。當時人認為他是瘋了，後來才知道楊駿將被誅斬，孫登故意用布袍做出象徵。楊駿把孫登拘捕起來，不放他走，孫登就突然而死，楊駿用棺材把他葬在振橋。幾天後，有人看見孫登在董馬坡，孫登於是寄信給洛陽城中的熟人。

卷七

東郭延

【題解】東郭延是李少君弟子，得到少君五帝、六甲左右靈飛之術真傳，所以頗具神通，漢末方才仙去。臨去又以仙術傳給尹軌。

東郭延，字公游，山陽❶人也。少好道，聞李少君有道，求與相見。叩頭乞得執侍巾櫛灑掃之役，少君許之。見延小心良謹可成，臨當去，密以五帝、六甲左右靈飛之術、遊虛招真十二事❷授延。告之曰：「此亦要道也，審而行之，亦昇天矣。」口訣畢而遣去。延遂還家，合服靈飛散。能夜書，在冥❸室中，身生光，照❹左右。行六甲左右術，能占吉凶，天下當死者，識與不識，皆逆知之。又役使鬼神，收攝虎豹，無所不為。在鄉里四百歲不老，漢建安二十一年，一旦有數十人乘虎豹之來迎之。比❺鄰盡見之，乃與親故別而辭去。云詣崑崙山❻，臨去先以神丹方、五帝靈飛秘要傳尹先生❼。

【注釋】❶山陽　漢縣名，以在太行山之陽得名，治所在今河南焦作東。❷五帝六甲左右靈飛之術遊虛招真十二事　按《漢武帝內傳》，五帝、六甲左右靈飛之術共有十二項內容即十二事，概有昇天入地、招神降魔等等，實即「遊虛招真十二事」。❸冥　原作「寢」，據《三洞群仙錄》卷三、《歷世真仙體道通鑒》卷三四改。❹照　原作「點」，據《漢武帝外傳》改。❺比　據《漢武帝外傳》補。❻崑崙山　道教仙境「三島」之一。在西海之戌地、北海之亥地，弱水環繞，中為大山，山上有仙宮。為西王母等神仙所治。山，原作「臺」，據《漢魏叢書》本卷一〇改。❼尹先生　指尹軌。

【語譯】東郭延，字公游，山陽人。年輕時喜好道術，聽說李少君懂得道術，請求跟他相見。東郭延叩頭乞求能從事服侍、打掃的勞務，少君同意了。少君見東郭延小心謹良，可成仙業，將要仙去之時，秘密地把五帝、六甲左右靈飛之術、飛行空中招引神靈的十二種法術傳授給東郭延。對他說：「這也是重要的道術，審慎地照行，也可以昇天。」親口傳授口訣已畢，就打發東郭延離去。東郭延回到家中，配製服用了靈飛散仙藥。他能夠夜裡寫字，在暗室之中，身體發光，照耀四周。施行六甲左右靈飛之術，能預測吉凶，天下將死的人，不論是否認識，他都能預先知曉。

他又能差遣鬼神，慑伏虎豹，沒有什麼不能做的。他在鄉里活到四百歲，還不顯老，漢建安二十一年，一天早上，有幾十個人騎著虎豹來迎接他。鄰居都看見，他就跟親友告別而去。他說是到崑崙山去，臨去時，他先把神丹之方、五帝、六甲左右靈飛之術的秘傳精要傳授尹先生。

靈壽光

【題解】靈壽光也是服仙藥而得仙，能夠轉老還童，活到二百多歲。最後尸解而去。

靈壽光者，扶風❶人也。年七十時，得朱英丸方，合服之，轉更少壯，如年二十時。至建安元年，已二百二十歲矣。常寄寓於江陵❷胡田❸家，無疾而卒，田殯埋之。百餘日，人復見在小黃❹，寄書與田。田得書掘發，棺之中一無所有，釘亦不脫，唯履在棺中。

【注釋】❶扶風　指右扶風。政區名，相當於郡，因地屬畿輔，故不稱郡。東漢時治所在槐里（今陝西興平東南）。❷江陵　縣名，在湖北省中部偏南，長江沿岸。❸田　《雲笈七籤》卷八六作「岡」。❹小黃　縣名，西漢置，治所在今河南開封東。

【語譯】靈壽光是扶風人。他七十歲時，得到朱英丸方，按方合藥服用，變得更為年輕健壯，如同二十歲的樣子。到建安元年，已經二百二十歲了。他常寄住在江陵胡田家，無病而亡，胡田把靈壽光殮棺埋葬了。一百多天過去，有人在小黃縣又看見他，他寄信給胡田。胡田收到信，就去發掘棺材，棺材之中一無所有，棺釘也沒有拔出，棺材裡只剩下鞋子。

劉 京

【題解】劉京，一作婁景（見《仙苑編珠》卷中），漢文帝時人。他師從邯鄲張君、薊子訓。他的道術有朱英丸方、五帝、六甲靈飛十二事、〈神仙十洲真形圖〉、房中術，因而神通極廣。本篇保存了劉京一段話，其中強調了漱口液和叩齒對健身的作用，對於房中術則強調其危險性。這段話對於學道術者，實有現實意義。

劉京，字太玄，南陽❶人也。漢孝文皇帝侍郎❷也，後棄世從邯鄲張君學道。受餌朱英丸方，合服之，百三十歲視之如三十許人。後師事薊子訓，子訓授京五帝靈飛六甲十二事❸、〈神仙十洲真形〉❹諸秘要，京按訣行之甚效。能役使鬼神，立起風雨，召致行廚，坐在立亡，而知吉凶期日。又能為人祭天益命，或得十年，到期皆死，其不信者至期亦死。周流名山五嶽，與王真俱行悉遍也。魏武帝時，故遊行諸弟子家。皇甫隆聞其有道，乃隨事之。以雲母九子丸及交接之道❺二方教隆。隆按合行服之，色理日少，髮不白，齒不落，年三百餘歲，不知能得度世不耳❻。魏黃初三年❼，京入衡山❽中去，遂不復見。京語皇甫隆曰：「治身之要，當朝朝服玉泉，使人丁壯有顏色，去三蟲❾而堅齒也。玉泉者，口中液也。朝未❿起，早漱液，滿口乃吞之。琢齒⓫二七過。如此者三，乃止，名曰鍊精。使人長生也。夫交接之道至難，非上士不能行之。乘奔牛驚馬，未足喻其嶮墜矣。卿性多滛，得無當用此自戒乎！」如京言，慮隆不得度世也。又有王公，於京處得九子丸。時王公已七十歲，服之御八十妾，生二十兒。騎馬獵行，日二百里。飲酒一斛不醉。得壽二百歲。

【注　釋】❶南陽　郡名，治所在宛縣（今河南南陽）。❷侍郎　漢代郎官的一種，西漢時為宮廷近侍。❸五帝靈飛六甲十二事　當為「五帝、六甲靈飛十二事」，見〈李少君〉篇注。❹神仙十洲真形　據前〈李少君〉篇，李少君曾以〈崑崙神州真形〉傳授薊子訓。此篇所言〈神仙十洲真形〉，當亦是同一類道教真形圖，蓋用等高線畫法畫成的十洲地形圖，佩之入山，可避凶邪，神靈迎接。十洲，指祖洲、瀛洲、玄洲、炎洲、長洲、元洲、流洲、生洲、鳳麟洲、聚窟洲，俱為海上仙人聚居之地。❺交接之道　指房中術。《雙梅影闇叢書》收有《玉房指要》遺文，其中載有劉京關於「御女之道」的論述。❻不知能得度世不耳　《漢魏叢書》本卷一〇作「不能盡其道法，故不能度世」。❼黃初三年　黃初，魏文帝曹丕的年號。黃初三年為西元二二二年。❽衡山　山名，在湖南衡山西。❾三蟲　又稱三尸、三尸神。道教認為三蟲居人體中不同部位，三蟲作祟能使人速死，三蟲在人體中專窺人過失，每到庚申日，便上白天曹，下訟地府。❿未　原作「來」，據《漢武帝外傳》改。⓫琢齒　上下牙齒相擊，是古人養生之術。

【語譯】劉京，字太玄，南陽人。他原是漢孝文皇帝的侍郎，後來放棄世俗生活跟從邯鄲張君學習道術。他接受了朱英丸的仙藥方子，按方配製服用，一百三十歲看上去就像三十多歲的人。他後來像對待老師一樣侍奉薊子訓，薊子訓傳授給劉京五帝、六甲靈飛十二種法術、〈神仙十洲真形圖〉等秘要法術，劉京按照口訣施行，很有效驗。他能差遣鬼神，立刻興起風雨，隨時可召來飲食供應，坐著人在，站起就消失，而且知道吉凶事件將發生的日期。他又能為人祭天增加壽命，有的得到十年壽命，到期他們都死了，那些不相信劉京預言的人到期也死了。他周遊五嶽名山，和王真一起遊遍各處。魏武帝時，他特意出遊諸弟子家。皇甫隆聽說他懂得道術，就跟從侍奉他。劉京把雲母九子丸的方子和房中術這兩種道術教授皇甫隆。皇甫隆按方合藥服用，並實行其他道術，皮膚皺紋日漸減少，頭髮不白，牙齒不落，活到三百多歲，不知能不能超越塵世成為神仙。魏黃初三年，劉京進入衡山之中，就不再出現了。劉京對皇甫隆說：「養身之術的精要是，應該天天服用玉泉，這會使人年輕健壯，臉色好，除去三蟲，牙齒堅固。玉泉，就是口中唾液。清晨未起床，早早用唾液漱口，唾液滿口才吞下。叩齒十四次。這樣三遍才停止，叫做鍊精。可使人長生。房中術極難，不是才質上等之士不能實行。騎奔牛驚馬，不足以比喻房中術所面臨的危險。

你本性多淫，難道不該以此來警戒自己嗎！」按劉京所說，他是顧慮皇甫隆不能超越塵世而成仙。又有一位王公，在劉京處得到九子丸。當時王公已經七十歲，服下九子丸，他和八十個妾交合，生育二十個兒子。騎馬打獵，日行二百里。飲酒一斛不醉。壽命到二百歲。

嚴青

【題　解】嚴青得神仙授與神書，於是得到神助。夜行路遇都督，都督命人拘捕他，他命從神拘捕都督。都督及隨從就不能行動，直到派家人向嚴青謝罪，方才脫身。本篇和本書其他幾篇都說明一個道理，即神仙高於世人，高於塵世的帝王權貴，而官府的權威，則是不值一提的。本書從來不主張得道之後應報效君主，為朝廷宣力。這從一個側面顯示了當時道教的政治觀。

嚴青❶者，會稽❷人也。家貧，常在山中燒炭。忽遇仙人云：「汝骨相❸合仙。」乃以一卷素書與之，令以淨器盛之，置高處。兼教青服石腦❹法。青遂以淨器盛書，置高處，便聞左右常有十數人侍之。每載炭出，此神便為引船，他人但見船自行。後斷穀，入小霍山❺去。時都督❻逢青夜行，因叱從兵錄❼之。青亦叱其從神錄之。都督與從者皆不得去。明旦，行人曰：「此必是嚴公也。」家人往叩頭謝過，乃放遣歸。❽

【注 釋】❶嚴青 《漢魏叢書》本卷七、宛委山堂本《說郛》卷五八、商務印書館一百卷本《說郛》卷四三皆作「嚴清」。❷會稽 郡名，秦時治所在吳縣（今江蘇蘇州）。漢順帝時移治山陰（今浙江紹興）。❸骨相 指人的骨骼、形體、相貌。❹石腦 指石腦芝。《抱朴子內篇．仙藥》：「石腦芝，生滑石中，亦如石中黃子狀，但不皆有耳。打破大滑石千許，乃可得一枚。初破之，其在石中，五色光明而自動，服一升得千歲矣。」❺小霍山 《漢魏叢書》本卷七作「霍山」。《山海經．中山經》郭璞注云：「今平陽永安縣、廬江灊縣、晉安羅江縣、河南鞏縣皆有霍山。明山以霍為名者非一矣。」❻都督 軍事長官或領兵統帥。❼錄 拘捕。❽時都督逢青夜行九句 此九句據《三洞群仙錄》卷六補。

【語 譯】嚴青是會稽人。家裡貧寒，經常在山中燒炭。忽然遇到仙人對他說：「依照你的骨骼相貌，應當成仙。」就把一卷寫在生絹上的書送給他，叫他用乾淨的器皿裝好，放在高的地方。仙人還教授他服食石腦芝的方法。嚴青因而用乾淨器皿裝書，放在高的地方，便聽到左右暗中常有十來個人侍從。每次運炭出去，這些神就為他拉船，別人只見船自己在行進。他後來斷穀，進入小霍山而去。當時都督曾遇到嚴青夜間行路，於是大聲命令隨從士兵拘捕他。嚴青也大聲命令跟從他的神人拘捕都督。都督和他的隨從都不能離開。次日早晨，路上行人說：「這必定是嚴公施了法術。」都督家人去向嚴青叩頭謝罪，嚴青才放他們回去。

帛和

【題解】帛和先學道教的基本養生術行氣、斷穀，後又從石壁上學到《太清中經》神丹方、《三皇文》、《五嶽真形圖》。這三種都是道教要籍，對後世影響極大。本篇是考證這三種要籍流傳源流的重要材料。據陳國符考證，六朝時，今江浙一帶，帛和道術甚為流行，稱為「帛家道」（見《道藏源流考》附錄〈帛和與帛家道〉一文）。

帛和，字仲理，遼東人也❶。師董先生❷行炁、斷穀、服朮❸。又詣西城山❹師王君。君謂曰：「大道之訣，非可卒得。吾暫往瀛洲❺，汝於此石室中，可熟視石壁，久久當見文字，見則讀之得道矣。」和乃視之，一年了無所見，二年似有文字，三年了然見《太清中經》神丹方❻、《三皇文》❼、〈五嶽圖〉❽。和誦之上口，王君迴曰：「子得之矣。」乃作神丹，服半劑，延年無極。以半劑作黃金五十❾斤，救惠貧病也❿。

【注釋】❶遼東人也　此四字據《漢魏叢書》本卷七補。而《水經注》卷一五曰：「仲理名護，益州巴郡人。」遼東，郡名，治所在襄平（今遼陽市）。❷董先生　指董奉。董奉事見本書卷十。❸行炁斷穀服朮　「服朮」原作「朮」，據《漢魏叢書》本卷七補。行炁，即服氣、食氣，指吐納鍛鍊，內氣運行。服朮，即餌食白朮。❹西城山　在陝西興安西北五里。❺瀛洲　道教傳說中的仙山，在東大海中，地方四千里，上生神芝仙草、玉石、玉醴泉，洲上多仙家風俗。❻太清中經神丹方　《道教義樞》卷二謂《太清經》「明金丹之術。服御之者遠昇太清（境），故言泰清也」。《抱朴子內篇・金丹》謂太清神丹之方，其法出於元君。元君乃老子之師。「為神丹既成，不但長生，又可以作黃金。」後世書目多有著錄此經者。❼三皇文　又稱《三皇經》、《三皇內文》，約東漢時出現的符書，凡〈天皇內文〉、〈地皇內文〉、〈人皇內文〉各一卷。共收六百多個符字。《三皇文》傳自帛和者，稱《小有三皇文》，傳自鮑靚者，稱《大有三皇文》。《抱朴子內篇・遐覽》曰：「道書之重者，莫過於《三皇內文》、〈五岳真形圖〉也。」掌有《三皇文》可召天神地祇，辟凶去邪，妙用極多。《漢魏叢書》本卷七作《三皇天文大字》，實即《三皇文》。❽五嶽圖　即〈五嶽真形圖〉，見本書〈李少君〉篇注。❾十　《水經注》卷一四作「千」。❿救惠貧病也　《漢魏叢書》本卷七此下有以下一段：「後人林慮山為地仙，林慮一名隆慮，其山南連大行，北接恆岳，有仙人樓，高五十丈。」

【語　譯】帛和，字仲理，遼東人。他向董先生學習行氣、斷穀、服食白朮的道術。又到西城山拜王君為師。王君對他說：「大道的訣要，不是可以突然得到的。我暫時到瀛洲去，你在這個石室之中，可以注視石壁，時間久了，石壁上將會顯現文字，顯現出來，讀了就得道了。」帛和於是注視石壁，一年過去了，全無所見；二年過去了，石壁上好像有文字出現；三年過去，帛和清楚看見石壁上有《太清中經》神丹方、《三皇文》、〈五嶽真形圖〉。帛和能夠朗讀出來，王君回來說：「你得道了。」帛和製作了神丹，服用半劑，享壽沒有極限。他用半劑神丹製作了五十斤黃金，救濟貧病的人。

趙瞿

【題解】趙瞿生癩病，被棄山洞之中，仙人教他服松脂，因而病除。繼續服松脂，則身輕體健，延年益壽，終成地仙。松脂，道教學者認為是一種仙藥，雖不及丹砂、藥金等上藥，也是仙藥之中藥、下藥。《抱朴子內篇．仙藥》曰：「《神農四經》曰，上藥令人身安命延，昇為天神。」「中藥養性，下藥除病，能令毒蟲不加，猛獸不犯，惡性不行，眾妖併辟。」「于時聞瞿服松脂如此，於是競服。其多役力者，乃車運驢負，積之盈室。服之遠者，不過一月，未覺有益輒止。有志者難得如是也！」可見服松脂也要堅持長久。

趙瞿者，上黨❶人也。病癩❷歷年，眾治之不愈，垂死。或云：「不如❸及活流棄之，後子孫轉相注易❹。」其家乃賫糧將之送置山穴中。瞿在穴中，自怨不幸，晝夜悲歎，涕泣經月。有仙人行經過穴，見而哀之，具問訊之。瞿知其異人，乃叩頭自陳乞哀。於是仙人以一囊藥賜之，教其服法。瞿服之百許日，瘡都愈，顏色豐悅，肌膚玉澤。仙人又過視之，瞿謝受更生活之恩，乞丐其方。仙人告之曰❺：「此是松脂耳，此山中更多此物，汝鍊服之，可以長生不死。」瞿乃歸家，家人初謂之鬼也，甚驚愕。瞿遂長服松脂，身體轉輕，氣力百倍，登危越險，終日不極。年百七十歲，齒不墮，髮不白。夜臥，忽見屋❻間有光大如鏡者，以問左右，皆云不見，久而漸大，一室盡明如晝日。又夜見面上有綵女❼二人，長二三寸，面體皆具，但為小耳。遊戲其口鼻之間，如是且一年，此女漸長大，出在其側。又常聞琴瑟之音，欣然獨笑。在人間三百許年，色如小童，乃入抱犢山❽去，必地仙也。

【注釋】❶上黨　郡名。戰國至秦時，治所在壺關（今山西長治北），西漢移治長子（今山西長子西）。❷癩　一種惡疾，相當於痲風病。❸如　據《太平廣記》卷四一四〈服松脂〉條補。❹注易　接連不斷。❺之曰　據《抱朴子內篇．仙藥》補。❻屋　原作「臺」，據《抱朴子內篇．仙藥》、《漢魏叢書》本卷三改。❼綵女　漢代宮女的一種，後亦泛指宮女。❽抱犢山　在上黨東南，在今山西省。

【語譯】趙瞿，上黨人。患痲風病多年，用盡各種方法也治不好，將要死了。有人說：「不如趁他活著拋棄在外面，免得以後子孫輾轉相連生這種病。」他的家人於是帶著糧食把他送到山洞中安置。趙瞿在山洞中，怨恨自己的不幸，晝夜悲歎，涕哭個把月。有仙人從洞口走過，看見他而可憐他，詢問他的情況。趙瞿知道這是異人，就叩頭自己陳述，乞求仙人憐憫。於是仙人把一囊藥賜給他，教他服用方法。趙瞿服用此藥一百多天，瘡都好了，面色豐滿愉悅，肌膚白皙潤澤。仙人又一次來看他，趙瞿感謝仙人使他再生的恩惠，乞求藥方。仙人告訴他說：「這是松脂罷了，這山中這東西很多，你把松脂煉過服用，可以長生不死。」趙瞿就回到家中，家裡人起初當他是鬼，很驚愕。趙瞿就長久服用松脂，身體變得輕捷，氣力添了百倍，登越高山險峰，終日不疲憊。年紀到一百七十歲，牙齒不落，頭髮不白。夜間臥床，忽然看見屋子裡有鏡子大的光，他問身邊的人，都回答沒有看見，時間久了，光漸漸大起來，全房間都很明亮，好像白天一樣。他又夜中看見自己臉上有兩個綵女，二三寸長，臉面身體都有，只是很小。綵女在他口鼻之間遊戲，這樣過了將近一年，這兩個綵女漸漸長大，出現在他身邊。他又常聽到琴瑟之音，欣悅地獨自喜笑。他在人間三百多年，面色如兒童，就進入抱犢山而去，必定是成了地仙了。

宮嵩

【題解】宮嵩是位有文才的道教學者。他師從于吉，于吉得到《太平經》，傳給宮嵩。宮嵩後在漢順帝時把此書獻給皇帝，但皇帝並未採用。《太平經》是一部在道教史上有很大影響的道書，東漢末張角即尊奉此經，其徒遍布青、徐、幽、冀、荊、揚、兗、豫八州，舉兵震動天下。宮嵩對於《太平經》的傳播，起著重要作用。

宮嵩者，琅琊人也❶。大有文才，著道書二百餘卷。師事仙人于吉❷，漢元帝時，嵩隨吉於曲陽❸泉上，遇天仙授吉青縑朱字《太平經》❹十部。吉行之得道，以付嵩。後上此書。書多論陰陽、否泰、災眚❺之事，有天道、地道、人道，云：「治國者用之，可以長生❻。」此其旨也。❼服雲母❽，得地仙之道。後入苧嶼山❾中仙去。

【注釋】❶琅琊人也　此四字據《漢魏叢書》卷一〇補。琅琊，郡名，西漢時治所在東武（今山東諸城）。❷于吉　《歷世真仙體道通鑒》卷二〇載，于吉，琅琊人，漢成帝河平二年在曲陽流水得老君所傳《太平青領書》，傳授弟子。但《後漢書・襄楷列傳》記此事，仍作「于吉」。❸曲陽　縣名，治所在今江蘇沭陽東南。❹太平經　據《後漢書・襄楷列傳》稱，漢順帝時，琅琊人宮崇詣闕獻其師于吉所得《太平清領書》，即《太平經》。此書係原始道教重要經典，原書分甲乙丙丁戊己庚辛壬癸十部，凡一百七十卷，今已殘。近人王明輯有《太平經合校》一書。此經記神人天師與六方真人問答，演說原始道教之教義。❺災眚　災殃；禍患。❻治國者用之二句　《三洞群仙錄》卷三作「治國者用之，以致太平；治身者用之，以保長生」，似更準確。❼師事仙人于吉十三句　此十三句據《漢魏叢書》本卷一〇補。❽雲母　道教仙藥之一。共分五種，服法亦有種種講究。《抱朴子內篇・仙藥》及《雲笈七籤》卷七四、七五俱論及之。❾苧嶼山　亦作紵嶼，為東海中大島嶼。《抱朴子內篇・金丹》曰：「海中大島嶼，亦可合藥。若會稽之東翁洲、亶洲、紵嶼，及徐州之莘莒洲、泰光洲、鬱洲，皆其次也。」

【語譯】宮嵩，琅琊人，很有文才，寫作道書二百多卷。他拜仙人于吉為師，漢元帝時，宮嵩跟隨于吉在曲陽縣的泉水邊，遇到天仙授與于吉青絹紅字《太平經》十部。于吉照經而行，因而得道，就把此經授給宮嵩，後來宮嵩把此經獻給皇帝。書中多論述陰陽、盛衰通塞、災殃方面的事，有關天道、地道、人道，書中說：「治理國家的人採用此經，可以長生。」這是此經的主旨。宮嵩服用雲母，有了地仙的道行。後來進入苧嶼山成仙而去。

容成公

【題 解】關於容成公的記載，不但見於本書，還見於《黃帝內經・素問》、《列仙傳》、李賢《後漢書・方術列傳》注、《雲笈七籤》卷一〇〇之〈軒轅本紀〉等處。據這些書說，容成公是黃帝的臣子，又是指導黃帝學習房中術的導師之一。嘗棲太姥山煉藥，後居崆峒山，年二百歲。曾見於周穆王之時。總之都認為容成公是房中術的大師，講究還精補腦等術。但到了南宋之後，隨著上清、靈寶等新道派的學說變化，對容成公的看法也起變化。南宋曾慥編集《道樞》，撰有〈容成〉一篇，獨辟其「御女之術」。元趙道一在《歷世真仙體道通鑑》卷三認為容成公得道實在並非由於房中術。「後世不得其道，而流於傍蹊曲徑，抑末矣！又極而至於為御女之術，乃託容成公以為辭，誤也！」

《漢書・藝文志》除著錄《容成陰道》二十八卷列為房中家之外，另有《容成子》十四篇歸入陰陽家。《抱朴子內篇・遐覽》著錄《容成經》一卷。但《隋書・藝文志》以後，各書都不載此書了。

容成公，字子貢，遼東人也❶。行玄素之道❷，延壽無極。

【注　釋】❶字子貢二句　據商務印書館一百卷本《說郛》卷四三補。遼東，郡名，約在今遼寧省大凌河流城。宛委山堂本《說郛》卷五八作「字子黃，道東人也」。❷玄素之道　指房中術。傳說房中術由仙女玄女及素女授與黃帝，故稱。

【語　譯】容成公，字子貢，遼東郡人。他實行玄素之術，享壽無限。

董仲君

【題解】董仲君擅變化術，遭到誣陷下獄，乃裝死脫身。

董仲君者，臨淮❶人也。服炁鍊形❷，二百餘歲不老。曾被誣繫獄，乃佯死，須臾蟲出。獄吏乃舁出之，忽失所在。

【注釋】❶臨淮　郡名，西漢置，治所在徐縣（今江蘇泗洪東南）。❷鍊形　修煉自身形體而長生。

【語譯】董仲君，臨淮郡人。他服氣鍊形，活到二百多歲不老。曾遭人誣陷被關入牢獄，他就裝死，一會兒蛆蟲生出。獄吏於是把他抬出，忽然人不見了。

倩平吉

【題　解】倩平吉是秦漢時人，活到東漢時還不老，後來尸解成仙。百年後還鄉，數日間又尸解而去。此人兩次尸解，實為仙傳中之少見者。

倩平吉❶者，沛❷人也。漢初入山得道，至光武❸時不老。後託形尸假❹，百餘年卻還鄉里也。數日間又尸解而去❺。

【注　釋】❶倩平吉　《雲笈七籤》卷八五、《漢魏叢書》本卷一〇、《歷世真仙體道通鑑》卷一二皆作「清平吉」，《仙苑編珠》卷下作「倩平」。❷沛　縣名，在今江蘇省西北端。❸光武　指劉秀，東漢王朝的建立者。死後諡光武，故稱光武帝。❹託形尸假　假託留下屍體而解化。假，疑當作「解」。《雲笈七籤》卷八五、《漢魏叢書》本卷一〇此句作「後尸解去」。❺數日間又尸解而去　據《漢魏叢書》本卷一〇、《歷世真仙體道通鑑》卷一二、《雲笈七籤》卷八五補。

【語　譯】倩平吉是沛縣人。漢初入山得道，到東漢光武帝時還不老。後來假託留下屍體而解化，一百多年後回到鄉里。幾天裡又尸解成仙而去。

王仲都

【題解】王仲都是西漢時人，能抵禦寒暑，可謂異人。東漢初桓譚《新論》中提到過他。到了道教仙傳中，則增加了神話色彩。

王仲都者，漢中❶人也。一云道士，學道於梁山❷，遇太白真人授以虹丹，能禦寒暑，已二百許年。❸漢元帝常以盛暑時暴之，繞以十餘鑪火而不熱，亦無汗。凝冬之月，令仲都單衣，無寒色，身上氣蒸如炊。後不知所在。桓君山著《新論》，稱其人❹。

【注釋】❶漢中　郡名，治所在南鄭（今陝西漢中東）。❷梁山　在今陝西乾縣西北，西南迆邐至今扶風縣北境。❸一云道士五句　此五句據《漢魏叢書》卷一〇補。❹桓君山著新論二句　此二句據《漢魏叢書》本卷一〇補。桓君山，指桓譚，字君山，沛國相人。東漢哲學家、經學家，著有《新論》二十九篇。此書早已散佚，嚴可均《全漢文》輯其佚文。王仲都之事載於〈辨惑〉篇之中，文字略詳於本篇，但無仙人授丹記載。

【語譯】王仲都是漢中人。有人說他是道士，在梁山學道術，遇到太白真人把虹丹傳授給他，能夠抵禦寒暑，已經二百多歲。漢元帝常在盛暑時叫他曬太陽，周圍繞著十幾個生火的鑪子，他不熱，也不出汗。嚴寒的月份，元帝命仲都穿單衣，他臉上沒有感到寒冷的表情，身上熱氣蒸騰，像燒飯的熱氣一樣。後來不知他到哪裡去了。桓君山著《新論》，書中說到此人。

程偉妻

【題解】程偉之妻是方劑家之女，懂得黃白術。所謂黃白術就是用鉛、錫、水銀等燒煉而成金或銀。此種金銀後人稱為藥金、藥銀。此類金銀可以作為貨幣使用，也可以作為仙藥服用。黃白術西漢時就有人試驗，葛洪在《抱朴子內篇・黃白》中曾著重加以論述，程偉妻之事也是例證之一。

程偉妻在受其夫逼迫，要她說出黃白術訣要時說，道術的傳授，一定要有適當的人，命中有仙緣者，方可傳授，否則，雖寸斬肢解，也不可傳授。這番道理，本書其他篇中也曾提到，但本篇說得更為決絕肯定。

本篇所記程偉妻之事，首見於東漢桓譚《新論》，《抱朴子內篇・黃白》也有記載，文字都與本篇出入不大，只說程偉妻後來被逼發狂而死。但《漢魏叢書》本卷七、《雲笈七籤》卷八五、《藝文類聚》卷七八、《三洞群仙錄》卷二都說程偉妻後來「尸解而去」，也就是說成仙了。很明顯，尸解說是後起的。《道藏》中《正一法文修真旨要》就收有「女仙程偉妻口訣」。

漢黃門郎❶程偉，好黃白術❷，娶妻得之❸方家女。偉常從駕出，而無時衣，甚憂。妻曰：「請致兩段縑。」縑即無故而至前。偉按《枕中鴻寶》❹作金不成。妻乃往視偉，偉方扇炭燒筩❺，筩中有水銀。妻曰：「吾欲試相視❻一事。」乃出其囊中藥少許投之，食頃發之，已成銀。偉大驚曰：「道在汝處，而不早告我，何也？」妻曰：「得之須有❼命者。」於是偉日夜說誘之，賣田宅以供美食衣服，猶不肯告偉。偉乃與伴謀撾笞伏❽之。妻輒知之，告偉言：「道必當傳其人，得其人，道❾路相遇輒教之。如非其人，口是而心非，雖寸斷而支解，而道猶不出也。」偉逼之不止，妻乃發狂，裸而走，以泥自塗，遂卒。

【注釋】❶黃門郎　西漢郎官給事於黃闥（宮門）之內者，稱黃門郎或黃門侍郎。❷黃白術　燒煉丹藥，化為金銀，謂為黃白之術。❸之　原作「知」，王明《抱朴子內篇校釋・黃白》注八曰：「『知』，寶顏堂本、崇文本作『之』」，據之改。❹枕中鴻寶　傳說西漢淮南王劉安所遺道書。《漢書・劉向傳》：「上（宣帝）復興神仙方術之事，而淮南有《枕中鴻寶》、《苑秘書》，書言神僊使鬼物為金之術及鄒衍重道延命方」，顏師古注曰：「《鴻寶》、《苑秘書》，並道術篇名。臧在枕中，言常存錄之，不漏泄也。」劉向曾按方作金，費用多而不驗。❺筩　竹筒狀或桶狀器具。❻相視　察看；察驗。❼有　原作「由」，據《抱朴子內篇・黃白》、《全後漢文》卷一五所輯《桓子新論》下佚文改。❽伏　原作「杖」，據《抱朴子內篇・黃白》、《全後漢文》卷一五所輯《桓子新論》佚文改。❾道　原作「得」，據《抱朴子內篇・黃白》改。

【語　譯】漢代黃門郎程偉，喜歡研習黃白術，娶了方劑家的女兒為妻。程偉經常隨從御駕出行，卻沒有適時的衣服，很為憂慮。妻子說：「請讓我弄兩段細絹來。」細絹不知怎麼來的，就出現在面前。程偉按照《枕中鴻寶》製作黃金沒有成功。妻子去看程偉，程偉正搧炭火燒筩，筩中有水銀。妻子說：「我想要嘗試做一件事看。」就從囊中取出少許藥投入筩中，一頓飯功夫打開筩，水銀已經變成銀了。程偉大驚說：「道術在你這裡，卻不早告訴我，為什麼啊？」妻子說：「必須命中注定有仙緣的人才能得到道術。」於是程偉日夜說服誘導妻子，賣掉田地住宅來給妻子買好的食品和衣服，妻子還是不肯把製作黃金的道術告訴程偉。程偉就跟伙伴商量鞭打妻子使她服從。妻子知道了，告訴程偉說：「道術必須傳給合適的人，遇到合適的人，就是在道路上遇到的，也教給他。如果不是合適的人，嘴上說得很好，而居心不良，即使把我寸斬分屍，我還是不能把道術說出口。」程偉逼迫不止，妻子於是發狂，裸體奔跑，把泥土塗在身上，就死了。

薊子訓

【題解】薊子訓是李少君弟子，少君授他大幻化之術，因而能施展各種變化之術。他用泥土小孩代替真小孩，連孩子父母也不能辨別。他可化身為二十三人，同時談話飲食，人不能覺察。《抱朴子內篇・地真》說：「師言守一兼修明鏡，其鏡道成，則能分形為數十人，衣服面貌，皆如一也。」可見大幻化術之要，還在於守一和明鏡術。

《後漢書・方術列傳》中收有〈薊子訓列傳〉，敘述了他不少神異之處。有些內容與本篇相同，有些本篇則未提到。如薊子訓的乘驢猝死，蛆蟲流出，子訓以杖扣驢，驢應聲即起。又他摩挲銅人，說五百年前曾見鑄此。干寶《搜神記》卷一也收有關於薊子訓的記載，內容大致與《後漢書》相類。

薊達❶，字子訓，齊國臨淄❷人，李少君之邑人也。少仕州郡，舉孝廉❸，除郎中❹，又從軍，拜駙馬都尉❺。晚悟治世俗，綜理官❻，無益於年命也。乃從少君學治病作醫法，漸久見少君有不死之道，遂以弟子之禮事少君而師焉。少君亦以子訓用心專，知可成就，漸漸告之以道家事。因教令胎息⑦、胎食⑧、住年⑨、止白⑩之法，行之二百餘年，顏色不老。在鄉里，與人信讓從事。性好清淨，常閒居讀《易》。時作小文疏⑪，皆有意義。

少君晚又授子訓無常子大幻化之術，按事施行，皆效。曾見比舍家抱一兒，從求抱之，失手而墮地，即死。其家素尊敬之，不敢有悲哀之色而埋之，謂此兒命應不成人。行已積日，轉不能復思之。子訓因還外，抱兒還家，家人恐是鬼，乞不復用。子訓曰：「但取無苦，故是汝兒也。」兒識其母，喜笑欲往，母乃取之，意猶不了。子訓既去，夫婦共往掘視所埋死兒，窆器⑫中有泥兒，長六寸許耳。此兒遂長大。又諸老人髮畢⑬白者，子訓但與之對坐共語，宿昔⑭之間，則明日皆髮黑矣，亦無所施為。為黑可期一年二百日也。亦復有不使人髮黑者，蓋神幻之大變者也。

【章　旨】敘述薊子訓的師承和神異之跡。

【注釋】❶薊達 《漢武帝外傳》作「薊遼」。❷齊國臨淄 指漢代的臨淄縣（治所在今山東淄博東北臨淄北），其地在西周至戰國時為齊國都城臨淄邑。薊子訓為漢人，此處用了古地名。❸孝廉 漢代選拔官吏的科目之一，與賢良同由各郡國在所屬吏民中薦舉。舉孝廉者往往被任為郎，在東漢尤為求仕進者必由之路。❹郎中 漢官，屬郎中令（後改光祿勳），管理車、騎、門戶，並內充侍衛，外從作戰。❺駙馬都尉 漢武帝時置駙馬都尉一官，掌副車之馬，為近侍官之一。❻理官 治獄之官。❼胎息 在呼吸修煉基礎上進一步達到鼻無出入之氣的境界，即達到胎息。《抱朴子內篇·釋滯》：「得胎息者，能不以鼻口噓吸，如人在胞胎之中。」❽胎食 指吞嚥津液。❾住年 停止衰老之術。❿止白 頭髮不白之術。⓫文疏 禱告上蒼之文。⓬窆器 殮埋死兒的器具，當指棺材。⓭畢 原作「必」，據《漢武帝外傳》改。⓮宿昔 猶早晚，謂時間之短。

【語譯】薊達，字子訓，齊國臨淄邑人，李少君的同鄉人。年少時在州郡做官吏，被舉薦為孝廉，任為郎中，又從軍，任為駙馬都尉。他晚年省悟到治理民政，主管獄訟，對於自己壽命毫無好處。於是跟少君學習治病行醫的方法，時間漸漸久了，他看出少君懂得使人不死的道術，就按弟子的禮節來侍奉少君，把少君作為老師。少君也因為子訓用心專一，知道他將來可以有所成就，就漸漸把道家的事告訴他。教了他胎息、胎食、住年、止白的方法，子訓實行了二百多年，面色不顯老。在鄉里，做事跟人講究信義謙讓。他秉性喜歡清淨，經常閒居讀《周易》。有時寫作短小的禱告上蒼的文字，都有意義。

少君晚年又把無常子大幻化之術傳授給子訓，子訓按此術各項內容實行，都有效驗。他曾見到鄰居抱著一個小孩，就要過來抱，失手落在地上，小孩立即死了。鄰居家向來尊敬子訓，不敢露出悲哀的表情，把小孩埋葬了，說這個孩子命中注定不能長大。事情已過去好些日，小孩父母已經不再思念小孩了。子訓於是從外面回來，抱著小孩回到鄰居家，鄰居家人怕是鬼，請求不再要這個小孩。子訓說：「只管收下小孩，不要苦惱，本來就是你家小孩。」小孩認識他的母親，喜笑顏開地要過去，他母親才收下他，心裡還是不明白。子訓離開後，鄰居夫婦一起去發掘察看原來埋葬的死孩子，棺材中有一個泥土做的小孩，長才六寸多。這個小孩就長大了。還有許多頭髮全白的老人，子訓只要跟他們對坐說話，沒有多久，到次日早晨，老人頭髮都變黑了，子訓也沒有做什麼動作。頭髮變黑可達到一年二百天的時間。他又有使老人頭髮不變黑的方法，這些都是神妙的幻化術所顯示的大變化。

京師貴人聞之，莫不虛心❶欲見子訓，而無緣致之。子訓比居有年少，為太學生❷，於是諸貴人共呼語之：「卿所以勤苦讀書者，欲以課試規❸富貴耳。但為吾一致薊子訓來，能使卿不勞而達。」書生許諾，乃歸，親事子訓，朝夕灑掃，立侍左右，如此且二百日。子訓語書生曰：「卿非學道者，何能如此？」書生曰：「忝鄉里末流，長幼之道，自當爾。」子訓曰：「何以不道實，而作虛飾邪！吾以具知卿意。諸貴人欲得見我，我亦何惜一行之勞，而不使卿得榮位乎！便可還語諸人，吾某月某日當往。」書生甚喜，到京師具向諸貴人說此意。到期日，子訓未行，書生父母憂之，往視子訓。子訓曰：「恐我不行邪❹？不使卿兒失信，當發以食時❺去所居。」書生父母相謂曰：「薊先生雖不如期至，要是往也定。」後日書生歸，推計之，子訓以其日中時到京師，是不能❻半日行千餘里。既至，書生往見❼子訓。子訓問書生曰：「誰欲見我者？」書生曰：「欲見先生者甚多，不敢枉屈。但乞知先生所止，自當來也。」子訓曰：「不須使來，吾尚千餘里來，寧復與諸人計此邪！卿今日使人人盡語之，使各絕賓客，吾日中當往，臨時自當擇所先詣。」書生如其言語貴人，貴人各灑掃。到日中，子訓往，凡二十三處，便有二十三子訓，各在一處。諸貴人各各喜，自謂子訓先詣之。定明日相參問❽，同時各有一子訓，其衣服顏色皆如一，而論說隨主人諮問各各答對不同耳，主人並為設酒食之具以餉子訓，皆各家家盡禮飲食之。於是遠近大驚，諸貴人並欲詣之。子訓謂書生曰：「諸人謂我當有重瞳八采❾，故欲見我，我亦無所道，我不復往，便爾去矣。」適出門，諸貴人冠蓋塞道到門。書生言，適去東陌上乘青騾者是也。於是各各走馬逐之，望見其騾徐徐而行，各走馬逐之不及。如此行半日，而常相去一里許，不可及也，乃各罷還。子訓至陳公家，言曰：「吾明日中時當去。」陳公問：「遠近行乎？」曰：「不復更還也。」陳公以葛布單衣一送之。至時子訓乃死，屍僵，手足交胷上，不可得伸，狀如屈鐵。屍作五香[10]之芳氣，達於巷陌，其氣甚異。乃殯之棺中，未得出，棺中噏[11]然作雷霆之音，光照宅宇。坐人頓伏良久，視其棺蓋，乃分裂飛於空中。棺中無人，但遺一隻履而已。須臾間，陌上有人馬簫鼓之聲，徑東而去，乃不復見。子訓去後，陌上數十里芳香，百餘日不歇也。[12]

子訓既少君鄉里弟子，微密謹慎，思證道奧，隨侍[13]明匠[14]，將足甄綜[15]眾妙矣。

【章　旨】敘述薊子訓種種變化之術。

【注　釋】❶虛心　一心嚮往。❷太學生　就讀太學的學生。太學是中國古代的大學。漢武帝元朔五年設五經博士，弟子五十人，為西漢太學建立之始。東漢時太學大為發展，質帝時太學生達三萬人。❸規　謀求。❹邪　原作「也」，據《漢武帝外傳》改。❺食時　指吃早飯的時候。❻不能　不及。❼見　此下原有一「之」字，據《漢武帝外傳》刪。❽定明日相參問　「定」字疑有誤。《漢魏叢書》本卷五作「明朝至朝，各問子訓何時到宅」，意思相近。❾重瞳八采　謂生就異相。重瞳，目中有兩個瞳仁。據說舜目重瞳。八采，謂眉有八種色彩，傳說堯眉分八彩。❿五香　木名，即青木香。一株五根，莖五枝，一枝五葉，葉間五節，故名五香。燒之能上徹九天。⓫噏　當作「嗡」。嗡，象聲詞。⓬子訓至陳公家三十二句　此三十二句據《漢魏叢書》本卷五補。⓭侍　原作「時」，據《漢武帝外傳》改。⓮明匠　指高明的道術大師。⓯甄綜　綜合分析，鑒定品評。

【語　譯】京城的貴人們聽說薊子訓的這些神奇傳說，無不一心想要見到子訓，卻沒有機會使子訓到來。子訓的鄰居有個年輕人，在京城做太學生，於是眾貴人一同叫他來，對他說：「你辛苦讀書的原因，想要通過考試謀取富貴。只要為我們把薊子訓請來一回，就能使你不用辛勞而達到目的。」書生同意了，於是回到故鄉，親自侍奉子訓，早晚灑水打掃，在子訓身邊侍立，這樣做了將近二百天。子訓對書生說：「你不是來學道術的，為什麼能夠這樣做？」書生說：「我慚愧地作為您同鄉的後輩，按照長幼禮儀，自該這樣做。」子訓說：「為什麼不說實情，卻作虛假的掩飾呢！我已經完全知道你的來意。眾位貴人想要見我，我怎麼會吝惜去京城一趟的辛勞，而使你得不到榮耀的官位呢！你可以回京城告訴眾人，我某月某日將去。」書生很高興，到京城向眾貴人詳細述說了子訓的意思。到了約定的日子，子訓沒有動身，書生父母很擔心，去看子訓。子訓說：「你們怕我不去是吧？我不會使你們的兒子失信，我將在早餐時離家。」書生父母互相說：「薊先生雖然不能按時到京城，要緊的是他去京城已肯定了。」後來書生回到家鄉，推算起來，子訓就在那天中午到達京城，這樣不到半天，走了一千多里路。子訓到了京城，書生去見他。子訓問書生：「誰要見我？」書生說：「想見先生的人很多，不敢委屈先生去見他們。只求知道先生住的地方，他們自會來的。」子訓說：「不必叫他們來，我尚且趕了一千多里路到這裡來，哪裡又會跟眾人計較這一點點小事呢！你今天跟每個人都說一下，叫他們各自謝絕賓客，我日中時將去，臨時自會選擇先到誰家。」書生照子訓所說告訴了眾貴人，貴人們各自灑水打掃門庭。到了日中時，子訓動身前往，共有二十三處，便有二十三個子訓，各在一處。眾貴人各自高興，認為子訓先到他家。次日互相詢問，原來同時各有一個子訓來到，衣服面貌都一樣，而說話則隨著主人問話回答不同。主人都安排酒食款待子訓，子訓在各家都盡禮飲食。於是遠近的人大驚，眾貴人都想去見他。子訓對書生說：「眾人認為我必定有重瞳八采眉，所以要來見我，我也沒有什麼好說，我不再去了，就這麼走吧。」子訓剛出門，眾貴人穿戴整齊，駕著馬車擁擠著來到門口。書生說，剛才離去在東方路上騎青騾的就是薊子訓。眾貴人於是各自飛馬追趕，望見那青騾緩緩而行，各貴人飛馬追趕就是追不上。這樣走了半天，卻常相距一里多，追不上，只好放棄回頭。子訓來到陳公家，說：「我明天中午時將離去。」陳公問：「到遠處還是到鄰近地方？」子訓說：「不再回來了。」陳公送了他一件葛布單衣。到時候子訓就死了，屍體僵硬，手腳交叉在胸上，不能伸展，樣子像是折斷的鐵條。屍體透出青木香的香氣，傳到街巷之中，香氣很特別。陳公就把子訓屍體入殮在棺材內，沒有出殯，棺中轟然發出劈雷的聲音，光照整個屋子。坐著的人跌倒在地好些時候，看那棺蓋，已分裂飛到空中。棺中沒有人，只遺留一隻鞋而已。一會兒，路上傳來人馬簫鼓的聲音，直接向東而去，不再見到。子訓去後，路上幾十里芳香，百餘日不止歇。

子訓是少君的鄉里弟子，仔細謹慎，想要論證深奧的大道，他追隨侍奉高明的大師，足以綜合分析，鑒定品評各種巧妙道術。

卷八

葛玄

【題解】葛玄，三國吳時的著名方士。曾從左慈受丹經，服餌芝朮，精於符籙變化之術。吳大帝孫權曾召見之。葛玄傳法術與鄭隱，鄭隱傳之於葛洪。而葛玄則為葛洪的叔祖。道教中尊稱葛玄為「葛仙公」或「太極左仙公」。宋崇寧三年敕封其為沖應真人，淳祐三年，又封為沖應孚佑真君。
本篇敘述了葛玄的道術來源及其種種神跡，大約因為葛玄與作者有親屬關係，所以敘述分外詳盡。

葛玄，字孝先，丹陽❶人也。生而秀穎，性識❷英明，經傳子史，無不該覽。年十餘，俱失怙恃❸。忽歎曰：「天下有常不死之道，何不學焉！」因遁跡名山，參訪異人，服餌芝朮❹。從仙人左慈❺受《九丹金液仙經》⑥，玄勤奉齋科⑦，感老君⑧與太極真人⑨降於天台山⑩，授玄《靈寶》等經⑪三十六卷。久之，太上又與三真人，項負圓光，乘八景玉輿寶蓋⑫，幡幢旌節，煥耀空中，從官千萬。命侍經仙郎王思真披九光玉韞，出《洞玄》⑬、《大洞》⑭等經三十六卷。及上清齋⑮二法：一，絕群獨宴⑯，靜炁遺形，冥心⑰之齋也；二，清壇肅侶，依太真之儀，先拔九祖，次及家門，後謝己身也。靈寶齋六法：一，金籙⑱，調和陰陽，保⑲鎮國祚⑳；二，玉籙㉑，保祐后妃，公侯貴族；三，黃籙㉒，卿相牧伯㉓，拔度九祖罪原；四，明真㉔，超度祖先，解諸冤對；五，三元㉕，自謝犯戒之罪；六，八節㉖，謝七祖及己身，請福謝罪也。及洞神㉗、太一㉘、塗炭㉙等齋并戒法等件。悉遵太上之命修煉，勤苦不怠，尤長於治病、收劾鬼魅之術。能分形變化，能絕穀，連年不饑，能積薪烈火而坐其上，薪盡而衣冠不灼。飲酒一斛㉚，便入深泉澗中臥，酒解乃出，身不濡濕。玄備覽五經，又好談論。好事㉛少年數十人，從玄游學。嘗舟行，見器中藏書札符數十枚，因問此符之驗，能為何事，可得見否。玄曰：「符亦何所為乎？」即取一符投江中，逆流而上，曰：「何如？」客曰：「異矣。」又取一符投江中，停立不動，須臾下符上，上符下[32]，三符合一處，玄乃取之。又江邊有一洗衣女，玄謂諸少年曰：「吾為卿等走此女何如？」客曰：「善。」乃投一符於水中，女便驚走數里許不止。玄曰：「可以使止矣。」復以一符投水中，女即止還。人問女何怖而走，答曰：「吾自不知何故也。」玄常過主人，主人病，祭祀道精人[33]，而使玄飲酒。精人言語不遜，玄大怒曰：「奸鬼敢爾！」敕社伯[34]曳精人縛柱鞭脊，即見如有人牽精人出者，至庭抱柱，解衣投地，但聞鞭聲，血出淋漓。精人故作鬼語乞命，玄曰：「赦汝死罪，汝能令生人病愈否[35]？」精人曰：「能。」玄曰：「與汝三日期，病者不愈，當治汝！」精人乃見放。玄嘗行過廟，此神常使往來之人，未至百步，乃下騎乘。中有大樹數十株，上有群鳥，莫敢犯之。玄乘車過不下，須臾有大風迴逐玄車，塵埃漫天，從者皆辟易。玄乃大怒曰：「小邪敢爾！」即舉手止風，風便止。玄還，以符投廟中樹上，鳥皆墮地而死。後數日，廟樹盛夏皆枯，尋廟屋火起，焚燒悉盡。玄見買魚者在水邊，玄謂魚主曰：「欲煩此魚至河伯處，可乎？」魚人曰：「魚已死矣，何能為？」玄曰：「無苦也。」乃以魚與玄，玄以丹書紙，置魚腹，擲魚水中。俄頃魚還，躍上岸，吐墨書，青色如大葉而飛去。玄常有賓後來者，出迎之，坐上又有一玄與客語，迎送亦然。時天寒，玄謂客曰：「貧居，不能人人得鑪火，請作火，共使得煖。」玄因張口吐氣，赫然火出，須臾滿屋客盡得如在日中，亦不甚熱。諸書生請玄作可以戲者，玄時患熱，方仰臥，使人以粉粉身，未及結衣。答曰：「熱甚，不能起作戲。」玄因徐徐以腹揩屋棟數十過，還復床上，及下，冉冉如雲氣，腹粉着屋棟，連日尚在。玄方與客對食，食畢漱口，口中飯盡成大蜂數百頭，飛行作聲，良久張口，群蜂還飛入口中，玄嚼之，故是飯也。玄手拍床，蝦蟆及諸蟲、飛鳥、燕雀、魚鼈之屬使之舞，皆應絃節如人。玄止之，即止。玄冬中能為客設生瓜，夏致冰雪。又能取數十錢，使人散投井中，玄徐徐以器於上，呼錢出，於是一一飛從井中出，悉入器中。玄為客致酒，無人傳杯，杯自至人前。或飲不盡，杯亦不去。畫流水，即為逆流十丈許。于時有一道士，頗能治病，從中國㊱來，欺人言：「我數百歲。」玄知其誑。後會眾坐，玄謂所親曰：「欲知此公年否？」所親曰：「善。」忽有人從天上下，舉座矚目，良久集地，着朱衣進賢冠㊲，入至此道士前曰：「天帝詔問，公之定年幾許，而欺誑百姓！」道士大怖，下床長跪㊳，答曰：「無狀㊴。寔年七十三。」玄因撫手㊵大笑，忽然失朱衣所在。道士大慙，遂不知所之㊶。

【章　旨】敘述葛玄道學淵源及種種神異之跡。

【注　釋】❶丹陽　郡名，西漢時治所在宛陵縣（今安徽宣城），東漢建安二十五年孫權移郡治建業縣（今南京市）。按：葛玄本琅琊人，後遷居丹陽句容（今江蘇句容）。❷性識　天分；悟性。❸怙恃　《詩經・小雅・

蓼莪》：「無父何怙，無母何恃！」後因以「怙恃」代稱父母。❹芝朮　芝，指諸芝。《抱朴子內篇・仙藥》：「仙藥之上者丹砂，次則黃金，次則白銀，次則諸芝」，「五芝者，有石芝，有木芝，有草芝，有肉芝，有菌芝，各有百許種也。」朮，草名，即山薊，分白朮、蒼朮數種。服之於人有益，《抱朴子內篇・仙藥》：「朮餌令人肥健，可以負重涉險。」❺左慈　仙人名，事見本書卷八。❻九丹金液仙經　即《太清金液神丹經》，《道藏・洞神部》眾術類收有此經，題為「長生陰真人撰」，三卷。經文主要言外丹之術，兼及服食、行氣、守一之術。❼齋科　指儀式規範。齋，道教祭祀儀式。❽老君　即太上老君，道教天神，教主。為三清之第三位。下文亦稱「太上」。❾太極真人　道教中被稱為太極真人者有三，即：杜沖、劉安、徐來勒。《歷世真仙體道通鑒》卷二三〈葛仙公傳〉曰：「靈帝光和二年正月朔，感太上老君敕太極真人徐來勒等同降天台山。」可見此「太極真人」指徐來勒。❿天台山　位於浙江天台城北。⓫靈寶等經　據陳國符《道藏源流考》上冊六十二頁，古之《靈寶經》即今之《靈寶五符經》，其為早期道教符書。《道藏闕經目錄》卷上稱為《洞玄靈寶五符經》。⓬八景玉輿寶蓋　八景，八色光芒。《元始無量度人上品妙經四注》：「八景冥合」，嚴東注曰：「八景，八色也。」成玄英曰：「景，光也。」玉輿，鑲玉的精緻馬車。寶蓋，嵌有寶物的車蓋。⓭洞玄　即〈洞玄〉部之經書，凡稱太上老君造作流傳之經書皆收入，以〈靈寶〉部為主，兼收〈太平〉部經書。⓮大洞　指《上清大洞真經》，此為早期上清派重要經典。相傳東晉興寧三年（西元三六五年），南岳魏夫人等仙真降世，以《大洞真經》等上清經傳授道士楊羲。按：此時已是葛洪身後，不該出現在《神仙傳》中，此當為後人文字羼入者。玄，原作「元」，《歷世真仙體道通鑒》卷二三曰：「命侍經仙郎王思真出《洞玄》、《大洞》、《靈寶經》」，據以改。⓯上清齋　齋是一種道教祭祀儀式。齋名上清，當與從南朝起流傳於江南一帶道教上清派有關。上清齋法是一種以個人內修為內容的齋儀。此段文字當也是羼入本書的後人文字。⓰獨宴　獨自安逸。⓱冥心　泯滅俗念，使心境寧靜，遂合於大道。此即莊子所主之「心齋」。⓲金籙　即金籙齋，係為帝王所作的祈禱風調雨順、國泰民安的一種儀式。金籙齋場面宏大，耗費甚鉅。⓳保　原作「寶」，據《歷世真仙體道通鑒》卷二三、《雲笈七籤》卷三七改。⓴

國祚　國運。㉑玉籙　係為帝王后妃及貴族所行祈福賜壽，保國安民，禳災濟度的一種儀式，多倣效金籙、黃籙等齋儀，常有奉旨建齋，頌讚天子、皇后等內容。㉒黃籙　齋名，係為超度亡靈而作的度亡道場。此齋人皆可建，不限身分。現今道教宮觀所舉行之齋醮，多屬黃籙齋。㉓卿相牧伯　卿，西周、春秋時天子、諸侯所屬高級長官稱卿，戰國時卿為爵位，秦漢時三公下設九卿。相，百官之長，即宰相，或漢代諸侯國的實際執政者。牧伯，古時州牧與方伯的合稱，指封疆大吏。㉔明真　又稱盟真，齋名，主要用於拔亡的一種儀式。㉕三元　齋名，在上中下三元之日，禮謝天地水三官，懺悔自己所犯罪過。㉖八節　齋名，在立春、立夏、立秋、立冬、春分、夏至、秋分、冬至八節之日懺悔罪過，祈求福祉。㉗洞神　齋名。《歷世真仙體道通鑒》卷二三曰：「洞神齋，以精簡為上，求仙保國之法也。」《雲笈七籤》卷三七曰：「第三，洞神齋，精簡為上，絕塵期靈。」㉘太一　齋名。太一，天神名。太一齋為靈寶齋法之一種，恭肅禮天。據說杜光庭曾言此齋「惟天子得修之，臣庶不得修禮」（《道門定制》）。㉙塗炭　齋名。懺悔祖先及己身所犯罪過。早期此齋有露身自縛，以黃土泥額和懸頭卿髮等細節。㉚斛　十斗為一斛。㉛好事　愛多事；愛管閒事。㉜上符下　按《歷世真仙體道通鑒》卷二三有此數句：「仙翁（葛玄）即取一符投水中，逐水而下，仙公曰：『何如？』客曰：『常人投之亦爾。』」此即文中所言「上符下」。㉝道精人　即精人，巫師。㉞社伯　土地。社，原作「五」，據《歷世真仙體道通鑒》卷二三改。㉟汝能令生人病愈否　「生」字疑當作「主」字。此節並不是描述巫師裝神弄鬼，而是敘述巫師倚仗鬼勢對葛玄不敬，所以葛玄要其治好主人的病。《歷世真仙體道通鑒》記述此事，則說是後山鬼附於巫師之身。㊱中國　指中原地區。㊲進賢冠　古冠名，前高後低，隨地位不同而有三梁、二梁、一梁之分。㊳長跪　直身而跪。㊴無狀　謂罪大不可言狀。㊵撫手　同「拊手」。拍手。㊶能絕穀一九二句　此一百九十二句據《漢魏叢書》卷七補。玄，原避清帝玄曄諱皆作「元」，改回。

【語　譯】葛玄，字孝先，丹陽人。他生來才能突出，悟性明慧，經籍及注解、諸子、史書，無不博覽。十多歲時，父母雙亡。他忽而感歎說：「天下有可使人永久不死的道術，為什麼不去學習呢！」於是進入名山之中，訪問有特殊才能的人，服食芝朮。他師從仙人左慈，接受《九丹金液仙經》，恭敬努力奉行齋醮科儀，感動太上老君和太極真人降臨天台山，授與葛玄《靈寶經》等經書三十六卷。時間很久以後，太上老君又和三真人，項部顯現圓形光輪，乘坐發出八種光芒的寶蓋鑲玉馬車，各種旗幟符節，在空中輝耀，隨從官員千千萬萬。太上老君命令侍經仙郎王思真打開煥耀九光的玉匣，取出《洞玄經》、《大洞真經》等經書三十六卷授與葛玄。還有上清齋法二種：一，離開眾人，獨自安逸，體氣沉靜，遺忘形骸，寧心合道的齋法；二，祭壇清淨，道侶恭肅，依照太真儀格，先拯救九代祖先，其次拯救家中人口，最後懺悔自己所犯罪過。還有靈寶齋六種齋法：一，金籙齋，此齋調和陰陽，保鎮國運；二，玉籙齋，此齋保佑后妃及公侯貴族；三，黃籙齋，此齋是朝廷大臣和封疆大吏，懺悔九代祖先所犯罪過，拯救他們脫離地獄，得以超度；四，明真齋，此齋可以使祖先得以超度，解除眾冤孽對頭；五，三元齋，此齋是懺悔自身所犯違反戒律的罪過；六，八節齋，此齋是為七代祖先及自身，祈福謝罪。還有洞神齋、太一齋、塗炭齋等齋法及戒法等等，都傳給葛玄。葛玄完全遵照太上老君的囑告修煉，勤苦不怠，他尤其擅長治病、拘捕懲治鬼怪的道術。他能夠分身變化，能絕穀不食，幾年不餓，能堆積柴草，生起烈火，身坐其上，柴草燒盡而衣冠不燒壞。能飲酒一斛，便進入深泉流出的澗中躺臥，酒醒了才出來，身上不沾濕。葛玄讀遍五經，又喜歡談論。有幾十個喜歡多事的年輕人跟從葛玄遊學。一次乘船出行，他們看到葛玄行囊中收藏有寫在小木片上的符幾十枚，於是問起這些符的效驗，能起什麼作用，可不可以看一看。葛玄說：「符能做什麼呢？」就取一符投到江中，符逆流上行，葛玄說：「怎麼樣？」門客說：「奇怪。」葛玄又取一符投到江中，符在江中停立不動，一會兒，處在下游的符上行，處在上游的符下行，三符合在一處，葛玄就把符取了上來。又有一次，江邊有一個洗衣服的女子，葛玄對這些年輕人說：「我為你們使這個女子奔跑，怎麼樣？」門客們說：「好。」葛玄就投一符到水中，洗衣女便吃驚奔跑幾里路還不停止。葛玄說：「可以使她停止了。」又把一符投入水中，女子立即止步回還。有人問這女子害怕什麼而奔跑，女子回答說：「我不知道什麼緣故。」葛玄時常拜訪一戶人家的主人，主人生病，祭祀巫師，而叫葛玄飲酒。巫師說話不尊重，葛玄大怒說：「奸鬼竟敢如此！」命令土地拖巫師縛在柱子上鞭打背脊，就看見好像有人把巫師牽出去，來到中庭，使巫師抱著柱子，脫掉衣服扔在地上，只聽見鞭打的聲音，巫師背上出血，一滴滴落下來。巫師特意用鬼口氣請求饒命，葛玄說：「赦免你的死罪，你能夠治好活人的病嗎？」巫師說：「能。」葛玄說：「給你三天期限，病人不痊癒，必定懲治你！」巫師才被放開。葛玄曾經走過一座廟，這位廟神常使過往的人離廟不到一百步，就下騎下車。廟中有大樹幾十株，樹上有一群鳥，沒有人敢觸犯牠們。葛玄乘車經過廟，不下車，一會兒起大風旋轉追逐葛玄的車，塵埃滿天，隨從的人都驚退。葛玄於是大怒說：「小小妖邪竟敢這樣！」他即舉手止風，風便停止了。葛玄迴車，把符投向廟中樹上，鳥都落在地上而死。過了幾天，廟中樹盛夏之時都枯死，不久廟屋起火，全部燒光。葛玄在水邊看見買魚的人，就對魚主說：「我想煩請此魚到河伯那裡去一趟，可以嗎？」魚主說：「魚已死了，怎麼可能呢？」葛玄說：「不用擔心。」魚主就把魚交給葛玄，葛玄用朱筆寫在紙上，把紙放在魚腹內，把魚擲入水中。一會兒魚回來了，躍上岸來，口吐一封墨寫的書信，書信像青色的大葉飛去。葛玄之處常有賓客後到，他出去迎接，座上又有一個葛玄在跟客人談話，迎送都這樣。天寒時，葛玄對客人說：「我貧窮家居，不能使人人烘到爐火，請允許我做出火來，使大家都暖和。」葛玄於是張口吐氣，鮮紅的火噴出，一會兒滿屋賓客都像在中午陽光下，也不是很熱。眾書生要求葛玄表演可作為遊戲的道術，葛玄這時在發燒，正仰臥著，叫人用粉給他搽身，沒有來得及把衣服穿好、繫好衣帶。葛玄說：「我燒得厲害，不能起來表演遊戲。」他於是緩緩地昇起，用腹部揩屋棟幾十次，又回到床上，到他下降時，緩緩如雲氣一般，腹部搽的粉黏在屋棟上，連日還在。葛玄正與客人對面吃飯，吃好漱口，口中的飯全變成了幾百隻大蜂，飛行有聲，好一會兒葛玄張口，群蜂飛回到他口中，他口中咀嚼，竟是飯了。葛玄手拍坐床，能使蝦蟆和各種蟲蟻、飛鳥、燕雀、魚鱉之類跳舞，都像人一樣應和音樂節拍，葛玄要牠們停止，就立即停止了。葛玄冬天能為客人擺出新鮮的瓜來，夏天可以弄到冰雪。他又能取出幾十個銅錢，叫人散投到井中，葛玄慢慢地把容器放在井上，呼喚銅錢出來，於是銅錢一枚枚從井中飛出，全部進入容器之中。葛玄為客人設酒，無人傳杯，酒杯自己來到客人面前。有人酒沒有飲完，酒杯也不離去。葛玄畫流水，就變成十丈多的逆流。當時有一個道士，很能治病，從中原來，欺騙人說：「我幾百歲了。」葛玄知道是謊話。後來恰逢許多人在座談，葛玄對他所親近的人說：「想不想知道此公的年齡？」親近的人說：「想。」忽然有人從天上降下，滿座的人都注視著，好一會兒落到地上，此人穿紅衣戴進賢冠，進入室內，來到這位道士面前說：「天帝問，您確切的年齡多少，竟然欺騙百姓！」道士大為害怕，下床直身而跪，回答說：「我的罪太大了，我的實際年齡七十三。」葛玄因而拍手大笑，忽然之間紅衣人不見了。道士大為羞慚，就不知上哪裡去了。

吳大帝❶要與相見，欲加榮位，玄不枉❷。求去不得，待以客禮。常共遊宴，坐上見道間人民請雨。帝曰：「百姓請雨，安可得乎？」玄曰：「易得耳。」即便書符著社❸中，一時之間，天地晦冥，大雨流注，中庭平地水尺餘。帝曰：「水寧可使有魚乎？」玄曰：「可。」復書符水中，須臾有大魚百許頭，亦各長一二尺，走水中。帝曰：「可食乎？」玄曰：「可。」遂使取治之，乃真魚也。常從帝行舟，遇大風，百官船無大小多濡沒，玄船亦淪失所在。帝歎曰：「葛公有道，亦不能免此乎？」乃登四望山，使人鉤船，船沒已經宿。忽見玄從水上來，既至，尚有酒色，謝帝曰：「昨因侍從，而伍子胥❹見彊牽過，卒不得捨去，煩勞至尊，暴露水次。」玄每行，卒逢所親要❺於道間樹下，折草刺樹，以杯器盛之，汁流如泉，杯滿即止，飲之皆如好酒。又取土石草木以下酒，入口皆是鹿脯❻。其所刺樹，以杯承之，杯至即汁出，杯滿即止，他人取之，終不為出也。或有請玄，玄意不欲往，主人彊之，不得已隨去。

行數百步，玄腹痛，止而臥地，須臾死。舉頭，頭斷，舉四肢，四肢斷，更臭爛蟲生，不可復近。請之者遽走告玄家，更見玄故在堂上。此人亦不敢言之，走還向玄死處，已失玄尸所在。與人俱行，能令去地三四尺，仍並而步。又玄游會稽❼，有賈人❽從中國過神廟，廟神使主簿❾教語賈人曰：「欲附一封書與葛公，可為致之。」主簿因以函書擲賈人船頭，如釘着，不可取。及達會稽，即以報玄，玄自取之即得。

一日語弟子張恭言：「吾為世主所逼留，不遑作大藥❿。今當以八月十三日中時去矣。」至期玄衣冠入室，臥而氣絕，顏色不變。弟子燒香守之三日三夜。夜半忽大風起，發屋折木，聲響如雷，燭滅良久。風止燃燭，失玄所在，但見委衣床上，帶無解者。明日問鄰人，鄰人言了無大風，風止在一宅內，籬落樹木並敗折也。

【章　旨】記述葛玄客吳帝處時神跡及其尸解過程。

【注 釋】❶吳大帝 指孫權，三國時吳國建立者。死後謚曰大皇帝。❷枉 屈就。❸社 社壇。古代封土為社，各栽種其土所宜之樹，以為祀社神之所在。❹伍子胥 春秋時吳國大夫，名員，字子胥。曾助闔閭奪取王位，擊破楚國。後被吳王夫差賜死。傳說伍子胥死後為浙江潮神。❺要 中途攔截；遮留。❻鹿脯 鹿肉做的乾肉。❼會稽 郡名，時郡治在山陰（今浙江紹興）。❽賈人 商人。❾主簿 官名，漢代中央及郡縣官署均置此官，以典領文書，辦理事務。此處當指廟神從官。❿大藥 指金丹。

【語 譯】吳大帝邀請葛玄，與他相見，想要授與他高位，葛玄不肯屈就。他請求離去，不被同意，吳大帝用客禮對待他。葛玄與大帝常常一起遊賞飲宴，葛玄從座上看到路上百姓在求雨。大帝說：「百姓求雨，如何可以得到呢？」葛玄說：「容易得到的。」即便寫了符放在社壇中，一時之間，天地陰暗，大雨流注，庭院中地上水有一尺多深。大帝說：「水中或許可以變出魚吧？」葛玄說：「可以。」又寫符投進水中，一會兒有一百多條大魚，各長一二尺，在水中快速地游來游去。大帝說：「可以吃嗎？」葛玄說：「可以。」命人取魚烹調，魚是真魚。葛玄經常跟從大帝乘船而行，遇到大風，百官的船無論大小，大多沉沒了，葛玄的船也沉沒不見了。大帝歎息說：「葛公懂得道術，也不能免於此難嗎？」就登上四望山，命人鉤取沉船，船沉沒已經一夜了。忽然看見葛玄從水上而來，到了面前，臉上還有酒色，他對大帝謝罪說：「昨天因為侍從陛下乘船，卻被伍子胥勉強拉去，終至不能離開，煩勞陛下親自來到水邊。」葛玄每次出行，突然遇到親近的人在路邊樹下遮留他，他就折草刺樹，用杯子去盛，樹汁流出如同泉水，杯子盛滿就停止，飲用都似好酒。又取土石草木下酒，入口都成了鹿脯。他所刺的樹，用杯子承接，杯子一到樹汁即流出，杯滿即止，別人去取，樹汁都不流出。有時有人邀請葛玄，葛玄心裡不想去，主人勉強他去，他不得已隨同去。走了幾百步路，葛玄說肚子痛，停下來，躺在地上，一會兒死了。舉頭，頭斷，舉四肢，四肢斷，而又臭爛蟲生，不能再接近。邀請他的主人急忙跑去告訴葛玄家中，卻見葛玄竟在堂上。這人不敢說，奔回到剛才葛玄死的地方，已找不到葛玄的屍體在哪裡了。葛玄跟人一起行路，能使自己離地三四尺，仍跟人並肩而行。又葛玄到會稽郡遊玩，有個商人從中原來，他曾經過一座神廟，廟神命主簿對商人說：「想要附一封信給葛公，可為我交給他。」主簿於是把封套裝好的書信擲到商人船頭，書信就如釘釘著一般，取不下來。等到到達會稽郡，商人就把此事報告葛玄，葛玄自己去取就取到手了。

葛玄有一天對弟子張恭說：「我被當世君主強留，來不及製作金丹。如今將在八月十三日日中時去了。」到了所說時間，葛玄穿衣戴冠進入室內，躺下就氣絕了，面色不變。弟子燒香守了三天三夜。半夜忽然起大風，掀翻房屋，折斷樹木，聲響如雷，點的蠟燭熄滅好久。風停點燃蠟燭，葛玄遺體不見了，只見衣服堆在床上，衣帶沒有解開。次日早晨問鄰居，鄰居說完全沒有大風，大風只在這一宅內，籬笆樹木都摧折了。

左慈

【題解】左慈是東漢末著名道術家，《後漢書・方術列傳》、《抱朴子內篇・金丹》皆有記載。左慈是葛玄之師，由左慈傳下來的丹經對後世影響很大。左慈曾在曹操、劉表、孫權處作客，既受禮重，又受猜忌。曹操要殺他，但每次都被他逃脫。劉表、孫權亦想加害於左慈，卻因懼於他高明的道術而作罷。本篇的敘述正是圍繞著左慈和各方「人主」之間緊張複雜的關係而展開的，因而特別吸引人。《後漢書・方術列傳》中還記載了左慈的另外一些事跡，可見關於左慈的傳說相當多。

左慈者，字元放，廬江❶人也。少明五經，兼通星緯❷。見漢祚將盡，天下亂起，乃歎曰：「值此衰運，官高者危，財多者死，當世榮華，不足貪也。」乃學道術，尤明六甲❸，能役使鬼神，坐致行廚。精思於天柱山❹中，得石室內九丹金液經❺，能變化萬端，不可勝紀。

曹公❻聞而召之，閉一室中，使人守視，斷其穀食，日與二升水，期年⑦乃出之，顏色如故。曹公曰：「吾自謂天下無不食之人！」曹公乃欲從學道，慈曰：「學道當得清淨無為，非尊貴所宜。」曹公怒，乃謀殺之。慈已知之，求乞骸骨⑧。曹公曰：「何忽去耳？」慈曰：「公欲殺慈，慈故求去耳。」曹公曰：「無有此意，君欲高尚其志者，亦不久留也。」乃為設酒，慈曰：「今當遠適，願乞分杯飲酒。」公曰：「善。」是時天寒，溫酒尚未熱，慈解劍以攪酒，須臾劍都盡，如人磨墨狀。初曹公聞慈求分杯飲酒，謂慈當使公先飲，以餘與慈耳。而慈拔簪以畫杯酒，酒即中斷，分為兩向。慈即飲其半，送半與公，公不喜之，未即為飲。慈乞自飲之，飲畢以杯擲屋棟，杯懸着棟，動搖似飛鳥之俯仰，若欲落而不落，一座莫不矚目視杯。既而已失慈矣，尋問之，慈已還所住處。曹公遂益欲殺慈，乃勑內外收捕慈。慈走群羊中，追者視慈入群羊中而奄忽失之，疑其化為羊也，然不能分別之。捕吏乃語羊曰：「人主意欲得見先生，暫還，無苦。」於是群羊中有一大者跪而言。吏乃相謂曰：「此跪羊是慈也。」復欲擒之，羊無大小悉長跪，追者亦不知慈所在，乃止。後有知慈處者，以告曹公，公遣吏收之，得慈。慈非不得隱，故欲令人知其神化耳。於是受執入獄，獄吏欲考訊之，戶中有一慈，戶外亦有一慈，不知孰是。曹公聞而愈惡之，使引出市殺之，須臾有七慈相似。官收得六慈，失一慈，有頃六慈皆失。尋又見慈走入市，乃閉市四門而索之。或不識者問慈形貌何似，傳言慈眇一目，青葛巾，單衣，見有似此人者便收之。及爾，一市中人皆眇一目，葛巾，單衣，竟不能分。曹公令所在普逐之，如見便殺。後有人見慈，便斷其頭以獻曹公，公大喜，及至視之，乃一束茅耳。

有從荊州[9]來者，見慈在荊州。荊州牧劉表[10]以為惑眾，復欲殺慈。慈意已知，表出耀兵[11]，乃欲見其道術。乃徐去詣表，說有薄禮，願以餉軍。表曰：「道人單僑，吾軍人眾，非道人所能餉也。」慈重道之，表使人取之，有酒一器，脯一束，而十餘人共舁之不起。慈乃自取之，以一刀削脯投地，請百人運酒及脯，以賜兵士。人各酒三杯、脯一片，食之如常酒脯味，凡萬餘人，皆周足，而器中酒如故，脯亦不減。座中又有賓客數十人，皆得大醉。表乃大驚，無復害慈之意。

慈數日委表東去入吳。吳有徐墮者，亦有道術，居丹徒[12]。慈過墮門，門下有客車六七乘，客詐慈云：「徐公不在。」慈便即去。宿客[13]見其牛皆在楊柳樹杪行，適上樹，即不見，下即復見牛行樹上。又車轂[14]中皆生荊棘，長一尺，斫之不斷，搖之不動。宿客大懼，入報徐公，說：「有一眇目老公至門，吾欺之言公不在，此人去後須臾，使車牛皆如此，不知何意。」徐公曰[15]：「咄咄[16]！此是左公過我，汝曹那得欺之！急追之！」諸客分布逐之，及慈，羅列叩頭謝之，慈意解，即遣還去。及至，見車牛如故繫在，車轂中無復荊木也。

慈見吳先主孫權[17]，權素知慈有道，頗禮重之。權侍臣謝送知曹公、劉表皆忌慈惑眾，復譖於權，欲使殺之。後出遊，請慈俱行，令慈行於馬前，欲自後刺殺之。慈著木屐，持青竹杖，徐徐緩步行，常在馬前百步。著鞭策馬，操兵器逐之，終不能及。送知其有道，乃止。慈告葛仙公，言當入霍山⑱中合九轉丹⑲。丹成，遂仙去矣。

【注釋】❶盧江　即盧江，郡名，治所在舒（今安徽盧江西南）。❷通星緯　指以星象占定人事吉凶禍福的方術。《漢魏叢書》本卷五作「通星氣」。星緯，天文星象。❸六甲　即遁甲，為方士術數之一，盛於南北朝。傳說出於黃帝、風后、九天玄女。其法以天干的乙丙丁為三奇，以戊己庚辛壬癸為六儀，三奇六儀，分置九宮，而以甲統之，視其加臨吉凶，以為趨避。甲常隱藏於六儀之內，故名六甲。道教認為通六甲之術，就有各種神通。葛洪《抱朴子內篇．雜應》謂左慈「自用六甲變化，其真形不可得執也」。❹天柱山　以天柱為名之山甚多，此蓋指在安徽霍山南者，一名霍山。❺九丹金液經　此指製作金丹、金液之仙經。《抱朴子內篇．金丹》曰：「昔左元放於天柱山中精思，而神人授之金丹仙經。」「余從祖仙公，又從元放受之，凡受《太清丹經》三卷及《九鼎丹經》一卷、《金液丹經》一卷。余師鄭君者，則余從祖仙公之弟子也，又於從祖受之。」九丹，指丹華、神丹（或曰神符）、神丹、還丹、餌丹、鍊丹、柔丹、伏丹、寒丹，按《黃帝九鼎神丹經》所示可製得。而金液則用黃金等藥製成之液體，「抱朴子曰：金液，太乙所服而仙者也。」此當按《金液丹經》製得。❻曹公　指曹操。❼期年　一整年。❽乞骸骨　古代官員請求退休稱乞骸骨或乞身，此處即指請求離開朝廷歸去。❾荊州　西漢武帝置，為「十三刺史部」之一。東漢治漢壽縣（今湖南常德東北）。❿劉表　字景升，東漢末山陽高平（今山東魚臺東北）人。東漢遠支皇族。初平元年任荊州刺史，後為荊州牧。⓫耀兵　顯耀兵威。⓬丹徒　縣名，秦置，治所即今江蘇鎮江東南丹徒鎮。三國吳嘉禾三年改名武進縣。⓭宿客　座上之常客。⓮車轂　車輪中心的圓木，周圍與車輪的一端相接，中有圓孔，用以插軸。⑮曰 原作「口」，據《漢魏叢書》本卷五改。⑯咄咄 歎詞，表驚詫。⑰吳先主孫權 先主，死去的國君。這是從後人角度談論孫權。⑱霍山 即前所言之「天柱山」。⑲九轉丹 金丹作法，須用飛鍊。所謂飛，即指藥物加熱產生的昇華。昇華一次稱一轉，九轉之丹即飛鍊九次而成。「九轉之丹，服之三日得仙。」（《抱朴子內篇．金丹》）九轉之丹，即太清神丹，須按《太清丹經》合製。

【語譯】左慈，字元放，廬江人。年輕時懂得五經，並且通曉星緯之術。他見漢朝國運將終，天下禍亂已起，於是歎息說：「身逢這種衰敗的世運，官高的人危險，錢財多的人死亡，現世榮華富貴，不值得貪圖。」就學習道術，尤其通曉六甲之術，能夠差遣鬼神，安坐而隨處有飲食供給。他在天柱山中精深思索，在石室內得到關於合製九丹、金液的經籍，能夠變化萬端，記也記不完。

曹公聽說就召見他，把他關閉在一個房間內，派人看守，斷絕他的糧食，每天給他二升水，一整年後才把他放出來，面色跟過去一樣。曹公說：「我還以為天下沒有不進食的人！」曹公於是想要向左慈學習道術，左慈說：「學習道術的人應當心地清淨，無所作為，不是尊貴的人所適宜。」曹公發怒，就圖謀殺害左慈。左慈已經知曉，請求歸去。曹公說：「為什麼忽然要離去呢？」左慈說：「您要殺我，我所以請求離去。」曹公說：「我沒有這樣的意向，你是志向高尚的人，我也不久留你。」就為左慈擺了酒宴，左慈說：「如今我將到遠方去，望求和您分一杯酒共飲。」曹公說：「行。」這時天寒，給酒加溫，酒還沒有熱，左慈解下劍來攪酒，一會兒劍就消耗光了，好像人們磨墨的樣子。起先曹公聽左慈要求分杯共飲，以為左慈將讓曹公先飲，把剩下的酒留給自己飲。而左慈卻拔出簪用來畫杯中酒，酒即中間斷開，分為兩半。左慈飲了一半，送一半給曹公，曹公不高興，沒有立即飲。左慈要求自己來飲，飲完把杯子擲向屋棟，杯子附著屋棟，高懸空中，搖動就像俯仰的飛鳥，好像將落卻又不落，滿座的人無不注視這杯子。隨後左慈就不見了，查問他，左慈已經回到住處。曹公就越加想要殺左慈，於是命令府內外吏卒收捕左慈。左慈跑進一群羊當中，追趕的人看見左慈進入羊群之中而忽然找不到他，懷疑他變為羊了，然而不能加以分別。追捕的官吏對羊說：「君王想要見先生，請先生暫且回來，不用耽憂。」於是羊群中有一隻大羊跪著開口說話。官吏互相說：「這跪著的羊就是左慈。」又要抓他，群羊無論大小全都直身而跪，追捕的官吏不知左慈在哪裡，這才停止。後來有人得知左慈所在的地方，報告曹公，曹公派遣官吏去拘捕，抓到了左慈。左慈不是不能隱藏，他是故意要使人們知道他的神奇變化。他於是被捕入獄，獄吏想對他用刑審問，室內有一個左慈，室外也有一個左慈，不知哪一個是真的。曹公聽說，越加厭惡左慈，命令把他拉到市上殺掉，一會兒出現了七個左慈，都很相像。官府抓到六個左慈，丟失一個左慈，過了一會兒，六個左慈都丟失了。不久又看見左慈跑到市場內，於是關閉市場的四門來搜查。有人不認識左慈，問左慈的形貌什麼樣子，官府傳話說，左慈一眼瞎，戴青色葛布頭巾，穿單衣，如看見有跟這個樣子相似的人便抓起來。到這個時候，滿市場中的人都瞎一眼，戴葛布頭巾，穿單衣，竟然不能分辨。曹公命令各處普遍追捕，如看見便殺掉。後來有人見到左慈，便砍下他的頭來獻給曹公，曹公大為高興，等到送到一看，卻是一束茅草。

有人從荊州來，看見左慈在荊州。荊州牧劉表認為左慈迷惑百姓，又想殺左慈。左慈已經知道他的心意，劉表領兵出外顯耀兵威，左慈就想表現他的道術。他緩緩地去見劉表，說有薄禮，願意用來款待軍士食用。劉表說：「道人單身客居此地，我的軍隊人多，不是道人能夠供應飲食的。」左慈又說了一遍，劉表派人去取，有酒一容器，肉乾一束，但是十多個人一起抬，抬不起來。左慈自己去取來，用一把刀削肉脯落在地上，請一百人運送酒和肉乾，來分給兵士。每人各自酒三杯、肉乾一片，吃起來跟平常酒和肉乾的味道一樣，共計一萬多人，都吃到並滿足，而容器中酒還是那麼多，肉乾也不減少。劉表座上又有賓客幾十人，都能夠喝得大醉。劉表大為吃驚，不再有加害左慈的心思了。

左慈幾天後離開劉表，往東進入吳國。吳國有一個名叫徐隨的人，也懂得道術，住在丹徒縣。左慈到徐隨家拜訪，門口有六七輛客人的車子，徐家的常客騙左慈說：「徐公不在家。」左慈便隨即離去。那些徐家常客看見他們的牛都在楊柳樹梢行走，才上樹，牛就不見了，下了樹又見牛在樹梢上行走。還有車轂中都生出荊棘，長一尺，砍不斷，搖不動。常客大為害怕，到裡面告訴徐公說：「有一個瞎了一隻眼的老翁來到門口，我騙他說您不在家，此人去後一會兒，使得車、牛都成了這個樣子，不知道什麼緣故。」徐公說：「唶！這是左公來拜訪我，你們怎能騙他！趕快去追他！」眾常客分頭去追，追到左慈，羅列叩頭，向他認錯，左慈心頭不快解除，就打發他們回去。待到這些人來到徐家門口，看見車牛還跟以前一樣繫著，車轂中不再有荊棘了。

左慈去見吳先主孫權，孫權向來知道左慈懂得道術，對他很有禮貌和尊重。孫權的侍從之臣謝送，知道曹公、劉表都憎惡左慈迷惑百姓，就又向孫權進讒言，想使孫權殺掉左慈。後來出遊，邀請左慈同行，謝送叫左慈走在馬前，想從後面刺殺左慈。左慈穿著木底鞋，手持青竹杖，慢慢步行，常在馬前一百步。謝送揮鞭策馬，手持兵器追逐他，終究不能追上。謝送知道左慈懂得道術，這才住手。左慈告訴葛仙公，說將要進入霍山之中合製九轉丹。丹製成，就成仙而去。

王遙

【題解】王遙是個地仙，他的道術不清楚。本篇敘述圍繞著他收藏的一個神秘竹箱展開。此箱他多年不打開，有一夜忽然帶著箱子來到山中石室之中。打開竹箱，取出三件五管笙，與兩位仙人共奏一會，後即仙去。到底這五管笙有何神妙作用，三人共奏有何意義，文中未作交代。這個故事著筆不多，但與別的仙傳直露而述不同，採用了比較曲折隱晦的寫法，讀來倒頗有興味。

王遙者，字伯遼，鄱陽❶人也。有妻無子，頗能治病，病無不愈者。亦不祭祀，不用符水❷針藥，其行治病，但以八尺布帊❸敷坐於地，不飲不食，須臾病愈，便起去。其有邪魅作禍者，遙畫地作獄，因召呼之，皆見其形物，入在獄中。或狐狸黿❹蛇之類，乃斬而燔燒之，病者即愈。

遙有竹篋❺，長數尺❻，有一弟子姓錢，隨遙數十年，未嘗見遙開之。常❼一夜，大雨晦暝，遙使錢以九節杖❽擔此篋，將錢出，冒雨而行，遙及弟子衣皆不濕，又常有兩炬火導前。約行三十里許，登小山，入石室，室中先有二人。遙既至，取弟子所擔篋發之，中有五舌竹簧❾三枚。遙自鼓一枚，以二枚與室中二人，並坐鼓之，良久遙辭去。三簧皆內❿篋中，使錢擔之。室中二人出送，語遙曰：「卿當早來，何為久在俗間？」遙答曰：「我如是當來也。」遙還家百日，天復雨，遙夜忽大治裝。遙先有葛單衣及葛布巾，已五十餘年未嘗著，此夜皆取著之。其妻即問曰：「欲捨我去乎？」遙曰：「蹔行耳。」妻曰：「當將錢去否？」遙曰：「獨去耳。」妻即泣涕。因自擔篋而去，遂不復還。後三十餘年，弟子見遙在馬蹄山⓫中，顏色更少，蓋地仙也。

【注釋】❶鄱陽　縣名，治所在今江西波陽東。❷符水　東漢末張角傳太平道，即用符水為人治病，後世道教多循用之。通常視病癥選用相應之符，然後把符燒灰沖水使人飲服，或用手虛擬書符製作神水使人飲之，或對水虛擬書符之後噴灑，其水稱法水，謂可洗去邪穢。在服符水同時有時要焚燒紙紮「替身」或燒紙錢表示謝過。❸帊　兩幅寬的帛。一說帊為三幅寬的帛，誤。❹鼉　即揚子鱷，爬行動物，長約二公尺，生活在沼澤地區。❺竹篋　竹製小箱子。❻尺　原作「寸」，據《歷世真仙體道通鑒》卷五改。❼常　通「嘗」。曾經。❽九節杖　傳說仙人所用之杖。❾五舌竹簧　裝有五管的笙。舌，指振動發聲的簧片。竹簧，竹製簧片，嵌於每支笙管的下端。五，《仙苑編珠》卷上作「玉」。⑩内 同「納」。納入。⑪馬蹄山 在鄱陽縣境內。

【語譯】王遙，字伯遼，鄱陽人。有妻無子，很能治病，經他治療沒有不痊癒的。他治病也不祭祀神靈，不用符水針藥，他的治療只是把八尺長雙幅寬的帛鋪在地上，病人坐其上，不吃不喝，一會兒病就好了，便起身離去。如果那些病是由於妖魔鬼怪作祟的，王遙畫地作為牢獄，召喚他們來到，這些妖魔鬼怪都現出了原形，關進獄中。有的是狐狸、鱷魚、蛇之類作怪，就斬殺焚燒掉，生病的人立即就好了。

王遙有個竹箱子，幾尺長，有個弟子姓錢，跟隨王遙幾十年，未曾見王遙打開這個竹箱子。曾經有一夜，大雨迷濛，王遙命姓錢的弟子用九節杖挑起這個竹箱子，帶著姓錢的弟子出門，冒雨而行，王遙和弟子衣服都不濕，還經常有兩具火把在前引導。大約走了三十多里路，登上小山，進入石室，室內已先有兩個人。王遙來到後，取過弟子所挑的竹箱打開，裡面有五管笙三件。王遙自己吹一件，把另兩件交給室中二人，三人坐在一起吹笙，過了好久，王遙告辭而去。三件五管笙都放入竹箱內，命錢姓弟子挑著。室中二人出外送王遙，對王遙說：「你應該早點來，為什麼長久在塵世？」王遙回答說：「我這就要來了。」王遙回家一百天，天又下雨，王遙夜裡忽然大整行裝。他以前有葛布單衣和葛布頭巾，已經五十多年沒有穿戴過，這天夜裡都取出穿戴。他的妻子就問他：「你要捨棄我而去嗎？」王遙說：「暫時去而已。」妻子說：「將帶姓錢的弟子去嗎？」王遙說：「我獨自去。」妻子即哭泣起來。王遙於是自己挑著竹箱而去，不再回來了。三十多年後，弟子在馬蹄山中見到王遙，臉色更顯年輕，大概已是地仙了。

陳永伯

【題 解】陳永伯及其姪服用仙藥七星散，不到三十天人就不見了。世人不敢再服此藥，但作者認為他們是成仙而去了，只不過迎接的仙官世人看不見罷了。無疑這也是服仙藥成仙的一種。

陳永伯者，南陽❶人也。得淮南王❷七星❸散方，試按合服之二十一日，忽然不知所在。永伯有兄子名增族，年十七，亦服之。其父繫其足，閉於密戶中，晝夜使人守視之。二十八日亦不復見，不知所之。本方云：服之三十日得仙。而陳氏二子服之，未三❹十日而失所在，後人不敢服。仙去必有仙官來迎，但人不見之耳。

【注 釋】❶南陽 郡名，治所在宛縣（今河南南陽）。❷淮南王 指西漢淮南王劉安，喜神仙方術之事，後被誅。❸星 原作「里」，據《漢魏叢書》本改。❹三 原作「二」，據《漢魏叢書》本改。

【語 譯】陳永伯是南陽郡人。他得到淮南王留下的七星散方，嘗試按方合藥服食了二十一天，忽然之間人就不見了。永伯兄長之子，名叫增族，十七歲，也服食此藥。他的父親把他的腳繫住，關在密閉的房間中，派人日夜看守他。到二十八天，也不再看見他了，不知到什麼地方去了。此方記載：服用此藥，三十日成仙。而陳氏二人服此藥不到三十天，人就不見了，後人不敢服用此藥。成仙而去，必定有仙官來迎接，只是世人看不見罷了。

太山老父

【題解】太山，即泰山（在山東省中部）。泰山老翁一百八十歲，卻貌如五十歲之人，頭上有白光，因而引起漢武帝的驚奇。老翁的養生之術是斷穀、食朮、飲水、使用藥枕。後來竟活到三百多歲，大約成了地仙。本篇重在闡述養生之術，尤重介紹藥枕的構成和功效。

太山老父者，莫知其姓名。漢武帝東巡狩❶，見老父鋤於道間，頭上白光高數尺，怪而呼問之。老父狀如年五十許人，而面有童子之色，肌體光華，不與俗人同。帝問：「有何道術耶？」老父答曰：「臣年八十五時，衰老垂死，頭白齒落。有道士教臣絕穀，服朮❷飲水。并作神枕❸，枕中有三十二物，其二十四物❹，以象二十四氣❺，其八物❻，以應八風❼。臣行之轉老為少，黑髮更生，齒墮復出，日行三百里。臣今年百八十矣。」武帝受❽其方，賜之金帛。老父後入岱山❾中去，十年五年時還鄉里。三百餘年，乃不復還也。

【注　釋】❶巡狩　謂天子出行，視察邦國州郡。❷朮　草名，即山薊。《抱朴子內篇・仙藥》：「俱以斷穀不及朮，朮餌令人肥健，可以負重涉險。」「朮一名山薊，一名山精。故《神藥經》曰：『必欲長生，常服山精。』」可見斷穀者可食朮，且有助益。但《雲笈七籤》卷四八「神枕法」之敘轉引太山老翁之話說：「有道士教臣服棗飲水絕穀，并作神枕法。」❸神枕　此為一種藥枕。外用柏木，中空，蓋上鑽孔。內盛布囊，囊中有三十二種藥物。❹二十四物　二十四種無毒藥物：芎藭、當歸、白芷、辛夷、杜衡、白朮、藁本、木蘭、蜀椒、桂、乾薑、防風、人參、桔梗、白薇、荊實、肉蓯蓉、飛廉、柏實、薏苡子、款冬花、白蘅、秦椒、蘼蕪。❺二十四氣　即從立春至大寒二十四節氣。❻八物　八種有毒藥物：烏頭、附子、藜蘆、皂莢、䕡草、礜石、半夏、細辛。以上見《雲笈七籤》卷四八，又見《道藏・正一部・上清明鑑要經》。❼八風　八方之風。緯書中亦以八風指八種季候風。❽受　原作「愛」，據《漢魏叢書》本卷五改。❾岱山　即泰山。

【語　譯】泰山老翁，沒有人知道他的姓名。漢武帝到東方視察，看見老翁在路邊鋤地，頭上有幾尺高白光，武帝感到奇怪，把他叫來詢問。老翁外貌像五十多歲樣子，而臉上現出兒童的膚色，身體肌肉有光澤，跟世俗之人不同。武帝問道：「你懂什麼道術嗎？」老翁回答說：「臣八十五歲的時候，衰老將死，頭白齒落。有一位道士教臣絕穀，服食朮和飲水。又教我製作神枕，枕中有三十二種藥物，那二十四種藥物，象徵二十四節氣，那八種藥物，應合八方之風。臣使用神枕，就由老變少，黑髮又生出來，牙齒落了又長出，一日可行三百里路。臣如今一百八十歲了。」武帝接受了神枕配方，賜給他錢物。老翁後來進入泰山之中，五年十年回鄉里一趟。三百多年後，才不再回鄉了。

巫炎

【題解】巫炎活到二百多歲，身體強健。他的主要養生之道為房中術，本篇未道其詳。從《雙梅影闇叢書》所輯《玉房秘要》中可見到巫炎的部分論述，他主張男子在性交時要採取各種方法保護自己，珍惜精液，取女氣以自補。葛洪在《抱朴子內篇·微旨》中曾強調指出，房中術固然對於養生很重要，但不能單靠此術，還要注意行氣和服食仙藥（乃至大丹）。這樣說就比較全面了。

巫炎❶者，字子都，北海❷人也。漢武帝出見子都於渭橋❸，其頭上鬱鬱有紫氣，高丈餘。帝召而問之：「君年幾何？所得何術而有異氣乎？」子都答曰：「臣年今已百三十八歲，亦無所得，將行。」帝召東方朔❹，使相❺此君有何道術。朔對曰：「此君有陰術❻。」武帝屏左右而問之，子都對曰：「臣昔年六十五時，苦腰脊疼痛，腳冷不能自溫，口中乾苦舌燥，涕❼出，百節四肢各各疼痛，又足痺不能久立。得此道已來已七十三年，有子三十六人，身體強健，無所病患，氣力乃如壯時，無所憂患。」帝曰：「卿不仁，有道而不聞於朕，非忠臣也。」子都頓首曰：「臣誠知此道為真，然陰陽之事，宮❽中之私，臣子之所難言也。又行之皆逆人情，能為之者少，故不敢以聞。」帝曰：「勿謝，戲❾君耳。」遂受其法。子都年二百餘歲，服餌水銀❿，白日昇天。武帝後頗行其法，不能盡用之，然得壽最勝於他帝遠矣。

【注釋】❶巫炎　《三洞群仙錄》卷四作「漢駙馬都尉巫談」。《漢魏叢書》本卷五亦言巫炎為「漢駙馬都尉」。❷北海　郡名，西漢景帝中元二年置，治所在營陵縣（今山東昌樂東南）。❸渭橋　漢時長安附近渭水上的橋梁。❹東方朔　字曼倩，平原厭次人。武帝時為太中大夫，性詼諧滑稽。道教認為他通道術，《列仙傳》有其傳。❺相　根據相術來觀察。❻陰術　又稱陰道，即房中術，為男女性生活方面的養生術。❼涕　鼻涕。《素問．解精微論》：「腦滲為涕。」涕也可解為眼淚。❽宮　房室。原作「公」，據《漢魏叢書》本卷五改。❾戲　原作「虧」，據《漢魏叢書》本卷五改。❿水銀　即汞，因其在常溫下呈液態，銀白色，故稱水銀。道教煉丹家們奉之為至尊靈藥。《陰真君金石五相類．配合水銀相類門》：「天地至精，莫過於道。道之至微，莫過於氣。安氣養神，莫過於水銀。」

【語譯】巫炎，字子都，北海郡人。漢武帝出行，在渭橋見到子都，見到他頭上有旺盛的紫氣，高一丈多。武帝召他來問：「你多大年紀？通曉什麼道術因而頭上有奇異之氣？」子都回答說：

「臣如今年紀已一百三十八歲了，也不懂什麼道術，打算要出行。」武帝召見東方朔，命他根據相術來觀察此人懂得什麼道術。東方朔回答說：「此人懂得陰術。」武帝斥退身邊侍從詢問子都，子都回答說：「從前臣六十五歲的時候，被腰部、背脊疼痛所折磨，腳發冷自己不能使它暖起來，口中又乾又苦，舌頭發燥，鼻涕流出，渾身關節四肢處處疼痛，又腳麻木，不能長久站立。臣會得這一道術以來，已經七十三年，有兒子三十六個，身體強健，沒有病患，氣與力都跟壯年時一樣，沒有憂患。」武帝說：「你做人不厚道，會得道術卻不告訴朕，不是忠臣。」子都叩頭到地說：「臣確實知道這一道術是真的，然而男女性生活方面的事，是房室之中的隱私，臣子難以啟齒的。而實行起來都違反一般情理，能做的人很少，所以不敢報告陛下。」武帝說：「不用謝罪，朕是開你玩笑。」武帝於是接受了子都所傳道術。子都二百多歲時，服食水銀，白日昇天而去。武帝後來頗為實行子都所傳的房中術，不能完全領會實行，然而他的壽命已經遠遠比其他皇帝長了。

河上公

【題解】河上公亦稱河上丈人，不詳其姓名。「河」是否指黃河，也難以確定。西漢司馬遷最早提到河上丈人，《史記・樂毅列傳》說：「樂臣公學黃帝、老子，其本師號曰河上丈人，不知其所出。河上丈人教安期生，安期生教毛翕公，毛翕公教樂瑕公，樂瑕公教樂臣公，樂臣公教蓋公。蓋公教於齊高密、膠西，為曹相國師。」根據這個記載，河上丈人作為黃老學派的祖師，為戰國時人，他所傳下的學說，成為漢初的治國學說。但司馬遷並未提到河上丈人為《老子》作《章句》。魏晉時的皇甫謐的《高士傳》中收有〈河上丈人傳〉，其中說到河上丈人為戰國時人，並著有《老子章句》。

本篇則為道教徒的記載，雖未說他生於何時，但說他把《老子道德經章句》傳給了漢文帝。那麼既是漢時著作，《漢書・藝文志》應有著錄，可是並沒有河上公此書，所以後人多有懷疑者。唐劉知幾就認為此書是偽書。至今學術界關於此書成書時間的考訂，尚歧見紛紜。一般認為，河上丈人無疑是戰國時的黃老學者，而託名於他的《老子道德經章句》一書則應成於西漢之後，魏晉之前，大約在東漢中後期。

章句即注解，這部署名河上公的《老子》注，對於後代影響廣泛。河上公認為天道清虛無為，天道和人道相通，治國與治身之道相同。他在發揮其「致太平」的政治思想的同時，還談到行氣、養神、固精等道家養身之術，所以此人此書都受到後世道教學者的推崇。

河上公者，莫知其姓名也。漢孝文帝❶時，結草為庵，於河之濱，常讀老子《道德經》❷。時文帝好老子之道，詔命諸王公大臣州牧在朝卿士，皆令誦之，不通老子經者，不得陞朝。帝於經中有疑義，人莫能通。侍郎❸裴楷奏云：「陝州❹河上，有人誦《老子》。」即遣詔使❺賚❻所疑義問之。公曰：「道尊德貴❼，非可遙問也。」帝即駕幸詣之。公在庵中不出，帝使人謂之曰：「溥天之下，莫非王土；率土之濱，莫非王民❽，域中四大，而王居其一❾。子雖有道，猶朕民也，不能自屈，何乃高乎！朕能使民富貴貧賤。」須臾公即拊掌坐躍，冉冉在空虛之中，去地百餘尺而止於虛空。良久俛而答曰：「余上不至天，中不累人，下不居地，何民之有焉！君宜能令余富貴貧賤乎！」帝大驚悟，知是神人，方下輦❿稽首⓫禮謝曰：「朕以不能，忝承先業，才小任大，憂於不堪。而志奉道德，直以暗昧，多所不了，惟願道君⓬垂愍，有以教之。」河上公即授素書《老子道德章句》⓭二卷，謂帝曰：「熟研究之，所疑自解。余著此經以來，千七百餘年，凡傳三人，連子四矣。勿示非人。」帝即拜跪受經。言畢失公所在。遂於西山築臺望之⓮，不復見矣。論者以為，文帝雖耽尚大道，而心未純信。故示神變，以悟帝意，欲成其道。時人因號河上公。

【注釋】❶孝文帝　《太平御覽》卷六二、《藝文類聚》卷七八作「孝景」。❷道德經　即《老子》。《史記・老子韓非列傳》曰：「關令尹喜曰：子將隱矣，強為我著書。於是老子乃著書上下篇，言道德之意五千餘言而去。」河上公《老子章句》分為八十一章，以前三十七章為《道經》，後四十四章為《德經》，故有《道德經》之稱。但西元一九七三年長沙馬王堆三號漢墓發現之《老子》抄寫本甲本乙本，皆《德經》在《道經》之前。❸侍郎　官名，漢代郎官的一種，本為宮廷的近侍。❹陝州　北魏太和十一年置，治所在陝縣（今河南三門峽西舊陝縣）。本篇作為西漢時地名，則不當。❺詔使　皇帝派出的特使。❻賫　帶著。❼道尊德貴　《老子道德經河上公章句・養德第五十一》《老子》本文曰：「道生之，德畜之，物形之，勢成之。是以萬物莫不尊道而貴德。」河上公注曰：「道生萬物。」「德，一也，一主布氣而畜養之。」河上公認為，道是化生宇宙的本源，德為元氣，畜養萬物，所以道尊德貴。❽溥天之下四句　語出《詩經・小雅・北山》，唯末句之「民」字，原詩作「臣」。溥，通「普」。普遍。率，循。率土之濱，猶言四海之內。❾域中四大二句　《老子道德經河上公章句・象元第二十五》《老子》本文曰：「故道大、天大、地大、王亦大。域中有四大，而王居其一焉。」河上公注曰：「八極之內有四大，王居其一焉。」❿輦　人推挽的車。秦漢之後特指君后所乘之車。⓫稽首　叩頭到地。是九拜中最恭敬者。⓬道君　道教神仙譜系中對高位仙官的稱謂。此稱謂當起於魏晉之後，出於西漢文帝之口則不當。⓭老子道德章句　「道德」下疑脫一「經」字。⓮遂於西山築臺望之　《歷世真仙體道通鑑》卷一二曰：「今有河上公廟在陝府之北，并文帝望仙臺遺迹存焉。」則望仙臺即在陝縣。

【語　譯】河邊老人，無人知道他的姓名。漢朝孝文帝時，他在河邊搭了一個草屋，常讀老子的《道德經》。當時文帝喜歡研究老子的學說，下詔給眾王公、大臣、封疆大吏、朝中官員們，要他們都要誦讀老子《道德經》，不通曉老子《道德經》，不可上朝為官。文帝對於經中文字有不理解的地方，別人也不懂。侍郎裴楷啟奏說：「陝州的河邊，有人在讀《老子》。」文帝即派遣特使帶著他不明白的問題去詢問。老人回說：「道尊德貴，不可以隔著很遠來詢問。」文帝即自己親自前往。老人卻在草屋中不出來，文帝派人對他說：「普天之下，沒有不是屬於王的土地；四海之內，沒有不是屬於王的臣民。天地之間有四大，王是其中之一。您雖然通曉道學，還是朕的臣民，卻不能屈就，怎能這麼高傲呢！朕能使人民富貴或貧賤。」一會兒老人就拍手坐著躍動，緩緩昇在空中，離地一百多尺而停在半空。好久才俯身回答說：「我上不至天，中不跟人民相連，下不居地，我算什麼臣民呢！您能使我富貴或貧賤嗎！」文帝大為驚悟，知道是神人，才下輦叩頭到地，致禮道歉說：「朕沒有能力，羞愧地繼承了祖先基業，才能小而責任重大，擔憂不能勝任。我有志遵行老子學說，只是由於愚昧，對《道德經》多有所不了解，希望道君對我賜予憐憫，能有所教導。」河邊老人即授與文帝寫在白色生絹上的書《老子道德經章句》二卷，對文帝說：「長期深入研究此書，疑問自會解決。我寫作此經以來，一千七百多年，共傳了三個人，連你共計四個。不要給不適當的人看。」文帝即下拜，跪著接受此經。老人說完話就不見了。文帝就在西山築臺來望老人，卻不再見到他了。評論的人認為，文帝雖然信仰推崇宇宙間無上之道，但內心不夠淳厚信實。河邊老人所以顯示他的神通變化，來開悟文帝的思想，要成就他的道業。當時人就稱老人為河上公。

劉根

【題解】《後漢書》之〈方術列傳〉曾記載劉根。本篇敘述劉根之事頗為詳盡。本篇前半是敘述劉根隱居嵩山，與三位潁川太守之間的關係。前二任對劉根十分尊重，因而受到劉根的幫助，得以消災得福。而後一任太守把劉根當作妖邪，終於弄得家破人亡。通過這種顯明的對比，作者告誡世人，應如何對待有道者。

本篇的後半篇是劉根自述其當初得道過程。其中仙人韓眾指出，一般世人「髓不滿，血不煖，氣少腦減，筋急肉沮」，所以服藥行氣，都不見效。因而首先要治病，待身體有了一定基礎，方可修煉道術。這一見解則為他篇所未見。

劉根，字君安，長安人也。少時明五經，以漢孝成皇帝綏和二年舉孝廉，除郎中。後棄世學❶道，遁入嵩高山❷石室中，崢嶸峻絕，高五千丈，自崖北而入。冬夏無衣，毛長一二尺。其顏如十四五許人。深目，多鬚鬢，皆黃，長三四寸。每與坐，或時忽然變著高冠玄衣，人不覺換之時。

衡府君❸在潁川❹自說，其先祖有與根同歲者。王莽❺數使使請根，根不肯往。衡府君使府掾王珍❻問起居，根不答。再令功曹❼趙公往山達敬，根惟言謝府君，更無他言。後潁川太守高府君到官，民人大疫，郡中死者過半，太守家大小悉病。府君使珍從根求消災除疫氣❽之術，珍叩頭述府君意。根教於太歲宮氣上❾，穿地作孔，深三尺，以沙着中，以酒沃之。君依言，病者即愈，疫氣登絕，後常用之，有效。

後太守史祈❿以根為妖妄，欲殺之。遣使呼根，舉郡皆諫，以為不可，祈殊不肯止。諸吏先使人以此意報根。使者至，根曰：「太守欲吾來何也？吾當往耳。不往者，恐汝諸人必得罪，謂卿等不來呼我也。」根即詣郡。時賓客盈坐，祈令根前，使庭下五十餘人，將繩索鞭杖立於根後。祈厲聲問曰：「君有道耶？」根曰：「有道。」祈曰：「有道能召鬼使我見乎？若不見，即當戮汝。」根曰：「甚易耳。」遂借祈前筆硯書作符，扣堦鎗鎗[11]然作銅聲。因長嘯，嘯音非常清亮，聞於城外，聞者莫不肅然，眾賓客悉恐。須臾，廳前南壁忽開數丈，見四赤衣吏傳呼避道，赤衣兵數十人，操持刀劍，將一科車[12]，直從壞壁中入到廳前。根勑下車上鬼，赤衣兵發車上烏被，上有一老公、一老姥，反縛囚繫，大繩的頭[13]。熟視之，乃祈亡父母也。祈驚愕，愴然流涕。父母亦泣，責罵祈：「我生時，汝仕宦未達，不得汝祿養。我死後，汝何為犯忤神仙尊官，使我被收束，困[14]辱如此。汝亦何面目立於人間！」祈下堦叩頭，向根乞放赦先人。根乃勑赤衣兵將囚出去，廳前南壁復開，車過尋失車所在。根亦隱去。祈恍惚若狂。其妻暴卒，良久乃蘇云：「見君家先被捉者，大怒云：『何以犯觸大仙，使我被罪！當來殺汝。』」後月餘，祈及妻兒並卒。

【章旨】敘述劉根身世及種種神跡。

【注　釋】❶學　據《漢魏叢書》本卷三補。❷嵩高山　即嵩山。古稱中嶽，在河南登封北。❸衡府君　衡為姓；府君為漢代對郡相、太守的尊稱。此人當為潁川太守。❹潁川　郡名，治所在陽翟（今禹縣），轄境相當於今河南登封、寶豐以東，尉氏、郾城以西，密縣以南，葉縣、舞陽以北縣地。嵩山在潁川太守轄境之內，三任太守對劉根態度不一。❺王莽　字巨君，漢元帝皇后姪。西漢末，以外戚掌權。初始元年篡權稱帝，改國號為新。後被綠林軍所殺。❻使府掾王珍　原作「道廟掾王珍」（此本後文尚有「少室廟掾王珍」），則王珍似為神廟之僚屬。然下文還有「再令功曹趙公往山達敬」，可見王珍與趙公同為太守府之屬官。下文還有「府君使珍從根求消災除疫氣之術」，亦可證明王珍為太守屬官。故據《漢魏叢書》本卷三改之。❼功曹　官名。漢代郡守下有功曹史，簡稱功曹，除掌人事外，並得與聞一郡政務。❽疫氣　疫病。❾太歲宮氣上　指太歲神所在方位。古代以歲星（木星）十二年為一周天，因將黃道分為十二等分，以歲星所在部分作為歲名。又假設有一太歲星作與歲星運行方向相反的運動，以每年太歲所在的部分來紀年。古代術數家認為，太歲有神，凡太歲神所在之方位及與之相反方位，均不可動土興造、移徙、嫁娶、遠行，犯者必凶。劉根教於太歲神所在方位穿地作孔，當是特殊法術。❿史祈　《後漢書》卷一一二〈劉根列傳〉亦作「史祈」。《漢魏叢書》本卷三、《仙苑編珠》卷下作「張府君」。《三洞群仙錄》卷七、《歷世真仙體道通鑒》卷二〇作「杜新」。⓫鎗鎗　原作「鋒錚」，據《漢魏叢書》本卷三改。⓬科車　無車蓋的車。⓭的頭　此語不可解，疑「的」為「約」之誤。《漢魏叢書》本卷三有「懸頭廳前」之語，殆亦近之。⓮困　原作「囚」，據《漢魏叢書》本卷三改。

【語　譯】劉根，字君安，長安人。他年輕時通曉五經，漢孝成皇帝綏和二年被舉薦為孝廉，任為郎中。後來他放棄世事，學習道術，逃進嵩山石室中，石室所在之處，崢嶸險峻，高五千丈，從懸崖的北面進入。劉根四季沒有穿衣服，身上的毛長一二尺。面色好像十四五歲的少年。眼睛深陷，鬍鬚鬢髮多，都是黃色，有三四寸長。人們跟他對坐，有時他忽然變為戴高冠穿黑衣，人們沒有覺察他變換的時間。

衡府君任潁川時自說，他的祖先中有人跟劉根同年生的。王莽屢次派遣使者去邀請劉根，劉根不肯前往。衡府君派遣屬官王珍前去問候，劉根不回答。衡府君再派功曹趙公到嵩山表達敬意，劉根只是說感謝府君，別無他言。後來潁川太守高府君到任，民間瘟疫大為流行，郡中死的人超過人口一半，太守家中大大小小都病了。府君派遣王珍向劉根請求消災除疫病的法術，王珍叩頭陳述了府君的意思。劉根教他們在太歲神所在方位上，挖地作個洞，深三尺，把沙倒進去，澆上酒。高府君依照劉根的話去做，生病的人立即痊癒，疫病立即斷絕，後來常用此法，都有效驗。

後來的太守史祈認為劉根邪惡虛妄，要把他殺掉。他派人去叫劉根，全郡的人都勸阻他，認為不可以這樣做，史祈死也不肯停止。眾多官吏先派人把他們的這番意思告訴劉根。史太守的使者到達劉根處，劉根說：「太守要我來是為什麼呢？我應當去。不去的話，恐怕一定會歸罪於你們，說你們不來叫我。」劉根就到潁川去見太守。當時賓客滿座，史祈命令劉根近前，叫庭下五十多人手持繩索鞭棍站在劉根身後。史祈厲聲問道：「你懂道術嗎？」劉根說：「懂道術。」史祈說：「懂道術能召鬼來，使我見到嗎？我若看不見，就將殺你。」劉根說：「這事很容易。」就借史祈面前筆硯寫了符，投符碰到臺階，發出鎗鎗銅器的聲音。接著發出長嘯，嘯音異常清亮，傳到城外，聽到的人無不肅然起敬，眾賓客全害怕起來。不久，廳前南面牆壁忽然裂開幾丈的口子，只見四個紅衣吏傳呼叫人讓開道路，幾十個紅衣兵，手持刀劍，擁著一輛無蓋車，直接從裂開的牆壁中來到廳前。劉根命令把車上的鬼帶下來，紅衣兵掀開車上黑色車帷，車上有一個老頭、一個老太婆，反綁兩手，像囚犯一樣綑著，粗繩勒著頭頸。史祈細看，原來是他死去的父母。史祈驚愕，悲傷流淚。他的父母也哭，責罵史祈說：「我活著的時候，你還沒有做官，沒有得到你的俸祿供養。我死之後，你為什麼觸犯神仙尊官，使我被拘捕，這樣窘困受辱。你有什麼臉面生在人間！」史祈下階叩頭，向劉根乞求釋放赦免先人。劉根才命紅衣兵把囚犯帶出去，廳前南面牆壁又裂開，車子過後隨即就不見了。劉根也隱身而去。史祈精神恍惚，好像發狂一樣。他的妻子忽然死亡，好久才甦醒過來說：「我看見您家中早先被捉的人，他大怒說：『為什麼觸犯大仙，使我受到責罰！我將來殺你！』」一個多月之後，史祈和他的妻兒一起死了。

府掾❶王珍數得見根，顏色懽悅之時❷伏地叩頭，請問根從初得道之由。根說：「昔入山精思，無處不到。後入華陰山❸，見一人乘白鹿車❹，從千❺餘人，玉女❻左右四人，執彩旄之節，年皆十五六。余再拜頓首，求乞一言。神人乃住，告余曰：『汝聞昔有韓眾❼否乎？』答曰：『嘗聞有之。』神人曰：『即我是也。』余自陳少好長生不死之道，而不遇明師。頗習方書，按而為之，多不驗。豈根命相不應度世也？今日有幸逢大神，是根宿夜夢想，從心所願。願見哀憐，賜其要訣。神未肯告余，余乃流涕，自搏❽重請。神人曰：『坐，吾將告汝。汝有仙骨，故得見我。汝今髓不滿，血不煖，氣少腦減，筋急❾肉沮，故服藥行氣，不得其力。必欲長生，且先治病十二年，乃可服仙之上藥耳。夫仙道有昇天躡雲者，有遊行五嶽者，有食穀不死者，有尸解而仙者。要在於服藥，服藥有上下，故仙有數品也。不知房中之事，行氣、導引並❿神藥，亦不能仙也。藥之上者，唯有九轉還丹及太乙金液⓫，服之皆立便登天，不積日月矣。其次雲母⓬、雄黃⓭之屬，能使人乘雲駕龍，亦可使役鬼神，變化長生者。草木之藥，唯能治病補虛，駐年返白，斷穀益氣，不能使人不死也。高可數百年，下纔全其所稟而已，不足久賴矣。』余乃頓首曰：『今日受教，乃天也。』神人曰：『必欲長生，先去三尸⓮，三尸去，則意志定，嗜欲除也。』乃以神方五篇見授，云：『伏尸常以月望晦朔⓯上天，白人罪過，司命⓰奪人筭紀⓱，使少壽。人身中神⓲，欲人生。而三尸欲人死，死則神散，返於無形之中。而三尸成鬼，而人享奠祭祀之，則得歆饗⑲，以此利在人速死也。夢與惡人鬬爭，此乃神與尸相戰也。』根乃從次合作服之，遂以得仙。」珍又言，數見投符於地，有所告召，即見如取之者，然不見人。又數⑳聞有所推問，有人答對，而不見形也。或聞有鞭杖聲，而或地上見血，莫測其端也。教珍守一㉑、行氣，存神、先生㉒，三綱六紀㉓，謝過上名㉔之法，不知珍能得仙名㉕耳。根後入雞頭山㉖中仙去矣。

【章旨】敘述劉根得道經過。

【注釋】❶府掾　原作「少室廟掾」，據《漢魏叢書》本卷三改。❷時　原作「情」，據《漢魏叢書》本卷三改。❸華陰山　華陰縣（即今陝西華陰）境內之山，當指華山。❹車　據《漢魏叢書》本卷三補。❺千　《漢魏叢書》本卷三作「十」。❻玉女　仙女。❼韓眾　《歷世真仙體道通鑑》卷四記曰：「韓眾，漢州德陽縣。秦中化學道天真皇人授以金書玉字。行住得駕紫煙，白日昇天。」在《抱朴子內篇・金丹》中，韓眾作「韓終」，有「韓終丹法」。❽自搏　以頭叩地。一說以手自擊，乃表示悔過自責之意。❾筋急　筋脈緊急不柔，屈伸不利。❿並　原作「而不得」，據《漢魏叢書》本卷三改。⓫九轉還丹及太乙金液　九轉還丹，飛煉九次所得之金丹。太乙金液，仙藥，即金液。《抱朴子內篇・金丹》：「金液，太乙所服而仙者也，不減九丹矣。」「其經云：金液入口，則其身皆金色。」⓬雲母　道教作為仙藥之一種。《抱朴子內篇・仙藥》說到雲母分五種，宜在不同季節服用，服法則有化水或為粉之法。⑬雄黃　亦道教仙藥之一種。《抱朴子內篇・仙藥》曰：「又雄黃當得武當山所出者，純而無雜，其赤如雞冠，光明曄曄者，乃可用耳。」服法則有蒸、酒餌、化水等。⑭三尸　道教對人體內三種作祟之神的稱呼。也叫「三蟲」、「三彭」、「三尸神」。《雲笈七籤》卷一三稱，上蟲居上丹田（腦宮），名彭倨，色白而青，使人嗜欲痴滯；中蟲住中丹田（明堂），名彭質，色白而黃，使人貪財，好喜怒，濁亂真氣，魂魄失常；下蟲居下丹田（腹胃），名彭矯，色白而黑，使人愛衣服，耽酒好色。道教認為，三尸作祟能使人速死；三尸在人體中專窺人罪過，每到庚申日，便上白天曹，下訟地府，述人過失。⑮月望晦朔　指每月十五日、月末、初一。⑯司命　掌管人壽命的神。⑰筭紀　壽。⑱身中神　道教認為人體臟腑皆有神，人體儼然一小天地，萬神備有。人通過存思內視，可見森然眾神。⑲歆饗　鬼神享受祭品、香火。⑳數　原作「佳」，據《漢魏叢書》本卷三改。㉑守一　此為道教早期修煉方術之一。其主旨為守持人之精、氣、神，使之不內耗，不外逸，長期充盈體內，與形體相抱為一。以為修習此術，可以延年益壽，乃至長生久視，有種種神通。但是對於「一」究竟指的是什麼，各家解釋不一。㉒存神先生　存神，指存思神靈及己身中之神，為道教修煉方術之一。先生，《漢魏叢書》本卷三作「坐」，俱不可解，疑字有誤。㉓三綱六紀　指踏罡步斗之術。道教法師假十尺大小之地，鋪設罡單，作為九重之天，腳穿雲鞋，隨著道曲，沉思九天，按斗宿之象，九宮八卦之圖步之，以為即可神飛九天，送達章奏，禁制鬼神，破地召雷。《雲笈七籤》卷二〇「倒行法」之末曰：「春步七星，名曰步三綱；夏步七星，名曰躡六紀；秋步七星，名曰行六害；冬步七星，名曰登六絕。」三綱六紀，乃概而言之。㉔謝過上名　此為道教齋醮中懺法的內容。指在舉行齋醮之時，通過懺悔文等懺悔自身及祖先所犯罪過，並邊唸誦聖號名稱邊禮拜。名，原作「古」，據《漢魏叢書》本卷三改。㉕名　疑當作「否」。㉖雞頭山　在今寧夏隆德東。

【語譯】太守府屬官王珍屢次見到劉根，在他臉色愉悅的時候，王珍伏在地上叩頭，請問劉根當初是如何得道的。劉根說：「當初我入山深思，無處不到。後來進入華陰山，看見一個人乘著白鹿所拉的車子，隨從一千多人，左右仙女四人，手執飾有彩色旄牛尾的符節，年齡都十五六歲。我先後二次下拜，叩頭到地，請求他對我說一句話。神人停了下來，告訴我說：『你有沒有聽說從前有韓眾這個人？』我答：『曾經聽說有這麼個人。』神人說：『這就是我。』我自己陳述年輕時喜歡研習能致長生不死的道術，卻不遇明師。學了不少記載仙方的書，按書上寫的去做，多數都無效驗。難道是我骨相命運注定不該超脫塵世嗎？今天有幸遇到大神，這是我早晚所懷的夢想，實現了我的心願。希望能受到您的哀憐，賜給我要訣。神人不肯告訴我，我就流淚，以頭叩地，重新請求。神人說：『坐吧，我願意告訴你。你生有仙骨，所以見得到我。你現在骨髓不飽滿，血液不煖，氣少腦減，筋脈緊急，肌肉敗壞，所以服仙藥、練氣功，都不受益。一定想要長生，且先治病十二年，才可以服用上等仙藥。神仙的道術有昇天騰雲之術，有遊行五嶽之術，有食穀不死之術，有尸解成仙之術。關鍵在於服用仙藥，服用的仙藥有高低，所以神仙有幾等。不懂得房中術，行氣、導引及服用神藥，也不能成仙。上等仙藥，只有九轉還丹和太乙金液，服下去都立即昇天，不必過一段時間。次等的仙藥是雲母、雄黃之類，能使人乘雲駕龍，也可以差遣鬼神，變化長生。草木之類的仙藥，只能治病補虛，延年益壽，白髮返黑，斷穀益氣，不能使人不死。高壽的可活幾百年，少的僅得以完全過盡所稟受的天年而已，不能長久依賴的。』我就叩頭說：『今天受到您的教誨，是上天安排的機遇啊。』神人說：『一定想要長生，先要除去三尸，三尸除去，則意志堅定，嗜欲摒除。』神人於是把神方五篇授與我，說：『潛伏人體的三尸經常在月中、月末、月初上天，報告人的過錯，司命神就減少人的壽數，使人少活。人體中之神要人活。而三尸要人死，人死則體中之神渙散，回返無形之中。而三尸成了鬼，人們設酒食祭奠亡者，三尸得以享受，因此人快些死，三尸可得好處。人做夢跟惡人爭鬥，這就是身中神跟三尸作戰。』我就聽從指示，配製仙藥服用，就成了仙。」王珍又說，多次看見劉根投符於地，告召鬼神，就看見符如同有人取去一樣，然而看不見人。又多次聽見劉根有所查問，有人回答，卻不見人形。有時聽到有鞭打的聲音，有時地上還見血，卻找不到緣由。劉根教王珍守一、行氣，存神、先生，三綱六紀，謝過上名等道術，不知王珍有沒有成仙。劉根後來進入雞頭山，成仙而去。

卷九

壺公

【題解】本篇是記述壺公及費長房的故事。壺公是貶謫的仙官，住在壺中，因以為名。費長房則《後漢書》中有傳。壺公的主要法術是符籙。費長房承其學，憑藉神符成為地上使者，主領鬼神，對犯法者予以懲處。《後漢書》本傳說他「後失其符，為眾鬼所殺」。

壺公者，不知其姓名。今世所有召軍符、召鬼神治病王❶府符，凡二十餘卷，皆出於壺公，故揔名為《壺公符》❷。汝南❸費長房為市掾❹時，忽見公從遠方來，入市賣藥，人莫識之。其賣藥，口不二價。治百病皆愈，語買❺藥者曰：「服此藥，必吐出某物，某日當愈。」皆如其言。得錢日收數萬，而隨施與市道貧乏飢凍者，所留者甚少。常懸一空壺於坐❻上，日入之後，公輒轉足跳入壺中，人莫知所在。唯長房於樓上見之，知其非常人也。長房乃日日自掃除公座前地，及供饌物，公受而不謝。如此積久，長房不懈，亦不敢有所求。公知長房篤信，語長房曰：「至暮無人時更來。」長房如其言而往，公語長房曰：「卿見我跳入壺中時，卿便隨我跳，自當得入。」長房承公言為試，展足不覺已入。既入之後，不復見壺，但見樓觀五色，重門閣道❼，見公左右侍者數十人。公語長房曰：「我仙人也，忝天曹❽職所統。供事不勤，以此見謫，暫還人間耳。卿可教，故得見我。」長房不坐，頓首自陳：「肉人❾無知，積罪卻厚❿，謬見哀愍，猶如剖棺布氣，生枯起朽。但恐⓫臭穢頑弊，不任驅使。若見憐念，百生之厚幸也。」公曰：「審爾大佳，勿語人也。」

公後詣長房於樓上，曰：「我有少酒，汝相共飲之。酒在樓下。」

長房遣人取之，不能舉，益至數十人，莫能得上。長房白公，公乃自下，以一指提上，與長房共飲之。酒器不過如蜯⑫大，飲之至日不盡。公告長房曰：「我某日當去，卿能去否？」長房曰：「思去之心，不可復言。惟欲令親屬不覺不知，當作何計？」公曰：「易耳。」乃取一青竹杖與長房，戒之曰：「卿以竹歸家，便⑬稱病，後日即以此竹杖置臥處，嘿然便來。」長房如公所言，而家人見此竹，是長房死了，哭泣殯之。

長房隨公去，恍惚不知何所之。公獨留之於群虎中，虎磨牙張口，欲噬長房，長房不懼。明日又內長房石室中，頭上有大石，方數丈，茅繩懸之，諸蛇並往，嚙繩欲斷，而長房自若。公往撫⑭之曰：「子可教矣。」乃命噉溷⑮，溷臭惡非常，中有蟲長寸許，長房色難之。公乃歎，謝遣之曰：「子不得仙也。今以子為地上主⑯者，可壽數百餘歲。」為傳封符一卷付之曰：「帶此可主⑰諸鬼神，嘗⑱稱使者⑲，可以治病消災。」長房憂不能到家，公以竹杖與之曰：「但騎此，到家耳。」長房辭去騎杖，忽然如睡，已到家。家人謂之鬼，具述前事，乃發視，棺中惟一竹杖，乃信之。長房以所騎竹杖投葛陂[20]中，視之乃青龍耳。長房自謂去家一日，推之已一年矣。

長房乃行符，收鬼治病，無不愈者。每與人同坐共語，而目瞋訶遣[21]，人問其故，曰：「怒鬼魅之犯法耳。」汝南郡中常有鬼怪，歲輒數來。來時導從威儀如太守，入府打鼓，周行內外，匝乃還去。甚以為患。後長房詣府君，而正值此鬼來到府門前，府君馳入，獨留長房，鬼知之，不敢前，欲去。長房厲聲呼，使捉前來，鬼乃下車，把版伏庭中，叩頭乞得自改。長房呵曰：「汝死老鬼，不念溫良[22]，無故導從，唐突官府君，知當死否？急復真形！」鬼須臾成大鼈，如車輪，頭長丈餘。房又[23]令還就人形，以一札符付之，令送與葛陂君。鬼叩頭流涕持札去，使人[24]追視之，以札立陂邊，以頸繞札而死。東海君來，旱[25]。長房後到東海[26]，見其民請雨，謂之曰：「東海君有罪，吾前繫於葛陂。今當赦之，令其作雨。」於是即有大雨。長房曾與人共行，見一書生黃巾被裘，無鞍騎馬，下而叩頭。長房曰：「促還他馬，赦汝罪。」人問之，長房曰：「此狸㉗耳，盜社公㉘馬也。」又嘗與客坐，使至市市鮓㉙，頃刻而還。或一日之間，人見在千里之外者數處。

【注釋】❶王　即「玉」。❷壺公符　《抱朴子內篇・遐覽》著錄「《壺公符》二十卷」，「此皆大符也」。❸汝南　郡名，治所在上蔡（今河南上蔡西南）。❹市掾　管理市場的官員。❺買　原作「賣」，據《漢魏叢書》本卷五改。❻坐　《漢魏叢書》本卷五作「屋」。❼閣道　樓閣之間所建架空通道，又稱複道。❽天曹　天上官署。❾肉人　凡人。❿積罪卻厚　原作「積劫厚幸」，與前後文不相連貫，且與後文「百生之厚幸」相重，故據《漢魏叢書》本卷五改之。⓫恐　原作「見」，據《漢魏叢書》本卷五改。⓬蜯　同「蚌」。⓭便　原作「使」，據《漢魏叢書》本卷五改。⓮撫　原作「撰」，據《漢魏叢書》本卷五、《後漢書》卷一一二改。⓯溷　糞便。⓰地上主　地上主法之人。⓱主　原作「舉」，據《漢魏叢書》本卷五改。⓲嘗　通「常」。⓳使者　在道教經書中，使者一般為道教仙真所遣之神將，有廣大的神通。據《道法會元》載，使者中以符官使者最有神通，能昇天入地，出幽入冥。⓴葛陂　在今河南新蔡北。上承澺水，東出為鮦水、富水等注入淮河，周三十里。㉑遣　通「譴」。㉒良　原作「涼」，據《漢魏叢書》本卷五改。㉓真形十七字　此十七字據《漢魏叢書》本卷五補。㉔人　原作「以」，據《漢魏叢書》本卷五改。㉕東海君來二句　《後漢書》卷一一二〈費長房列傳〉載：「後東海君來見葛陂君，因淫其夫人，於是長房劾繫之三年，而東海大旱。」㉖東海　郡名，治所在郯（今山東郯城北）。㉗狸　也叫山貓，毛棕黃色，有黑色斑紋。㉘社公　土地神。㉙使至市市鮓　《後漢書》卷一一二〈費長房列傳〉引劉攽注，認為「使」當作「往」，意謂長房自往市鮓。鮓，用醃、糟等方法加工的魚類食品。鮓，也可指海蜇。

【語　譯】壺公，不知他的姓名。現今世上所有的召軍符、召鬼神治病的玉府符共二十多卷，都出於壺公，所以總稱為《壺公符》。汝南費長房做管理市場的官員時，忽然看見壺公從遠方來，進入市場賣藥，人們不認識他。壺公賣藥，從來不肯還價。他賣的藥治百病都痊癒，他對買藥人說：「服用此藥，一定會吐出某樣東西，某一日病將痊癒。」後來情形都如他所說。他每天賣藥得錢數萬，卻隨手施捨給市場上、道路上的貧乏飢凍的人，自己留下的很少。壺公常在座位上掛一個空壺，太陽下山後，壺公就轉腳跳進壺內，人們不知道他在哪裡。只有費長房在樓上看見，知道他不是平常的人。長房於是天天打掃壺公座位前的地面，還供給飲食等物，壺公收受，卻不致謝。這樣連續好久時間，長房不懈怠，也不敢有所要求。壺公知道長房為人誠信，對長房說：「到日暮無人時再來。」長房按照他說的去了，壺公對長房說：「你看見我跳入壺中時，你便隨我跳，自然能夠進入。」長房聽了壺公的話去嘗試，一動腳，不覺已經進入。進入之後，不再見到壺，只見各種色彩的樓臺，門戶重重，複道層層，又見壺公左右有侍者數十人。壺公對長房說：「我是仙人，愧為天上官署所轄官員。我任職不努力，因此被放逐，暫時回到人間。你可以教誨，所以得以見到我。」長房不坐，叩頭自說：「凡人無知，累積的罪過卻很多，誤被您哀憫，猶如打開棺材，吹布生氣，使得枯朽骸骨重獲生命。只怕我的資質臭穢頑劣，不能勝任為您驅使之事。若是被您憐念，實是我一百生難有的大幸。」壺公說：「經我察看，你的資質很好，不要跟旁人說。」

壺公後來到樓上去見長房，說：「我有少量酒，你跟我一起喝吧。酒在樓下。」長房派人去取酒，提不起來。增加到幾十個人，還是不能抬上樓來。長房告訴壺公，壺公就自己下樓，用一個指頭就把酒提上樓來，與長房共飲。酒器不過河蚌大，飲用起來，到天亮也飲不盡。壺公告訴長房說：「我某一天將離去，你能去嗎？」長房說：「我想去的心情，不必再說。只是要使親屬不察覺不知道，該怎麼辦？」壺公說：「容易。」就取來一根青竹棍給與長房，告誡他說：「你把竹棍帶回家，便說生病了，以後即把這竹棍放在睡的地方，默然無語過來。」長房照壺公所說做了，家中人看見這竹棍，當是長房死了，哭泣著把他殯殮起來。

長房隨著壺公而去，恍恍惚惚，不知到了何處。壺公竟把他留在虎群之中，老虎磨牙張口，想要咬長房，長房不懼怕。次日壺公又把長房關在石室中，頭上有一塊大石頭，幾丈見方，草繩懸掛著，許多蛇過去，咬繩將斷，而長房泰然自如。壺公過去拍拍他說：「你可以教誨了。」於是命令他吃糞，糞非常臭惡，其中有蛆蟲，長一寸多，長房露出為難的表情。壺公於是歎息，辭謝打發他說：「你不能成仙了。如今任你為人世主法之人，可活幾百歲。」傳授給他封符一卷，交給他的時候說：「帶著此符，可以管領眾鬼神，經常自稱使者，可以治病消災。」長房擔心不能到家，壺公把竹棍交給他說：「只要騎上這個，就到家了。」長房告辭而去，騎上竹棍，忽然像是睡著了，醒來已經到家。家裡人以為他是鬼，他從頭至尾敘述了以前的事，家裡人就去打開棺材來看，棺材中只有一根竹棍，這才相信長房的話。長房把所騎的竹棍投進葛陂中，看見竹棍竟是青龍。長房自說離家一日，推算起來，已經一年了。

長房於是用起符來，抓鬼治病，病無不癒。他時常在跟人坐在一起談話的時候，卻閉目訶責，人問什麼原因，他說：「我為鬼魅犯法生氣。」汝南郡城常有一個鬼怪，一年要來好幾次。來時他前後的儀仗，如同太守，進入太守府就打鼓，巡行內外，周遍了才回去。太守很把這事作為禍患。後來長房去見太守，正好遇見這鬼來到府門前，太守奔到裡面去，只留下長房，鬼知道了，不敢上前，想要離開。長房厲聲大呼，命把鬼抓到面前來，鬼就下車，執著手板拜伏庭中，叩頭請求自己改悔。長房呵斥說：「你這個死老鬼，不考慮行為溫和良善，無故前導後從，冒犯本郡府君，你知道應該死嗎？趕快變回你的真正形體！」鬼一會兒變成大鱉，體如車輪，頭長一丈多。長房又命他變回人形，把一個寫在木片上的符交給鬼，命他送給葛陂神。鬼叩頭流淚，手持木符而去，派人跟蹤去看，只見鬼把木符立陂邊，把頸子繞在木符上而死。東海神來到葛陂，東海郡大旱。長房後來來到東海郡，看見當地人民在求雨，對他們說：「東海神有罪，我以前把他囚禁在葛陂。如今將要赦免他，命他下雨。」於是立即下了大雨。長房曾與人一起行路，看見一個書生，戴黃色頭巾，披皮裘，無鞍騎馬，書生下馬叩頭。長房說：「趕快還他馬，赦免你的罪。」旁人問這是怎麼回事，長房說：「這是貍，偷了土地神的馬。」長房曾經與客人對坐，親身到市場買醃魚，頃刻之間就回來了。有時一日之內，人們在千里之外幾個地方都看見他。

尹軌

【題解】尹軌是尹喜的後人，受尹喜之傳而成仙。他長居樓觀，魏晉時此地為樓觀道中心，尹軌當是此一道派的代表人物。魏晉之時是一個十分黑暗的時代，戰亂頻仍，民生疾苦。尹軌用他的法力庇護了一些百姓。他深通黃白之術，用鉛錫製出金銀，不是自己花費，而是用來賙濟百姓的困乏，這些都很可貴。

尹軌者，字公度，太原❶人也。博學五經，尤明天文星氣❷，河洛❸讖緯❹，無不精微。晚乃奉道，常服黃精花❺，日三合❻，年數百歲，而顏色美少。常聞其遠祖尹喜❼，以周康王、昭王之時居草樓，遇老君與說經❽。其後周穆王❾再修樓觀❿，以待有道之士，公度遂居樓觀焉。自云喜數來與相見，授以道要，由是能坐在立亡變化之事。蘇并州家先祖頻奉事之，累世子孫見之，顏狀常如五十歲人。遊行人間，或入山一年半年復見，無妻息。

其說天下盛衰治亂之期，安危吉凶所在，未嘗不效。晉永康元年十二月，道洛陽城西一家求寄宿。主人以祭蜡⑪，不欲令宿，良久，公度語其姓名，主人乃開門迎公度。與前設酒食，又以數斛穀與公度所乘青騾，公度竟不飲啖，騾亦不食穀。明旦去，謂主人曰：「君是不急難⑫人耳，先雖不欲受我宿，後更有勤意。吾及騾雖不食君所設，意望相酬耳。今賜君神藥一丸，帶以隨身。明年當有兵死者滿地，此藥可以全君體命。」明年，洛中果有趙王倫之亂⑬，死者數萬，舉家有從軍者皆不還，在家又為劫殺皆盡，惟餘得藥一人耳。天下大疫，有得藥如棗者，中皆有藥，入口即活。公度腰中帶漆竹管數十枚，塗其門，則一家不病，病者立愈。

又弟子黃理，居陸渾山⑭中，患虎為暴。公度使斷大木為柱，去家四方各一里外埋一柱，公度即以印⑮印之，虎即絕跡。又有怪鳥止其屋上，以語公度。公度為書一符⑯，著鳥鳴處，至夕，鳥伏死符下，遂絕。

有人遭大喪⑰，當葬⑱而貧窮不及。公度見而嗟之，孝子說其孤苦，公度愴然曰：「君能得數斤鉛⑲否？」孝子曰：「可得耳。」乃具鉛數十斤，公度將入山中，小屋下鑪火中銷鉛，以神藥如棗大，投沸鉛中攪之，皆成銀。以與之曰：「吾念汝貧困，不能營葬，故以相與，慎勿言也。」復又有一人，本士族子弟，遇公事簿書不明，當陪負官錢百萬，出賣田宅車牛不售，而見收繫。公度語所識富人曰：「可暫以百萬錢借我？欲以救之，後二十日頓相還也。」富人即以錢百萬與公度，公度以與遭事者，乃語曰：「君致錫百兩。」其人即買錫與之，公度於鑪中洋⑳錫，以神藥一方寸匕㉑投沸錫中，變成黃金。金即秤賣，得錢百萬還錢主。公度後到南陽太和山㉒，昇仙去矣。

【注釋】❶太原　郡名，治所在晉陽（今山西太原西南）。❷天文星氣　天文指日月星辰的分布和運行，以及風雲雨露霜雪的變化，古人重視研究這些自然現象和人事關係。星氣，即候星望氣。星，原作「理」，據《漢魏叢書》本卷九改。❸河洛　即河圖洛書。《易・繫辭上》說：「河出圖，洛出書，聖人則之。」傳說伏羲氏時，有龍馬從黃河出現，背負「河圖」；有神龜從洛水出現，背負「洛書」。伏羲根據「圖」「書」畫成八卦，就是後來《周易》的來源。❹讖緯　讖是巫師或方士製作的一種隱語或預言，作為吉凶的符驗或徵兆。緯是對經而言，是近於方士的儒生所編集附會儒家經典的著作。❺黃精花　黃精是百合科多年生草本植物，道教作為仙藥之一。《抱朴子內篇．仙藥》：「黃精一名兔竹，一名救窮，一名垂珠。服其花勝其實，服其實勝其根，但花難多得。得其生花十斛，乾之纔可得五六斗耳，而服之日可三合，非大有役力者不能辦也。服黃精僅十年，乃可大得其益耳。」花，據《仙苑編珠》卷中補。❻合　容量單位。一合為一升的十分之一。❼尹喜　《史記．老子韓非列傳》記老子「居周久之，見周之衰，乃遂去。至關，關令尹喜曰：『子將隱矣，彊為我著書。』於是老子迺著書上下篇，言道德之意五千餘言而去」。後人遂以尹喜為人名。道教謂其從老子得道，尊之為「無上真人」、「文始先生」。春秋時有關尹子，為道家學派代表人物，《莊子．天下》將關尹子與老聃並列。班固以來，已將關尹子與尹喜合為一人。《關尹子》一書已佚，今本《關尹子》為偽作。❽以周康王昭王之時居草樓二句　周康王、昭王皆西周初之王，而老子為春秋時人，據近人高亨考證，老子在東周敬王四年（西元前五一六年）離開周王朝，與康、昭二王相去甚遠。但道教傳說自別，《歷世真仙體道通鑒》卷八〈尹喜傳〉謂周昭王二十三年癸丑老子西度函谷關。❾周穆王　西周國王，昭王之子，名滿。❿樓觀　其地在今陝西周至終南山麓。傳說尹喜在此結草為樓，觀星望氣，因號樓觀。老子騎青牛西行，尹喜迎老子於樓觀說經，故樓觀又稱說經臺。此地經歷代增修，殿臺樓閣頗盛。魏晉南北朝時，這裡高道雲集，形成著名的樓觀道。⓫祭蜡　年終大祭萬物之祭。⓬急難　解救危難。⓭趙王倫之亂　西晉永寧元年正月趙王倫篡帝位自立，齊王冏、成都王穎聯兵討倫，倫被殺，惠帝復位。其後數年間諸王爭權，互相攻殺，兵禍連年。⓮陸渾山　陸渾縣境內之山。陸渾縣治所在今河南嵩縣東北。⓯印　道教法器。又稱「神印」、「印篆」。象徵天界、神仙權威的印章。印文或以尊神名號、仙界職司為之，或以符咒為之，或以經書文句為之，或以道士職司為之。⓰符　原作「奏符」，據《漢魏叢書》本卷九改。⓱大喪　父母死。⓲葬　原作「年」，據《漢魏叢書》本卷九改。⓳鈆　即「鉛」字。⓴洋　用同

「烊」。㉑方寸匕　古量具名。多用於量藥。㉒太和山　即武當山。其地在今陝西、湖北邊境。古屬南陽郡。

【語譯】尹軌，字公度，太原人。他五經都能通曉，尤其懂得天象和人事的關係，會得候星望氣之術，對於八卦和讖緯，無不有精深的研究。到了晚年，他崇尚道術，經常服食黃精花，每日三合，人已幾百歲，而面容美麗年輕。曾聽說他的遠祖尹喜，在周康王、周昭王時住在草樓之中，遇到太上老君給他說經。後來周穆王又再次整修樓觀，以等待得道之士，公度於是住在樓觀。他自己說，尹喜多次來跟他相見，授與他道術要點，因此能夠坐著人在，站起不見等變化之術。蘇并州家上代屢屢侍奉他，歷代子孫都見過他，他的面容外貌經常如同五十歲的人。他在人間遊歷，有時入山一年半年之後又見到，沒有妻子後代。

公度預言天下盛衰治亂的時間，安危吉凶的地方，沒有不效驗的。晉永康元年十二月，路過洛陽城西一戶人家，請求寄宿。主人因為舉行蜡祭，不願讓他借宿，過了好久，公度報了他的姓名，主人才開門迎接公度。主人在公度面前陳設酒食，又把幾斛穀餵公度所乘的青騾，公度卻不飲食，青騾也不吃穀。公度次日早上離去，對主人說：「您是不肯解救危難的人，早先雖然不願接受我住宿，後來卻有殷切之意。我和青騾雖然沒有食用您所安排的飲食、穀物，心中還是想酬謝您。如今我賜給您神藥一顆，隨身帶著。明年將會滿地都是被兵器殺死的人，此藥可以保全您的身體性命。」第二年，洛陽果然發生了趙王倫引起的禍亂，死了幾萬人，城西這一家人，參軍的都一去不回還，在家中的又都被搶掠殺戮盡了，只剩下得藥人一個。公度腰中帶著漆竹管幾十支，裡面都裝有藥，藥入人口，就能活命。天下急性傳染病大流行，有人得到公度的像棗子一樣大的一顆藥，把藥塗在門上，則一家不病，病的立即痊癒。

還有公度的弟子黃理，居住在陸渾山中，老虎暴虐為患。公度命他砍大樹做柱子，離家四方各一里之外，埋一根柱子，公度在上面蓋了印，老虎即絕跡。又有怪鳥停在黃理屋上，黃理把這事告訴公度。公度寫了一枚符，放在鳥鳴的地方，傍晚，鳥即伏死在符下，此患就沒有了。

有人遭到大喪，應當下葬，卻因貧窮不能及時操辦。公度見到而歎，孝子訴說自己孤苦之狀，公度悲愴地說：「您能弄到幾斤鉛嗎？」孝子說：「可以弄到。」就備辦了幾十斤鉛，公度帶著鉛進入山中，在小屋下鑪火中熔化鉛，把棗子大小神藥投入沸鉛中，加以攪動，鉛都變成了銀子。元度把銀子給與孝子說：「我念你貧困，不能操辦喪葬，所以贈你，千萬不要說出去。」又有一個人，本士族子弟，遇到公事上文書簿冊不清楚，他應賠償公家一百萬錢，出賣自家田地住宅車牛賣不掉，而被囚禁。公度對他認識的富人說：「可否借一百萬錢給我？我想救他，過二十天即還你。」富人即把一百萬錢交給公度，公度把錢交給遭到禍事的人，對他說：「您備辦一百兩錫來。」這人就買錫交給他，公度在鑪中熔錫，用一方寸匕神藥投在沸錫之中，錫變成了黃金。把黃金過秤出售，得到一百萬錢還給錢主。公度後來到南陽郡太和山，成仙昇天而去。

介象

【題解】介象是漢末三國時會稽人。作為吳越道教學者，他長於氣禁之術。但是要想成仙而長生，則必須服用金丹。經過不懈追求，他終於遇見神仙，得傳丹方，後來成仙而去。

介象很得吳主孫權的尊奉，曾傳授孫權一些法術。介象長住孫權處，逝後還受到祭祀。三國之中，曹魏對道教採取限制政策，而孫權還是優待容納道士們，對介象的態度正是一個例證。

介象者，字元則，會稽❶人也。學通五經，博覽百家之言，能屬文。陰修道法，入東嶽❷，受氣禁❸之術。能茅上燃火煮雞，雞熟而茅不燋。能令一里內不炊不蒸❹，雞犬三日不鳴不吠。能令一市人皆坐不能起。能隱形變化為草木鳥獸。聞九丹之經❺，周遊數千里求之，不值明師。乃入山精思，冀遇神仙，疲極臥石上，有一虎往舐象。象睡寤見虎，乃謂之曰：「天使汝來侍衛我者，汝且停；若山神使汝來試我，汝疾去！」虎乃去。象入山，見谷中有石子，紫色光彩，大如雞子，不可稱數，乃取兩枚而遊。谷深不得前❻，乃還。於山中見一美女，年十五六許，顏色非常，衣服五彩，蓋仙人也。象叩頭，乞長生之方。女曰：「汝急送手中物還故處，乃來，吾故於此待汝。」象即以石送於谷中而還，見女子在舊處，象復叩頭。女曰：「汝血養❼之氣未盡，斷穀三年更來，吾止此。」象歸斷穀三年，乃復往，見此女故在前處。乃以丹方一首❽授象，告曰：「得此便仙，勿他為也。」

象未得合作此藥，常住弟子駱延雅❾舍❿。帷下屏床⓫中，有書生數人，共論書傳事云云，不判。象傍聞之，不能忍，乃為決解之。書生知象非凡人，密表奏象於其主。象知之欲去，曰：「恐官事拘束我耳。」延雅固留，吳王詔徵象到武昌⓬，甚敬重之，稱為介君。為象起第宅，以御帳給之，賜遺前後累千金。從象學隱形之術，試還後宮及出入殿門，莫有見者。又令象變化，種瓜菜百菓，皆立生。與先主⓭共論鱠魚⓮何者最上，象曰：「鯔魚⓯為上。」先主曰：「此魚乃在海中，安可得乎？」

象曰：「可得耳。」但令人於殿中庭方埳⑯，著⑰水滿之。象即索釣餌起釣之，垂綸於埳中，不食頃得鯔魚。先主驚喜，問象曰：「可食否？」象曰：「故為陛下取作鱠，安不可食！」仍使廚人切之。先主問曰：「蜀使不來。得薑作鱠至美，此間薑不及也，何由得乎？」象曰：「易得耳。願差一人，并以錢五千文付之。」象書一符，以著竹杖中，令其人閉目騎杖，杖止便買薑，買薑畢，復閉目。此人如言騎杖，須臾已到成都⑱。不知何處，問人，言是蜀中也，乃買薑。於時吳使張溫⑲在蜀，從人恰與買薑人相見，於是甚驚，作書寄家。此人買薑還，廚中鱠始就矣。象又能讀諸符文如讀書，無誤謬者。或不信之，取諸雜符，除其標注以示象，象皆一一別之。又有一人種黍於山中，嘗患獼猴食之，聞象有道，從乞辟猴法。象告：「無他，汝明日往看黍，若見猴群下，大噑語之曰：『吾已告介君，介君教汝莫食黍。』」此人倉卒直言象欺弄之。明日往，見群猴欲下樹，試告象言語，猴即各還樹，絕跡矣。

象在吳，連求去，先主不許。象言某月日病，先主使左右以梨一奩⑳賜象，象食之，須臾便死。先主殯埋之。以日中死，其日餔時㉑已至建鄴㉒，以所賜梨付苑內種之。吏後以表聞，先主發視，其棺中唯一奏版符㉓耳。先主思象，使以所住屋為廟，時時躬往祭之。常有白鵠㉔來集座上，良久乃去。後弟子見象在蓋竹山㉕中，顏色更少焉。

【注釋】❶會稽　郡名，秦置，治所原在吳縣（今江蘇蘇州）。漢順帝後移治山陰（今浙江紹興）。❷東嶽　指泰山，在山東省中部，泰安縣城北。❸氣禁　指以氣功施於外物引起相應變化的方術。《抱朴子內篇・至理》曰：「吳越有禁呪之法，甚有明驗，多炁耳。」❹不炊不蒸　《漢魏叢書》本卷九作「炊不熟」。❺九丹之經　此指《黃帝九鼎神丹經》，依此可製煉九丹，詳見《抱朴子內篇・金丹》。❻前　原作「度」，據《漢魏叢書》本卷九改。❼血養　謂吃魚肉等葷腥食物。養，《漢魏叢書》本卷九作「食」。❽首　原作「日」，據《歷世真仙體道通鑑》卷一五改。❾駱延雅　《漢魏叢書》本卷九作「駱廷雅」，《歷世真仙體道通鑑》卷一五作「樂延雅」。❿舍　原作「合」，據《漢魏叢書》本卷九改。⓫帷下屏床　原作「惟下平牀」，據《漢魏叢書》本卷九改。⓬武昌　縣名，治所在今湖北鄂城，西元二二一年孫權改鄂縣置，遷都於此，二二九年還都建業。孫權款留介象，當在此段時間之內。⓭先主　已故開國君主。此指孫權。⓮鱠魚　切得很細的魚。⓯鯔魚　魚名，體延長，頭部平扁，吻寬而短，眼大，鱗片圓形。生活在淺海及河口鹹水、淡水交界處。⓰方埳　方形坑穴。⓱著　原作「者」，據《歷世真仙體道通鑑》卷一五、《仙苑編珠》卷上改。⓲成都　縣名，治所在今四川成都。三國蜀漢建都於此。⑲張溫　字惠恕，吳郡人。吳黃武三年夏，以輔義中郎將使蜀。⑳奩　盛放食物的匣子。㉑餔時　傍晚的時候。㉒建鄴　東漢建安十三年孫權改秣陵縣置建業縣，治所在今南京市。吳黃龍元年，自武昌遷都於此。晉太康元年滅吳，復改名秣陵。三年分淮水（今秦淮河）南為秣陵，北為建業，並改「業」為「鄴」。建興元年因避愍帝司馬鄴諱，改名建康。此處「鄴」應作「業」。㉓奏版符　奏版，書寫奏章的簡牘。此當為書寫在簡牘之上的符。㉔白鵠　即天鵝。㉕蓋竹山　在浙江臨海南三十里。《抱朴子內篇・金丹》列此山於適於合藥諸山之中。

【語譯】介象，字元則，會稽人。學通五經，博覽諸子百家的著作，能夠寫文章。他暗中研習道術，進入泰山之中，接受了氣禁之術。他能在茅草上生火煮雞，雞熟而茅草不焦。他能使一里之內的人家不燒火做飯，不蒸食物，雞犬三日不鳴不吠。他能使滿市場的人都坐著不能立起身。他能隱去身形，變化為草木鳥獸。他聽說有關於製煉九丹的經書，遊歷幾千里去尋求，沒有遇到明師。就入山深思，希望能遇到神仙，疲困至極，睡在石頭上，有一隻老虎去舔介象。介象睡醒看見老虎，就對虎說：「若是上天派你來侍衛我，你就暫且停留；若是山神派你來試探我，你就趕快離開！」老虎即離去。介象入山，看見山谷中有石子，紫色有光彩，大如雞蛋，不可計數，就取了兩枚，繼續遊覽。山谷深邃，不能往前再走，就回還了。在山中見到一個美女，十五六歲的樣子，容貌非凡，五彩衣服，是一位仙人。介象叩頭，乞求長生的方術。仙女說：「你趕快把手裡的東西送回原處，再來，我則在此等你。」介象立即把石子送到谷中回來，見女子在原來的地方，介象又叩頭。仙女說：「你血養之氣沒有乾淨，斷穀三年之後再來，我在此處。」介象回去斷穀三年，才又前去，見這仙女還在以前的地方。仙女把丹方一份交給介象，告訴他說：「得到此方便成仙，不要再修習別的道術了。」

介象沒有能配製這一丹方，常住在弟子駱延雅家中。帷幕下屏床中，坐著幾個書生，一起爭論典籍中有關問題，不能評斷。介象聽到，忍不住，就給他們評斷解答。書生知道介象不是凡人，秘密地把介象奏告君主。介象得知，想要離去，說：「我怕官家事務拘束我。」延雅執意挽留，吳王下詔徵召介象到武昌，對他很敬重，稱他介君。為他造了住宅，把御用帳幕送給他，前後所賜累計有千金之多。吳王向介象學習隱形的法術，他嘗試回後宮和出入殿門，沒有人看見他。吳王又叫介象施展變化法術，種下瓜菜及各種果樹，都立即長出。介象與先主一起討論做鱠魚哪種魚最好，介象說：「鯔魚最好。」先主說：「這魚在海中，怎麼能夠得到呢？」介象說：「能夠得到。」他只命人在殿堂階下方形坑穴中加滿水。介象即要來釣竿魚餌釣魚，釣絲垂掛在坑穴中，不到一頓飯的時間，就釣到了鯔魚。先主又驚又喜，問介象說：「這鯔魚可以吃嗎？」介象說：「這是特地為陛下釣來作烹魚絲的，怎麼不可以吃！」就命廚子切魚。先主問道：「派到西蜀的使者沒有回來。有蜀薑作烹魚絲，味極美，此地所產薑不及蜀薑，如何能得到呢？」介象說：「容易得到。希望能派一個人，交給他五千文錢。」介象寫了一道符，放在竹桿內，叫差人閉目騎竹桿，竹桿停下便買薑，買好薑，再閉目。這人照介象所說騎上竹桿，一會兒已經到了成都。這人不知到了什麼地方，問人，人說是蜀中。這人就去買薑。當時吳國使者張溫在蜀，他的隨從恰巧跟買薑人相見，非常驚訝，寫信託買薑人帶給家裡。這人買薑回來，廚房才把烹魚絲做好。介象又能讀各種符的圖形，如同讀書一般，沒有錯誤的地方。有人不相信，取來各種雜符，去掉標注給介象看，介象一一都能分辨。又有一個人在山中種黍，經常擔心獼猴來吃黍，聽說介象懂得道術，就向他求教驅猴法術。介象告訴他：「不用其他辦法，你明天去看守黍，若看見猴群下樹，對牠們大聲嚎叫：『我已經告訴介君，介君要你們不要吃黍。』」此人當時直說介象在欺騙玩弄他。次日他前去黍地，見群猴要下樹來，就嘗試把介象的話告訴猴群，猴群立即各自回樹上，從此不再來了。

介象在吳國，接連請求離去，先主不許。介象預言某月某日將要生病，到那天生病時，先主派侍從把一匣梨賜給介象，介象吃了梨，一會兒便死了。先主把他殯殮埋葬了。介象中午時死，傍晚時已經到了建鄴，把先主所賜的梨交給官吏在苑囿內種植。官吏後來把這件事上表奏聞，先主打開介象的棺木，棺內只有一片寫在奏版上的符。先主思念介象，命令把介象所住的房屋作為廟，常常親自去祭他。常有天鵝停息在神座上，好久才離開。後來弟子在蓋竹山中見到介象，容貌更為年輕。

卷十

董奉

【題解】本篇記述董奉的神跡，跟他篇寫法頗不一樣。如寫董奉救活已死之人，不但寫他如何施藥，還記述生還者回憶死去在地府的情景；又如寫救助一位麻風病患者，不但寫他的治法，還記述了患者所說治療過程中的感覺。這樣兩面寫來，就生動真切，令人不覺煩厭。

篇末記述董奉昇天之後，其婿依恃仙人之勢奪取廟中神衣物，弄得神靈無可奈何一事，也很別致。《神仙傳》一書只是記述神仙們如何道德高尚，造福於百姓等業績，卻極少揭露他們的短處（雖然是他們的後人所為）。《漢魏叢書》本把這一段刪去了，大約是出於為尊者諱的想法吧。然而保留這一段，更有情趣，使人知道神仙也有他的家事。

董奉者，字君異，侯官縣[1]人也。昔吳先主時，有年少作本縣長，見君異年三十餘，不知有道也。罷去五十餘年，復為他職，行經侯官。諸故吏人皆往見故長，君異亦往，顏色如昔，了不異。故長宿識之，問曰：「君無有道也？昔在縣時，年紀如君輩，今❷已皓白，而君猶少也。」君異曰：「偶爾耳。」

杜燮為交州❸刺史，得毒病死已三日。君異時在南方，乃往，以三丸藥內死人口中❹，令人舉死人頭搖而消之。食頃，燮開目動手足，顏色漸還，半日中能起坐，遂活。後四日乃能語，云：死時奄然如夢，見有數十烏衣人來收之，將載露車❺上去，入大赤門，徑以付❻獄。獄各一戶，戶纔容一人，以燮內一戶中，乃以土從外封之，不復見外。恍惚間聞有一人言：「太乙❼遣使者來召杜燮，急開出之。」聞人以鍤❽掘其所居戶，良久引出之。見外有車馬赤蓋，三人共坐車上，一人持節呼燮上車，將還至門而覺。燮既活，乃為君異起高樓於中庭。君異不飲食，唯啖脯棗，多少飲酒。一日三為君異設之，君異輒來就燮處飲食。下樓時，忽如飛鳥，便來到座，不覺其下。上樓亦爾。如此一年，從爕求去，爕涕泣留之，不許。爕問曰：「君欲何所之？當具大船也。」君異曰：「不用船，宜得一棺器耳。」爕即為具之，至明日日中時，君異死，爕使人殯埋之。七日人有從宕昌⑨來，見君異，因謝杜侯⑩，好自愛重。爕乃開視，君異棺中但見一帛，一面畫作人形，一面丹書符。

君異後還廬山⑪下居，有一人少便病癩⑫，垂死自載詣君異，叩頭乞哀。君異使此人坐一戶中，以五重布巾韜⑬病者目，使勿動搖，乃勅家人莫近。病人云：聞有一物來舐之，痛不可堪，無處不匝。度此物舌當一尺許，其氣息大小如牛，竟不知是何物。良久乃去。君異乃往解病人之巾，以水與飲，遣去。云⑭：「不久當愈，且勿當風。」十數日間，病者身體通赤無皮，甚痛，得水浴，即不復痛。二十餘日，即皮生瘡愈，身如凝脂。

後常⑮大旱，百穀燋枯。縣令丁士彥謂綱紀⑯曰：「董君有道，必能致雨。」乃自賫酒脯見君異，說大旱之意。君異曰：「雨易得耳。」因仰視其屋曰：「貧家屋皆見天，不可以得雨。如何？」縣令解其意，因曰：「先生但為祈雨，當為架好屋。」於是明日，士彥自將吏人，乃運竹為起屋。屋成當泥塗，作人掘土取壤，欲取水作泥。君異曰：「不煩運水，日暮自當雨也。」其夜大雨，高下皆足。

又君異居山間，為人治病，不取錢物，使人重病愈者，使栽杏五株，輕者一株。如此數年，計得十萬餘株，鬱然成林，而山中百蟲群獸，遊戲杏下。竟不生草，有如耘治也。於是杏子大熟，君異於杏林下作箄倉，語時人曰：「欲買杏者，不須來報，徑自取之。得將穀一器置倉中，即自往取一器杏去[17]。」每有以[18]穀少而取杏多者，即有三四頭虎噬逐之，此人怖懼而走，杏即傾覆，虎乃還去，到家量杏，一如穀少。又有人空往偷杏，虎逐之到其家，乃嚙之至死。家人知是偷杏，遂送杏還，叩頭謝過，死者即活。自是已後，買杏者皆於林中自平量之，不敢有欺者。

君異以其所得糧穀，賑救貧窮，供給行旅，歲消三千斛，尚餘甚多。縣令親故家有女，為精邪所魅，百不能治。以語君異，若能得女愈，當以侍巾櫛⑲。君異即為召⑳敕諸魅，有大白鼉㉑，長丈六尺，陸行詣病者門㉒，君異使人斬之，女病即愈，遂以女妻之。久無兒息，君異每出行，妻不能獨住，乃乞一女養之。女年十歲，君異一旦竦身入雲中去。婦及養女猶守其宅，賣杏取給，有欺之者，虎逐之如故。養女長大，納婿同居。其婿凶徒也，常取諸祠廟之神衣物，廟中㉓神下巫語云：「某甲恃是仙人女婿，奪吾衣物。吾不在此，但羞人耳。當為仙人故，無用為問。」君異在民間僅㉔百年，乃昇天。其顏色常如年三十時人也。

【注　釋】❶侯官縣　三國吳以東治縣改名，治所即今福建福州。❷今　此下原有一「吾」字，據《歷世真仙體道通鑑》卷一六改。❸交州　東漢時治所在龍編縣（今越南北寧省仙游東），建安八年移治廣信縣（今廣西梧州），十五年移治番禺縣（今廣東廣州）。❹以三丸藥內死人口中　《玉函山房輯佚書續編》作「奉以太一散和水瀉變口中」。❺露車　無帷蓋的車。❻付　原作「寸」，據《漢魏叢書》本卷六改。❼太乙　即「太一」。天神名，《史記・封禪書》曰：「天神貴者太一。」司馬貞《索隱》引宋均云：「天一、太一，北極神之別名。」

道書或稱之為中黃太一。❽鍤　即鍬，插地起土的工具。❾宕昌　西羌國名，地在甘肅岷縣南。宕，原作「容」，無「容昌」其地，故據《歷世真仙體道通鑑》卷一六改。❿杜侯　猶言杜君。侯，士大夫之間用作尊稱。⓫廬山　在江西省北部，聳立在長江、鄱陽湖之間，林壑秀美。⓬癩　痲風病。⓭韜　掩藏。⓮云　據《歷世真仙體道通鑑》卷一六補。⓯常　通「嘗」。《歷世真仙體道通鑑》卷一六正作「嘗」。⓰綱紀　古代公府及州郡主簿。⓱去　原作「云」，據《漢魏叢書》本卷六改。⓲以　原作「一」，據《歷世真仙體道通鑑》卷一六改。⓳侍巾櫛　古代以服侍夫君飲食起居為妻妾本分，故用作為人妻妾的謙詞。巾，手巾之類。櫛，梳篦之類。⓴召　原作「君」，據《歷世真仙體道通鑑》卷一六改。㉑大白鼉　鼉，即揚子鱷，屬爬行綱鼉科。鼉一般背部為暗褐色，腹面灰色，間有斑點條紋，白鼉當是異種。㉒門　原作「問」，據《歷世真仙體道通鑑》卷一六改。㉓中　原作「下」，據《歷世真仙體道通鑑》卷一六改。㉔僅　將近；幾乎。

【語　譯】董奉，字君異，侯官縣人。當初吳先主時，有個年輕人做本縣縣長，看見君異三十多歲，不知他懂得道術。此人不做縣長五十多年，又做其他官職，路過侯官。眾多從前的吏士都去見老上司，君異也去了，容貌猶如昔日，沒有什麼不同。老上司本來認識他，問他說：「您是不是懂得道術？當年我在本縣時，年紀跟您差不多的人們，如今已經鬚髮皓白，而您還是年輕。」君異說：「偶然如此罷了。」

杜燮任交州刺史，生惡病已死了三天。君異當時在南方，就前往交州，把三顆藥丸納入死人口中，命人捧著死人的頭搖晃，使藥化解。一頓飯的功夫，杜燮睜開眼睛，手腳動彈，臉色漸漸恢復，半天裡能夠坐起，於是活過來。四天以後才能說話，他說：死的時候，忽然之間就像入夢一般，看見幾十個黑衣人來拘捕他，把他載上露車而去，進入大紅門，直接交付監獄。監獄是各自一間，每間才容一人，把杜燮納一間內，用土從外封閉，不再看得見外面。恍惚之間聽到有人在說話：「太乙派遣使者來召杜燮，趕快打開獄門，放他出來。」聽到有人用鍬挖他所住這一間，過了好久把他帶出來。他看見門外有一輛紅色車蓋的馬車，三個人一起坐在車上，一個人手持符節招呼杜燮上車，將回到家，到了門口，覺醒過來。杜燮活了以後，就為君異在堂下正中起了高樓。君異不飲食，只吃棗脯，略微飲酒。杜燮一日三次為君異擺設飲食，君異則來到杜燮處取用。他下樓時，迅速如同飛鳥，便來到座位上，人們不覺察他的下樓。他上樓也是如此。這樣住了一年，君異向杜燮請求離去，杜燮流淚挽留他，他不答應。杜燮問道：「您想到什麼地方去？將備辦大船。」君異說：「不用船，且辦來一個棺材吧。」杜燮即為他備辦好。到次日日中時，君異死，杜燮派人殯殮安葬。七日後有人從宕昌來，見到過君異，君異要他告訴杜君，自己好好保重。杜燮於是打開棺材來看，君異的棺中只見一片帛，一面畫著人形，一面用紅筆寫了一道符。

君異後來回到廬山下居住，有一個人年紀輕輕便患上了痲風病，病得快死，自己用車載著去見君異，叩頭請求君異哀憐。君異命此人坐在一間房內，用五層布巾掩著病人眼睛，命他不要動搖，關照病人家屬不要靠近。病人說：聽到有一個動物來舔自己身體，疼痛不可忍受，無處不舔遍。估計這一動物的舌頭該有一尺多長，氣息大小如同牛，終究不知是什麼動物。這動物好久才離去。君異於是去解開病人所蒙布巾，取水給他喝，打發他離去，還說：「不久將痊癒，且不要迎風吹著。」十幾天裡，病人身體通紅無皮，很痛，在水中洗浴，就不再痛。二十多天後，新皮生出，痲風病痊癒，身體如同凝結的脂肪一樣白潤。

後來曾經發生大旱災，各種穀物都曬得焦枯。縣令丁士彥對主簿說：「董君懂得道術，必定能夠使天下雨。」於是自己帶著酒、乾肉去見君異，述說大旱求雨的意思。君異說：「雨容易得到。」仰望他的屋子說：「貧家的屋子都看得見天，不可以下雨。怎麼辦？」縣令明白他的意思，就對他說：「先生只管求雨，一定為您架好屋子。」於是第二天，士彥親自帶領吏人，運竹為君異起屋。屋子造成，應當用泥塗牆，工匠掘土取土，要運水和泥。君異說：「不煩運水，日暮時將要下雨。」那夜大雨，高處低處都下足了。

又君異住在山中，為人治病，不取錢物，使人重病痊癒，就叫他栽下五株杏樹，使人輕病痊癒，就叫他栽下一株杏樹。這樣幾年，共計種了十萬多株杏樹，鬱然成林，山中各種野獸，在杏樹下遊戲。樹下竟然不生草，如同除過草一般。杏子成熟的時候，君異在杏林下用竹席圍了倉庫。對人們說：「想要買杏的，不必來告訴我，直接去取杏。必須把一容器穀子放在倉庫中，即自己去杏林取一容器杏子去。」每當有人拿少量穀而取回多的杏時，即有三四頭老虎追咬此人，此人害怕奔跑，杏子打翻在地，老虎就回頭，此人到家量杏，所得杏完全和所付出的穀一樣少。又有人兩手空空去偷杏，老虎追趕到他家，竟把他咬得死掉。家中人知道是因為偷杏，送還了杏，叩頭認錯，死去的人就活過來了。從此以後，買杏的人都在林中自己公平衡量，不敢有所欺瞞。君異用他所得到的糧穀，賑救貧窮的人，供給行路的人，每年用去三千斛，還剩下不少。

縣令親戚家有個女兒，被精怪所迷惑，各種方法不能治癒。此家告訴君異，若是女兒能夠痊癒，將把她嫁給君異。君異就召集中敕眾鬼魅，有一隻大白鼉，長一丈六尺，從陸地上行到病人門前，君異派人把牠斬掉，病女立即痊癒了，此家就把女兒嫁給他。他久無子嗣，君異每次出行，妻子不能獨住，就要了一個女孩收養。女孩十歲，君異一天縱身跳入雲中而去。妻子和養女還守著老宅，賣杏供給，有人欺騙她們，老虎還是像原來那樣追逐此人。養女長大，招了女婿同住。這個女婿是個惡人，常奪取眾廟中神的衣物，廟中神通過巫師說：「某人依靠是仙人女婿，奪我的衣物。我不在這裡，只怕貽羞於人。只是為了仙人緣故，不再追究了。」君異在人間近百年才昇天。他的容顏長久如三十歲的樣子。

李根

【題解】李根，擅道術，能夠變化入水火之中，能坐致行廚，能預見世事變化，享壽八百多年而不老。但是自說他只是地仙，因為沒有獲得製煉金丹的訣要。讀了此篇，人們會想到：地仙已經有如此神通，而況得以服用金丹的天仙呢？

李根，字子源❶，許昌❷人也。有趙賈❸者，聞其父祖言傳世見根也。賈為兒時，便隨事根，至賈年八十四，而根年少不老。昔住壽春吳太文家，太文從之學道，得作金銀法立成❹。根能變化入水火中，坐致行廚，能供二十人，皆精細之饌，四方奇異之物，非當地所有也。忽告太文云：「王淩當敗，壽春當陷❺，兵中不復居，可急徙去。」太文竊以語弟，弟無意泄之。王淩聞之，以為妖言惑❻眾，乃使人收根，欲殺之。根時乃方欲書疏，奄聞外有千餘人圍吳❼家求根。語太文父曰：「勿勿❽，但語：『吾不知，官自來搜之，昨已去矣。』」太文出戶還，顧窺根失所在，左右書器物皆不復見。於是官兵入索，囷食❾衣篋之中，無處不遍，不得根。及良久，太文出，見根固在向坐，儼然如故。根語太文曰：「王太尉當族誅，卿弟泄語，十日中當卒死。」皆果如言。

弟子家有以女給根者，此女知書，根出行，竊取❿根素書一卷讀之，得根自說其學道，經疏⓫云：「以漢元封⓬中學道於某甲。」時年計，根已七百餘年也。又太文說，根兩目瞳子皆方。按仙經說：「八百歲人，瞳子方也。」根告諸弟子，言：「我不得神丹大道之訣，唯得地仙方耳，壽畢天地。然不為下土之士也。」

【注釋】❶字子源　《仙苑編珠》卷中作「字子元」。❷許昌　縣名，治所在許昌城（今河南許昌東）。❸賈　《漢魏叢書》本卷一〇、《歷世真仙體道通鑒》卷一二俱作「買」。❹昔住壽春吳太文家三句　壽春，縣名，治所即今安徽壽縣。《抱朴子內篇・黃白》記載較詳：「成都內史吳太文，博達多知，亦自說昔事道士李根，見根煎鉛錫，以少許藥如大豆者投鼎中，以鐵匙攪之，冷即成銀。太文得其秘方，但欲自作，百日齋便為之，而留連在官，竟不能得，恆歎息言人間不足處也。」住，原作「在」，據《漢魏叢書》本卷一〇改。❺王淩當敗二句王淩，字彥雲，太原祁人。三國魏時官至太尉、假節鉞都督揚州都軍事。圖謀廢齊王芳立楚王彪，謀洩，司馬懿率大軍討之。王淩勢窮，乃面縛謝罪，後自殺而死。司馬懿至壽春，窮治其事，牽連者誅戮甚眾。揚州為漢十三刺史部之一，三國魏時治所在壽春，揚州大都督駐節於此。王淩並未舉兵反抗，壽春亦未遭到兵燹。淩，原作「陵」，據《漢魏叢書》本卷一〇改。❻太文竊以語弟四句　據《漢魏叢書》本卷一〇補。❼吳　原作「其」，據《漢魏叢書》本卷一〇改。❽勿勿　《字彙·勹部》曰：「勿，勿勿，猶切切也。」原作「怱怱」，據《漢魏叢書》本卷一〇改。❾囷食　疑當作「囷倉」，即糧倉。囷，圓形穀倉。❿取　原作「視」，據《漢魏叢書》本卷一〇改。⓫經疏　此指在道經上所寫札記。前文「根時乃方欲書疏」之「疏」，當亦指此。⓬元封　西漢武帝年號，西元前一一〇至前一〇五年。而王淩覆滅在曹魏嘉平三年（西元二五一年）。相距不過三百多年，而下文言「根已七百餘年」，則難以相合。葛洪卒時不過距元封中四百六、七十年，即便算李根百歲時得道，他七百歲時已在葛洪身後了。所以七百歲之說肯定有誤。

【語　譯】李根，字子源，許昌人。有個名叫趙買的人，聽他的父親、祖父說，歷代相承都見過李根。趙買幼年時便隨從侍奉李根，到趙買八十四歲，而李根仍年輕不老。他當初住在壽春吳太文家，太文向他學習道術，學到製作金銀的法術，能立時成功。李根能夠變化進入水火之中，能夠安坐而有隨時飲食供應，可以供給二十人飲食，都是精細的好菜，四方奇異之物，不是當地所有的。李根忽然告訴太文說：「王淩將要敗事，壽春將要陷落，兵禍之中不能再居住，應趕快遷居。」太文私下告訴弟弟，弟弟無意之中洩露出去。王淩聽說，認為這是妖言惑眾，派人拘捕李根，想要殺掉他。李根當時正要寫札記，忽然聽到外面有一千多人包圍吳家要抓李根。李根對太文的父親說：「切切，你只說：『我不知道，官府自己來搜查，李根昨天已經離去了。』」太文出門回來，扭頭偷看，李根已經不見了，身邊的書、器物都看不見了。於是官兵進入吳家搜索，穀倉衣箱之中，無處不搜遍，找不到李根。等到好些時候過去，太文走出，看見李根卻在原來坐的地方，端莊如同過去一樣。李根對太文說：「王太尉將全族被處死，您的弟弟洩露話語，十天之中將突然死亡。」後來都如他所說。

李根弟子家有人把女兒嫁給李根，這女子識字，李根出行，偷取了李根的一卷白絹抄寫的書來讀，得知李根自述他學道的淵源。李根在札記中說：「我在漢朝元封年間向某人學習道術。」按當時所在之年計算，李根已經七百多歲了。又太文說，李根兩眼瞳仁都是方形。按仙經說：「八百歲的人，瞳仁方形。」李根告訴諸弟子說：「我沒有得到神丹大道的訣要，只得到成為地仙的藥方罷了，享壽可與天地同盡。然而我不是凡塵之人。」

李意期

【題解】李意期，傳說是漢文帝時人，但其實際活動是在三國時期，主要在蜀漢地區。這是個沉默的仙人，他通過繪畫或臉上的表情來表達對世事的預測。

李意期者，蜀郡❶人也。傳世識之，云是漢文帝時人也，無妻息。人有欲遠行速至者，意期以符與之，并以丹書其人兩足❷，則千里皆不盡日而還。人有說四方郡國宮觀市井者，座中或未見，重問說者。意期即為撮土作之，所作郡國形象皆是，但盈寸耳，須臾消滅。或遊行不知所之，一年許復還於蜀中。乞食所得，以與貧乏者。於城❸角中，作一土窟而居其中。冬夏單衣。髮長剪去之，但使長五寸許。啜少酒脯及棗果，或❹百日不出窟，則無所食也。

劉玄德欲東伐吳，報關羽之怨❺，使人迎意期。意期到，玄德敬禮之，問其伐吳。意期不答，而求紙筆，玄德與之。意期畫作兵馬器仗❻十數紙，便一一以手裂壞之，曰：「咄咄❼！」又畫一大人，掘地埋之，乃徑還去。玄德不悅，而出軍果大敗，十餘萬眾纔數百人得還，器仗軍資一時蕩盡。玄德忿恥發病，而卒於永安宮❽。諸人❾乃追念其所作大人而埋之，正是玄德之死象也。意期少言語，人有所問，略不對答。蜀人有憂患往問，吉凶自有常候。但占意期顏色，若懽悅，則百事吉，慘戚，則百事惡。鄧艾❿未到蜀百餘日，忽失意期所在。後入瑯琊山⓫中不復出也。

【注　釋】❶蜀郡　郡名，治所在成都縣（今四川成都）。❷足　《漢魏叢書》本卷三、《仙苑編珠》卷下作「腋下」。❸城　原作「成都」，據《歷世真仙體道通鑒》卷一五改。❹或　此下原有一「食」字，當為衍文，刪去。❺劉玄德欲東伐吳二句　劉玄德，即劉備，三國蜀漢的建立者。關羽為劉備大將，鎮守荊州，建安二十四年（西元二一九年）孫權襲取荊州，關羽兵敗被殺。章武元年（西元二二一年）劉備興兵討吳，在彝陵之戰中大敗，章武三年（西元二二三年）病死。❻器仗　武器的總稱。❼咄咄　歎詞，此處表示感慨。❽永安宮　在今四川奉節城中。章武二年（西元二二二年）劉備自猇亭敗後，駐軍白帝城，建此宮。次年死於此。❾諸人　據《歷世真仙體道通鑑》卷一五補。⑩鄧艾　字士載，義陽棘陽人。任三國魏征西將軍，景元四年（西元二六三年），同鍾會分軍滅蜀，先攻入成都，受後主降。⑪瑯琊山　在今安徽滁縣西南。

【語　譯】李意期，蜀郡人。歷代相傳認識他，說他是漢文帝時的人，沒有妻子子嗣。有人想到遠方並要迅速到達，意期把符交給他，並且用紅筆在這個人的兩腳上寫了符，則這個人到千里之外，不滿一天就回來了。有人談說四方郡國中的宮殿、樓臺、街市，座中有人沒有見過，再次追問說的人。意期即撮土做成，所做郡國的宮殿、樓臺、街市的形狀都對，只是一寸多大罷了，一會兒就消毀了。他有時出外遊歷，不知到何處去了，一年多又回到蜀郡。他乞食所得，給與貧乏的人。他在城角造了一個土室居住。四季都穿單衣。頭髮長了就剪掉，只使頭髮長五寸多。吃少量酒脯和棗果，有時一百天不出土室，則什麼也不吃。

劉玄德想要往東方討伐吳國，報復關羽被殺的仇怨，派人迎接意期。意期來到，玄德對他恭敬施禮，問他關於討伐吳國之事。意期不回答，而要紙筆，玄德交給他紙筆。意期畫了十幾張紙的兵馬武器，便一張張用手撕碎，口中說：「唉唉！」又畫了一個大人，掘地埋掉，就直接回去了。玄德不悅，而出兵果然大敗，十幾萬兵士才只有幾百人得以回還，武器、軍用物資一時全部損失。玄德為這一恥辱羞憤發病，死於永安宮。眾人才回想起意期畫大人而埋掉，正是玄德之死的象徵。意期很少說話，人們問他問題，他都不回答。蜀郡人有憂慮的問題去問他，是吉是凶，自有常見的徵兆。只要根據意期的臉色來預測，若意期表情歡悅，則諸事吉利，若意期表情悽慘，則諸事不利。鄧艾尚未開始進軍蜀漢之前百餘日，意期忽然不見了。意期後來進入瑯琊山中，不再出山了。

王興

【題解】王興是個凡人，他聽說仙人教漢武帝服食菖蒲，也開始服食。漢武帝不能堅持，半途而廢。王興卻持之以恆，遂得長壽。菖蒲是多年生水生草本植物，有香氣，葉狹長，花淡黃色。北魏酈道元《水經注・伊水》說：「石上菖蒲，一寸九節，為藥最妙，服之化僊。」葛洪《抱朴子內篇・仙藥》也說：「韓終服菖蒲十三年，身生毛，日視書萬言，皆誦之，冬袒不寒。又菖蒲生須得石上，一寸九節已上，紫花者尤善也。」可見道家多把菖蒲視作仙藥。

本篇只說王興服食菖蒲，因而駐顏長壽，並未說到他的其他事跡。《歷世真仙體道通鑑》卷七《王興傳》說到：王興後來隱居秋長山，潛心修煉，終在千歲金蟾引導下，得到金液大丹，昇天而去。葛洪在《抱朴子內篇・仙藥》中曾說到，草木仙藥，只能益壽延年而已，要想長生成仙，飛昇天界，非得大丹不可，王興後來所為，正證明了葛洪這一理論。

王興者，陽城❶人也。常居一谷中，本凡民，不知書，無學道意也。

昔漢武帝元封二年，上嵩山，登大愚石室，起道宮❷，使董仲舒❸、東方朔等，齋潔❹思神。至夜，忽見仙人，長二丈餘，耳下垂至肩。武帝禮而問之，仙人曰：「吾九疑❺仙人也。聞中嶽❻有石上菖蒲，一寸九節，服之可以長生，故來採之。」言訖忽然不見。武帝顧謂侍臣曰：「彼非欲學道服食者，必是中嶽之神，以此教朕耳。」乃採菖蒲服之，且二年。而武帝性好熱食，服菖蒲，每食熱❼，輒煩悶不快，乃止。時從官多皆服之，然莫能持久。唯王興聞仙人使武帝常服菖蒲，乃採服之不息，遂得長生，魏武帝時猶在。其鄉里老小，皆云傳世見之。視與常如五十許人，其強健日行三百里。後不知所之。

【注釋】❶陽城　縣名，治所在今河南登封東南告城鎮。❷登大愚石室二句　《漢魏叢書》本卷三作「登大愚室，石起道宮」。《歷世真仙體道通鑒》卷七作「登大虞石起道宮」。❸董仲舒　原作「董奉君」，據《漢魏叢書》本卷三改。《歷世真仙體道通鑒》卷七作「董仲君」。❹齋潔　猶齋戒。齋戒為古人在祭祀前沐浴更衣、整潔身心，以示虔誠。❺九疑　即九疑山，又名蒼梧山，在湖南寧遠南。相傳虞舜葬此。❻中嶽　即嵩山。❼食熱　原作「熱者」，據《歷世真仙體道通鑒》卷七改。

【語譯】王興，陽城人。長久居住在一個山谷之中，本是一個凡人，不識字，沒有學習道術的想法。從前漢武帝元封二年上嵩山，登上大愚石室，興建道宮，命董仲舒、東方朔等人齋戒思神。

到夜裡，武帝忽然見到仙人，身長二丈多，耳朵下垂到肩。武帝施禮問他，仙人說：「我是九疑山仙人。聽說中嶽有石上菖蒲，一寸九節，服用可以長生，所以來採摘。」說罷人就不見了。武帝轉對侍臣說：「他不是想要學習道術、服食仙藥的人，一定是中嶽的神靈，用這個仙方來教朕。」於是採摘菖蒲來服食，將近二年。但武帝喜歡熱的食品，服食菖蒲後，每次吃熱的食物，則煩悶不暢快，就停止服食了。當時隨從官員多數都服食菖蒲，然而沒有人能夠長久。只有王興聽說仙人教武帝長久服食菖蒲，就採摘服食不止息，從而得以長生，魏武帝時還在世。他的鄰里老小，說歷代相傳都見過他。看起來，王興長久如同五十多歲的人，他身體強健，能日行三百里。後來不知到什麼地方去了。

黃　敬

【題　解】黃敬修習道術，他的道術內容很多。有服氣、吐納、胎息等關於氣的方面的修為，有存想、內觀等精神方面的修為，有斷穀、除三尸等飲食方面的修為，有搖身導引等體能方面的修為，有召神、吞符等符籙方面的修為。但是照他說，實行這些，只能成為地仙而已。而要真正成為天仙，則要服食金丹，這才是「大道之極」。

黃敬，字伯嚴，武陵❶人也。少讀誦經書，仕州為部從事❷。後棄世學道於霍山❸，八十餘年，復入中嶽。專行服氣斷穀，為吞吐之事❹，胎息內視❺，召六甲玉女❻，吞陰陽符❼。又思赤星在洞房前轉大，如火周身❽。至二百歲，轉還少壯。道士王紫陽數往見，從求要言。敬告紫陽曰：「吾不修服藥之道，但守自然，蓋地仙耳。何足詰問！聞新野陰君❾神丹昇天之法，此真大道之極也，子可從之。人能除遣嗜慾如我者，亦❿可以學我所為也。」紫陽固請不止。敬告紫陽曰：「大關之中有輔星，想而見之翕習成⑪。赤童在焉持朱庭⑫，指而搖之鍊身形⑬。消遣三尸除死名，審能守之可長生，失之不久淪窈冥⑭。」紫陽受之，得長生之道也。

【注釋】❶武陵　郡名，西漢治所在義陵縣（今湖南漵浦南），東漢移治臨沅縣（今湖南常德）。又為縣名，治所在今湖北竹山西北。❷從事　州郡長官自辟的僚屬。❸霍山　晉郭璞《山海經·中山經》注云：「今平陽永安縣、廬江灊縣、晉安羅江縣、河南鞏縣皆有霍山。明山以霍為名者非一矣。」浙江天台境內之赤城山，又名霍山。道士認為黃帝命霍山為南嶽衡山儲君，霍山為南嶽之副主，故〈霍山真形圖〉附於〈五嶽真形圖〉之後。黃敬所入之山，或即此山。❹吞吐之事　指呼吸吐納的修煉。即上文之「服氣」。氣指自然界的空氣，也指先天秉有的元氣。通過吐納調息、行氣布氣等法，達到延年益壽的目的。下文還說到「胎息」，胎息是服氣的一種。意謂鍊氣至深入程度，可以不用鼻口呼吸，全靠腹中內氣在體內氤氳潛行，如嬰兒在母胎中不用鼻口呼吸一樣。❺內視　又稱內觀。謂排除雜念，慧心內照。此又往往與存思體內之神相結合，可收健身治病之效。❻六甲玉女　道教神靈。據《上清瓊宮靈飛六甲左右上符》載，有甲子太玄宮左靈飛玉女部、甲戌黃素宮左靈飛玉女部、甲申太素宮左靈飛玉女部、甲午絳宮右靈飛玉女部、甲辰拜精宮右靈飛玉女部、甲寅青要宮右靈飛玉女部等六部，每部十人，六十玉女各有名諱。大約上清派之前道教亦有此神之說。❼吞陰陽符　早期道教中，有吞食道符的修煉方法，認為可得長生及躋身仙界。吞陰陽符當是其中一種。❽又思赤星在洞房前轉大二句　洞房為人兩眉上深入骨際的一個穴位，約在腦部。這是存思腦部如有火星，周遍全身的功法。《仙苑編珠》卷中敘及黃敬此法逕曰：「思赤星在腦中如火，以周一身。」上清派有存守眉間法，實即此法：「常存其眉間有星，其光如豆，思念之，其赤如火，須臾蓋於面目，以周於身。忽然忘其形，惟見其火正赤。良久而滅，而身復舊焉。」（《道樞・平都篇》）❾新野陰君　指陰長生，見本書卷五。❿亦　原作「不」，據《漢魏叢書》本卷一〇改。⓫大關之中有輔星二句　此為存思之術。大關，不詳。輔星，為北斗七星第六顆星的伴星。翕習，迅疾貌。此蓋謂存思北斗輔星，則能迅疾見到。⓬赤童在焉持朱庭　赤童當指身中之神，朱庭當指人體部位，究竟為何部位，則不清楚。《漢魏叢書》本卷一〇「持」作「指」。⓭指而搖之鍊身形　此指導引之法。大洞導引法即曰：「臥，常自搖動身體，數十過畢。又兩手據後面，舉頭向天，左右自搖動，二十一過畢。」（見《上清三真旨要玉訣》）⓮淪窈冥　指死亡。窈冥，幽深之境。淪，原作「倫」，據《漢魏叢書》本卷一〇改。

【語　譯】 黃敬，字伯嚴，武陵郡人。年輕時讀誦經書，在州的長官屬下做從事。後來離開塵世，在霍山學習道術，八十多年後，又進入中嶽嵩山。他專門實行服氣、斷穀，做呼吸吐納的修煉，還進行胎息、內觀，召六甲靈飛玉女，吞陰陽符。他又存思赤星在腦部變大，像火一樣周遍全身。到二百歲，他轉而恢復年輕健壯。道士王紫陽多次去見他，向他求教道術方面的精要之言。黃敬告訴紫陽說：「我不修習服用仙藥的道術，只是遵循自然之道，也就是地仙罷了。有什麼值得詢問呢！聽說新野陰君有神丹昇天的道法，這真是高級道法的極品了，您可以向他求教。人如果能夠像我這樣除去嗜慾，也可以學我所行道術。」紫陽一再請求不止。黃敬告訴紫陽說：「大關之中有輔星，存想很快見到它。赤身童子主持朱庭，手指搖晃鍊體形。去除三尸就能除去陰世死籍，謹慎遵守可以長生，不能遵循不久就進入陰世。」紫陽接受黃敬的囑告，得到了長生的道術。

魯女生

【題　解】魯女生本來修習一般道法，服食胡麻及朮，實行絕穀，因而得以健身長壽。後來仙人授與他〈五嶽真形圖〉，魯女生憑藉此圖指引，進入五嶽之一的華山，因而成仙。〈五嶽真形圖〉這一道家重要文獻，就由魯女生開始而傳於後世。

魯女生者，長樂❶人也。服胡麻❷，餌朮，絕穀八十餘年。甚少壯，一日行三百餘里，走逐麞鹿，鄉里傳世見之，云三❸百餘年。後采藥嵩高山，見一女人，曰：「我三天太上侍官也。」以〈五嶽真形〉與之，并告其施行。女生道成❹，入華山中。去時故人與女生別，後五十年，入華山廟，逢女生乘白鹿，從後有玉女數十人也。

【注　釋】❶長樂　縣名，治所在今河南安陽東。❷胡麻　即芝麻。相傳漢張騫得其種於西域，故名。《抱朴子內篇．仙藥》曰：「巨勝一名胡麻，餌服之不老，耐風濕，補衰老也。」《太平御覽》卷九八九亦載有《抱朴子內篇》佚文，述及胡麻服法及效用，謂服食六年，「走及奔馬」。❸云三　原作「二」，據《漢魏叢書》本卷一

○補改。❹後采藥嵩高山七句　此七句據《漢魏叢書》本卷一○補。三天，即玉清、上清、太清三清境，為神仙所居最高仙境。

【語　譯】魯女生，長樂人。他服食胡麻，服食朮，絕穀八十多年。他很年輕健壯，一天能走三百多里路，奔跑起來，趕得上麞鹿，鄉里的人歷代相承都見過他，說已經三百多年。後來到嵩山採藥，遇到一個女人，這女人說：「我是三天之上的太上侍官。」她把〈五嶽真形圖〉授與女生，並且告訴他施用的方法。女生修道完成，進入華山之中。他臨去時，舊友跟女生告別，五十年後，舊友入華山廟，遇到女生，見女生騎著白鹿，後面有幾十名玉女隨從。

甘始

【題解】甘始是東漢末人，後歸曹操。《後漢書·方術列傳》中載其傳，李賢注引曹植〈辨道論〉，說到甘始自言其師「姓韓字雅」，又自說其種種所能。從本篇看，甘始除行氣、服食天門冬外，主要是講究房中術，因而能駐顏長壽。曹植雖批評他「辭繁寡實，頗切怪言」，但也承認甘始「老而有少容」。

甘始者，太原❶人也。善行氣，不飲食，又服天門冬❷。行房中之事，依容成、玄素❸之法，更演益之為一卷，用之甚有近效。治病不用針灸湯藥。在人間三百餘歲❹，乃入王屋山❺仙去也。

【注釋】❶太原　郡名，治所在晉陽（今山西太原西南）。❷天門冬　百合科多年生攀援草本植物，地下有簇生紡錘形肉質塊根。中醫以塊根入藥，簡稱天冬。葛洪《抱朴子內篇·仙藥》論之頗詳，謂「服之百日，皆丁壯倍駛於朮及黃精也。入山便可蒸，若煮啖之，取足可以斷穀」。❸容成玄素　容成公是黃帝臣子，曾指導黃帝學習房中術。玄素，指仙女玄女、素女，二人把房中術授與黃帝。❹在人間三百餘歲　《漢魏叢書》本卷一〇作「在世百餘歲」，《三洞群仙錄》卷五作「在人間百餘年」，《仙苑編珠》卷中作「在世一百八十六年」，《後漢書・甘始列傳》謂甘始、東郭延年、封君達「皆百餘歲及二百歲也」。❺王屋山　在山西陽城與河南濟源之間。

【語　譯】甘始，太原人。擅長行氣，不飲食，又服用天門冬。他對於男女性交之術，依照容成公、玄女、素女所傳法術，再加以推演增益，寫成一卷書，施用起來，近期就能顯出功效。他治病不用針灸湯藥。在人間三百多歲，就進入王屋山成仙而去。

封君達

【題解】封君達是東漢末人，《後漢書・方術列傳》曾述及。他服用黃精及水銀，又得到〈五嶽真形圖〉，因而法力很高。篇末有一段封君達答魏武帝曹操的話，談到養生之道，於今人也很有參考價值。

封君達❶者，隴西❷人也。服黃精❸五十餘年，又入鳥鼠山❹，服鍊水銀❺百餘歲。往來鄉里，視之年如三十許人。常騎青牛，聞人有疾病待❻死者，便過，與藥治之，應手皆愈。愛嗇精氣❼，不極視大言。凡圖籍傳記，無不習誦。復遇魯女生，授還丹訣及〈五嶽真形圖〉。遂周遊天下，故山官水神，潛相迎伺，而凶鬼怪物，無不竄避。人或疑之，以矢刃刺禦，皆不能害。❽不以姓字語人，世人識其乘青牛，故號為青牛道士。

魏武帝問養性大略，師曰：「體欲常勞，食欲常少，勞勿過極，少勿過虛。去肥濃，節酸鹹，減思慮，損喜怒，除馳逐，慎房室，則幾於道矣。故聖人春夏養陽，秋冬養陰，以順其根，以契造化之妙。」有二侍者，一負書笈，一攜藥筒❾，有《容成養氣術》十二卷、〈墨子隱形法〉一篇、《靈寶衛生經》一卷。筒有煉成水銀霜、黃連屑等。❿後二百餘年，入玄丘山仙去也。

【注釋】❶封君達　《漢魏叢書》本卷一〇曰：「封衡，字君達。」❷隴西　郡名，戰國秦置，治所在狄道縣（今甘肅臨洮）。三國魏徙治襄武縣（今甘肅隴西東南）。❸黃精　草木仙藥之一，詳見卷九〈尹軌〉傳注。《漢魏叢書》本卷一〇、《藝文類聚》卷七八、《雲笈七籤》卷七九、《後漢書》卷一一二皆作「黃連」。《抱朴子內篇・仙藥》亦將黃連列為仙藥之一。❹鳥鼠山　一名青雀山。在今甘肅渭源西。❺鍊水銀　水銀，即汞。水銀可從丹砂（硫化汞）煉得之。《抱朴子內篇・金丹》曰：「凡草木燒之即燼，而丹砂燒之成水銀，積變又還成丹砂。其去凡草木亦遠矣，故能令人長生。」《漢魏叢書》本卷一〇、《歷世真仙體道通鑑》卷二一皆作「朮」。❻待　原作「時」，據《三洞珠囊》卷一改。❼精氣　指元氣，亦指腎精之氣。❽愛嗇精氣十四句　此十四句據《漢魏叢書》本卷一〇補。❾藥筒　裝藥的竹器。❿魏武帝問養性大略二十二句　此二十二句據《漢魏叢書》本卷一〇補。

【語　譯】封君達是隴西郡人。服食黃精五十餘年，又入鳥鼠山，服用煉水銀一百多年。他往來鄉里，看起來就像三十多歲的人。他常騎青牛，聽說有生病快要死的人，便去探看，給藥治療，都立即痊癒。他寶愛精氣，不用盡目力和大聲說話。凡是圖畫書籍、經書注釋，無不學習誦讀。又遇到魯女生，女生授與他製煉還丹的要訣和〈五嶽真形圖〉。他從此周遊天下，因而山神水神，暗中來迎接侍候，而凶鬼怪物，無不逃竄迴避。有人對此感到懷疑，用刀箭刺射，都不能傷害他。他不把姓名告訴人，世人認識他騎青牛，就稱他青牛道士。

魏武帝問他有關養性的大要，法師說：「身體要經常勞動，進食要經常少量，但勞動不要過頭，少量不能使人虛弱。摒除肥厚的食品，節制酸鹹之味，減少思慮，損減喜怒，排除追求名利之心，慎行男女性交之事，這樣則近於大道了。所以聖人春夏修養陽氣，秋冬修養陰氣，來順應根本，契合上天創造化育的奧妙。」他有兩個侍者，一個揹書箱，一個提藥笥，他有《容成養氣術》十二卷、《墨子隱形法》一篇、《靈寶衛生經》一卷。他的藥笥裡有煉成的水銀霜、黃連屑等。二百多年之後，進入玄丘山成仙而去。

附錄一

老子

【題解】本書附錄一，共收十三篇，俱為《四庫全書》本所未錄，茲從《漢魏叢書》本輯入。

老子是春秋時的哲學家，道教產生之後，又奉之為教主，稱為太上老君。本篇的寫法與本書他篇不同，葛洪先列舉種種關於老子的傳說，然後一一加以駁斥，而後才開始敘述自己所知。他認為：「欲正定老子本末，故當以史書實錄為主，并仙經秘文，以相參審。」細考本篇，他所依據有《史記．老子韓非列傳》、《莊子》中有關老子的敘述，以及緯書、道經等。本篇可說是把道家的老子和道教的老君充分融合在一起的傳記。

葛洪認為老子並不是神靈，而是一個人中的俊傑。他也是學習道術而得長生，並不是天生如此，所以是人們可以效法的榜樣。這一思想是《神仙傳》中一貫的主旨。

老子❶者，名重耳❷，字伯陽❸，楚國苦縣❹曲仁里人也。其母感大流星而有娠，雖受氣天然，見於李家，猶以李為姓。或云：老子先天地生。或云：天之精魄，蓋神靈之屬。或云：母懷之七十二年乃生，生時剖母左腋而出，生而白首，故謂之老子。或云：其母無夫，老子是母家之姓。或云：老子之母，適至李樹下而生。老子生而能言，指李樹曰：「以此為我姓。」或云：上三皇❺時，為玄中法師；下三皇時，為金闕帝君；伏羲時，為鬱華子；神農時，為九靈老子；祝融❻時，為廣壽子；黃帝時，為廣成子；顓頊時，為赤精子；帝嚳時，為祿圖子；堯時，為務成子；舜時，為尹壽子；夏禹時，為真行子；殷湯時，為錫則子；文王時，為文邑先生。一云：守藏史❼。或云：在越為范蠡，在齊為鴟夷子，在吳為陶朱公❽。皆見於群書，不出神仙正經，未可據也。

葛稚川云：洪以為，老子若是天之精神，當無世不出，俯尊就卑，委逸就勞，背清澄而入臭濁❾，棄天官而受人爵也。夫有天地，則有道術，道術之士，何時暫之！是以伏羲以來，至於三代，顯名道術，世世有之，何必常是一老子也！皆由晚學之徒，好奇尚異，苟欲推崇老子，故有此說。其實論之，老子蓋得道之尤精者，非異類也。按《史記》云：老子之子名宗，仕魏為將軍，有功封於段干⑩。至宗之子注，注之子宮，宮之玄孫假，仕於漢。假子解，為膠西王太傅⑪，家於齊：則老子本神⑫靈耳。淺見道士，欲以老子為神異，使後代學者從之而不知，此更使不信長生之可學也。何者？若謂老子是得道者，則人必勉力競慕，若謂是神靈異類，則非可學也。

或云：老子欲西度關，關令尹喜知其非常人也，從之問道。老子驚怪，故吐舌聃然⑬，遂有老聃之號。亦不然也，今按《九變》及《元生十二化經》⑭，老子未入關時，固已名聃矣。老子數易名字，非但一聃而已。所以爾者，按《九宮》及《三五經》及《元辰經》⑮云，人生各有厄會，到其時，若易名字，以隨元氣⑯之變，則可以延年度厄。今世有道者，亦多如此。老子在周，乃三百餘年，二⑰百年之中，必有厄會非一，是以名稍多耳。

【章 旨】評論種種有關老子的傳說。

【注 釋】❶老子 關於老子的姓氏，爭論頗多。《玄妙內書》等曰：老子生而白首，故曰老子。張君相曰：老，考也；子，孳也。魏源曰：老為姓。蔣伯潛《諸子通考》認為：老子本以自隱無名為務，老子云者，猶今人稱老先生耳。❷名重耳 《史記・老子韓非列傳》曰：「名耳」。❸字伯陽 今本《史記・老子韓非列傳》有此說，但據王念孫諸人考證「伯陽」二字為方士之言羼入者，《史記》原文應是「字聃」。❹楚國苦縣 苦縣故城在今河南鹿邑東十里。苦縣本屬陳國，後楚滅陳國，故稱楚國苦縣。然老子出生時，陳國尚在，到他晚年，陳國方滅。❺上三皇 此與下文之「下三皇」，皆道教傳說中的上古帝王，但說法不一。❻祝融 指炎帝。❼守藏史 《史記・老子韓非列傳》謂老子「周守藏室之史」。古代書藏王室，有史掌之，老子即任此職。❽在越為范蠡三句 范蠡，字少伯，楚國宛人，越大夫。曾助越王句踐刻苦圖強，滅亡吳國。後遊齊國，稱鴟夷子皮。到陶（今山東定陶西北），改名陶朱公，經商致富。❾俯尊就卑三句 意謂離開上天尊位，就職人間卑微之職，放棄上天的閒逸，來從事煩勞人世之事，背離清澄長天而進入臭濁人世，即下文「棄天官而受人爵」之意。❿老子之子名宗三句 「干」字據《史記・老子韓非傳》補。據蔣伯潛《諸子通考》考證，宗即魏將段干崇。⓫注之子宮五句 「注」原作「汪」，「宮」原作「言」，「假」原作「瑕」，據《史記・老子韓非列傳》改。⓬神 《太平廣記》中華書局本此字下夾注曰：「宋賈翔〈猶龍傳序〉云：『老子本亦人靈』，『神』字疑訛。」此見甚是，從上下文語意看，「神」字當作「人」。本篇本文中「神」字不改，譯文為求上下語意通順，則作「人」

字譯。⓭聃然　聃原為耳長之意，此為吐舌貌。⓮九變及元生十二化經　按《抱朴子內篇・遐覽》載有《十二化經》及《九變經》。⓯九宮及三五經及元辰經　按《抱朴子內篇・遐覽》載有《九宮》五卷及《三五中經》。⓰元氣　莊子在〈知北遊〉中說：「通天下一氣耳。」認為道產生氣，氣生萬物。道教採取此說，形成元氣生成理論，認為元氣生成、主宰萬物的變化，世事之氣運，自不在外。⓱二　疑當作「三」。

【語譯】老子，名重耳，字伯陽，是楚國苦縣曲仁里人。他的母親受到大流星的感應而有孕，雖然從天然之物稟受精氣，然而出生於李家，還是把李作他的姓。有人說：老子在天地產生之前已經誕生。有人說：老子是稟賦了上天的精魄，是神靈之類。有人說：老子的母親懷孕七十二年才生產，生出時破開母親的左腋而出，生出就白頭，所以稱為老子。有人說：老子的母親沒有丈夫，老子的姓是母親家的姓。有人說：老子的母親，剛好走到李樹下生產。老子生出就能說話，指著李樹說：「把這作為我的姓。」有人說：老子上三皇時，是玄中法師；下三皇時，是金闕帝君；伏羲時，是鬱華子；神農時，是九靈老子；祝融時，是廣壽子；黃帝時，是廣成子；顓頊時，是赤精子；帝嚳時，是祿圖子；堯時，是務成子；舜時，是尹壽子；夏禹時，為真行子；殷湯時，是錫則子；文王時，為文邑先生。有人說：老子是周王看守藏書室的官員。有人說：老子在越國是范蠡，在齊國是鴟夷子，在吳國是陶朱公。這種種說法，都見於群書，不是出於神仙正經，不可以作為根據。

葛稚川說：我認為，老子若是上天的神靈，應當沒有一代不出現在世間。離開尊位，來到卑微人間，放棄閒逸，來做煩勞，背離清澄長天，進入臭濁人世，放棄天上官職，接受人間爵祿。有天地就有道術，深懂道術之士，哪一代缺少！因此伏羲以來，至於三代，在道術方面有名的人，代代都有，何必常常是同一個老子！都由於後輩學子，喜好崇尚奇異之事，只想要推崇老子，所以有這種說法。據實談論，老子是通道術的人中尤為精妙的，不是非人之類。按《史記》說：老子的兒子名叫宗，在魏國做將軍，有功封於段干。到宗的兒子注，注的兒子宮，宮的玄孫假，則在漢朝做官。假的兒子解，是膠西王的太傅，家住在齊地：則老子本也是特別聰明的人罷了。見識淺陋的道士，想要把老子說成神怪，使後代學子追隨他，卻不知老子是怎樣的人，這樣做更使他們不相信長生之術可以學到了。為什麼呢？若說老子是個通道術的人，則人們一定勉力競相仰慕，若說是神靈，非人之類，則不是可以學習的了。

有人說：老子將要向西過關，關令尹喜知道他不是平常的人，向他請教道術。老子驚怪，所以舌頭吐得長長地，就有了老聃的稱號。這種說法也不對，如今根據《九變經》及《元生十二化經》，老子沒有入關時，本來已經名叫聃了。老子多次改換名字，不只是改過一個聃字而已。他這樣做的原因，按《九宮》及《三五經》及《元辰經》說，人生各有厄運，到了那時，若是改了名字，來隨順元氣的變化，則可以延長壽命，度過厄運。當今世上通曉道術的人，也多這樣做。老子在周王朝中，有三百多年，二百年之中，必定有不止一次厄運，因此名字稍多一些而已。

欲正定老子本末，故當以史書實錄為主，并❶仙經秘文，以相參審。其他若俗說，多虛妄。洪按《西昇中胎》及《復命苞》及《珠韜玉札❷》、

《金篇內經》，皆云：老子黃色❸，美眉❹，廣顙❺長耳，大目疏齒，方口厚唇，額有三五達理❻，日角月懸❼，鼻純骨雙柱❽，耳有三漏門❾，足蹈二五❿，手把十文。以周文王時為守藏史，至武王時為柱下史⓫，時俗見其久壽，故號之為老子。夫人受命，自有神通遠見者，稟氣與常人不同，應為道主⓬。故能為天神所濟，眾仙所從。是以所出度世之法：九丹⓭八石⓮，金醴⓯金液⓰，次存玄素⓱，守一⓲思神⓳歷藏⓴，行氣鍊形，消災辟惡治鬼，養性絕穀，變化厭勝㉑，教戒役使鬼魅之法，凡九百三十卷，符書七十卷，皆《老子本起》中篇所記者也，自有目錄。其不在此數者，皆後之道士私所增益，非真文也。

老子恬淡無欲，專以長生為務者，故在周雖久，而名位不遷也。蓋欲和光同塵㉒，內實自然，道成乃去，蓋仙人也。孔子嘗往問禮，先使子貢㉓觀焉。子貢至，老子告之曰：「子之師名丘，相從三年，而後可教焉。」孔子既見老子，老子告曰：「良賈深藏若虛，君子盛德若愚。

去子之驕氣與多欲、淫志，是皆無益於子也。」孔子讀書，老子見而問之曰：「何書？」曰：「《易》也，聖人亦讀之。」老子曰：「聖人讀之可也，汝曷為讀之？其要何說？」孔子曰：「要在仁義。」老子曰：「蚊虻㉔噆㉕膚，通夕不得眠。今仁義慘然㉖，而汩人心，亂莫大焉！夫鵠㉗不日浴而白，烏不日染而黑。天之自高矣，地之自厚矣，日月自明矣，星辰固自列矣，草木固自區矣。夫子修道而趨，則以至矣，又何用仁義！若擊鼓以求亡羊乎！夫子乃亂人之性也！」老子問孔子曰：「亦得道乎？」孔子曰：「求二十七年而不得也。」老子曰：「使道可獻人，則人莫不獻之其君矣；使道可進人，則人莫不進之其親矣；使道可告人，則人莫不告之兄弟矣；使道可傳人，則人莫不傳之其子矣。然而不可者，無他也，中無主㉘，而道不可居也。」孔子曰：「丘治《詩》、《書》、《禮》、《樂》、《易》、《春秋》，誦先王之道，明周召㉙之迹，以干㉚七十餘君㉛，而不見用。甚矣人之難說也！」老子曰：「夫六藝㉜，先王之陳迹也，豈其所陳[33]哉！今子所修者，皆因陳迹也。迹者，履之出，而迹豈異[34]哉矣！」子歸三日不談。子貢怪而問之，孔子曰：「吾見人之用意如飛鳥者，吾飾意以為弓弩射之，未嘗不及而加之也；人之用意如麋鹿者，吾飾意以為走狗而逐之，未嘗不銜而頓之也；人之用意如淵魚者，吾飾意以為鉤緡而投之，未嘗不鉤而制之也。至於龍，乘雲氣，遊太清[35]，吾不能逐也。今見老子，其猶龍乎？使吾口張而不能翕，舌出而不能縮，神錯而不知其所居也。」

陽子[36]見於老子，老子告之曰：「虎豹之文，猿猱之捷，所以致射也。」陽子曰：「敢問明王之治？」老子曰：「明王之治，功蓋天下而不以[37]自己，化被萬物而使民不恃。其有德而不稱其名，位乎不測[38]而遊乎無有[39]者也。」

【章旨】論述老子的道術，敘述老子和孔子、陽子的對答。

【注　釋】❶并　此下原有「老」字，據《太平御覽》卷六五九刪。❷札　原作「機」，中華書局版《太平廣記》卷一〈老子傳〉「機」字下有夾注：「明鈔本「機」作「机」。《初學記》二三、《御覽》三六三引《神仙傳》作「札」，當是「札」訛為「机」，寫作「機」。」據此改「機」為「札」。❸黃色　原作「黃白色」，《藝文類聚》卷七八、《太平御覽》卷三六三俱作「黃色」，據之改。《抱朴子內篇・雜應》述及「老君真形」時，也說其「黃色」。❹美眉　相術家以清秀修長、烏潤高朗之眉為佳。《抱朴子內篇・雜應》謂老子「眉長五寸」。《三元玉檢經》謂老子「眉如北斗，色如翠綠，中有紫毛，長餘五寸」。❺顙　額。❻三五達理　交錯通達的紋理。❼日角月懸　「月」指月角。相術家稱額骨隆起入左邊髮際為日角，入右邊髮際為月角。《昭明文選》中劉孝標〈辯命論〉：「龍犀日角，帝王之表。」李善注引朱建平《相書》：「額有龍犀入髮，左角日，右角月，王天下也。」❽鼻純骨雙柱　有兩根鼻梁骨。此為異相，《三元玉檢經》記老子七十二相，中有「鼻有雙柱」一相。❾耳有三漏門　謂耳有三耳孔。此為異相，王充《論衡・骨相》曰：「禹耳參漏。」《三元玉檢經》記老子七十二相，說到「耳無輪廓，中有三門。」❿足蹈二五　謂足底有乾卦二爻、五爻之紋。⓫柱下史　朝會時位居柱下，執簡記事之官。⓬道主　道教的創始者。⓭九丹　《抱朴子內篇・金丹》載，按《黃帝九鼎神丹經》製作之九種金丹，其名為：丹華、神丹（亦曰丹符）、神丹、還丹、餌丹、鍊丹、柔丹、伏丹、寒丹。⓮八石　道士煉丹常用的八種礦石藥物，但外丹家所記各不相同。⓯金醴　將金液化的一種仙藥。《抱朴子內篇・金丹》：「朱草狀似小草，栽長三四尺」，「刻之汁流如血，以玉及八石、金、銀投其中，立便可丸如泥，久則成水。以金投之，名為金漿。以玉投之，名為玉醴。服之皆長生。」金漿即金醴。⓰金液　《抱朴子內篇・金丹》：「金液，太乙所服而仙者也，不減九丹矣。合之用古秤黃金一斤，并用玄明、龍膏、太乙旬首中石、冰石、紫遊女、玄水遊、金化石、丹砂，封之成水。其經云，金液入口，則其身皆金色。」⓱存玄素　玄素，指房中術，傳說房中術由仙女玄女、素女傳與黃帝。「存」字疑為衍字。又有存玄白法，《真誥》謂此法為介琰在東漢時所授。鍊法為存想三氣於身中。⓲守一　使意念專注於身中某一處。至於「一」指什麼，道經說法不一，有指神，有指氣，有指精氣神，有指三丹田等。⑲思神　存思人體之中、天地之間各種神靈。⑳歷藏　逐步存思全身各部位之神，謂之歷藏。《太上老君中經》卷上曰：「子欲為道，當先歷藏，皆見其神，乃有信。有信之積，神自告之也。」㉑厭勝　原是一種古代巫術，用詛咒或其他法術來壓服人或物。道教也襲用此術，用符咒來壓治妖怪，禳解其帶來禍患。㉒和光同塵　語出《老子》：「和其光，同其塵。」王弼注曰：「和光而不污其體，同塵而不渝其貞。」蓋謂不露鋒芒，表面隨順世道而不失其真正本質的處世態度。㉓子貢　姓端木，名賜，春秋時衛國人。孔子學生，善辭令。㉔虻　昆蟲名，種類很多，身體灰黑色，翅透明。生活在野草叢中，雌虻吸人、畜血。㉕噆　咬。㉖憯然　慘毒。㉗鵠　通「鶴」。此節取之於《莊子・天運》，唐寫本此字正作「鶴」。㉘主　受道之質。㉙周召　指周公旦、召公奭，兩人都是周武王、成王時功臣。㉚干　求：求官祿。㉛七十餘君　此節取之於《莊子・天運》，原文作「七十二君」，孔子所見之君並無七十二之多，此處「七十餘」或「七十二」都只是一個虛數，泛言其多。㉜六藝　六經。㉝所陳　此節取之於《莊子・天運》，原文作「所以迹」，意謂產生足跡者，指履。㉞異　《莊子・天運》作「履」，是。文中老子此處以履喻大道，以陳迹喻六經，謂履與陳迹不同，大道與六經不同。大道不可傳授，六經也不可能傳達大道。孔子誦習六經，並不能得到大道，所以屢說國君而不遇。㉟太清　天空。《抱朴子內篇・雜應》：「上升四十里，名為太清。太清之中，其氣甚剛。」㊱陽子　此節取之於《莊子・應帝王》，原文作「陽子居」。歷來注家皆以陽子居作陽朱，即楊朱，是戰國初哲學家，其思想重「為我」。但唐鉞有〈楊朱考〉一文，認為此陽子居與楊朱並無關涉（見《古史辨》四冊下編）。㊲以　此節節錄自《莊子・應帝王》，原文是「似不自己」，此處「以」當作「似」。㊳不測　不可測知之道境。㊴無有　無形之道境。

【語　譯】要訂正確定老子的生平事跡，本應以史書實錄為主，並用仙經秘籍來參考審核。其他一些世俗說法，多為虛假荒誕。我根據《西昇中胎》及《復命苞》及《珠韜玉札》、《金篇內經》，這些典籍都說：老子皮膚黃色，眉毛修美，開闊的額頭，長垂的耳朵，大眼疏齒，方口厚唇，額上有交錯通達的紋理，日角月角高聳，鼻有兩根鼻梁骨，耳有三個耳孔，足底有乾卦二、五之爻，手掌有十道紋路。他在周文王時是管理藏書室之史，到周武王時是在柱下記事之史，世人見他長壽，就稱他為老子。人受天命，自有與神靈感應相通，具有高遠見識的人，稟賦的元氣跟常人不同，應為道教的創始者。所以他能為天神所助，眾仙所追隨。他所留下的超越塵世的法術有：九丹、八石，金醴、金液，其次有房中之術，有守一、思神、歷藏，行氣、鍊形，消災、辟惡、治鬼，養性、絕穀，變化、厭勝，教誡役使鬼魅的法術等，共計九百三十卷，符書七十卷，都在《老子本起》中篇記載著的，自有目錄。那些不在目錄之中的，都是後代道士私自增添的，不是老子真正的著作。

老子為人恬淡無欲，專門把長生作為努力目標，所以雖然在周王朝中時間久，官位卻沒有提昇。他是想要表面隨順世道，而內心實則合於自然之道，修道成就才離去，他是個仙人。孔子曾去向他請教禮儀，先派子貢去觀察。子貢來到，老子告訴他說：「您的老師名丘，若是跟從我三年，而後可以教誨。」孔子見到老子，老子告訴他說：「善於做買賣的商人，深藏寶貨，好似空無一有的樣子，君子雖有盛德，卻如同愚昧一般。除去您的驕氣與繁多的欲望、放逸的心志，這些都對您沒有好處。」孔子讀書，老子看見就問他說：「讀什麼書？」孔子說：「《周易》，聖人也讀這書。」老子說：「聖人讀這書，是可以的，你為什麼讀這書？主要是什麼理論？」孔子說：「主要在於仁義。」老子說：「蚊虻咬人皮膚，整夜不能安眠。如今仁義慘毒，來擾亂人心，禍患沒有比這更大的了！鶴不天天沐浴而自然潔白，烏鴉不天天染色而自然漆黑。天空自然高朗，大地自然厚重，日月自然明亮，星辰本來自然布列，草木本來自然區別。先生進修大道而前行，則已經到極點了，又何必用仁義！你是擊鼓來尋求失去的羊嗎！先生是在擾亂人性啊！」老子問孔子說：「你得道嗎？」孔子說：「我尋求二十七年，卻沒有得到。」老子說：「假使道可以獻給人，則人們就沒有不獻給他們的君主的；假使道可以送給人，則人們沒有不送給他們的父母的；假使道可以告訴人，則人們沒有不告訴兄弟的；假使道可以傳授給人，則人們沒有不傳授給他們的兒子的。然而之所以不可能這樣做，沒有其他原因，心中沒有受道的資質，因而道不可能停留。」孔子說：「我研究《詩》、《書》、《禮》、《樂》、《易》、《春秋》，誦習先王的治世之術，闡明周公、召公的業績，來向眾多君主求取官祿，卻不被錄用。人實在太難被說服了！」老子說：「六經，是先王陳舊的足跡，難道是造成足跡的那樣東西嗎！如今您所修習的，都是因襲陳舊的足跡。足跡，是鞋踩出來的，而足跡難道是鞋嗎！」孔子回去以後，三天不說話。子貢感到奇怪去問他，孔子說：「我看見有人發表他的意見如同飛鳥一般，我修飾我的意見作為弓弩來射他，不曾有射不到而不命中的；有人發表他的意見如同麋鹿一般，我修飾我的意見作為奔跑的獵狗去追逐他，不曾有過不能咬到而使之停下來的；有人發表他的意見如同深潭的游魚一般，我修飾我的意見作為魚鉤釣絲去垂釣，不曾有過不鉤住而制服的。至於龍，乘雲氣，遊高空，我不能夠去追逐牠。如今見到老子，他如同是龍吧？使我口張開不能合，舌頭伸出而不能縮，精神錯亂而不知人在哪裡。」

陽子見到老子，老子告訴他說：「虎豹的紋路、猿猱的矯捷，所以造成被射。」陽子說：「請問英明的君主是怎樣治理的？」老子說：「英明的君主治理天下，功績廣被天下，卻似乎不由自己所為；教化施及萬物，卻使人民不有所依恃。他有盛德，人民卻不稱舉他的名字，他居於不可測知之地而遊於無形之境。」

老子將去而西出關❶，以昇崑崙。關令尹喜占風氣❷，逆知當有神人來過，乃掃道四十里，見老子而知是也。老子在中國，都未有所授，知喜命應得道，乃停關中。老子有客徐甲，少賃於老子，約日雇百錢，計欠甲七百二十萬錢。甲見老子出關遊❸行，速索償不可得，乃倩人作辭，詣關令，以言老子。而為作辭者，亦不知甲已隨老子二百餘年矣，唯計甲所應得直之多，許以女嫁甲。甲見女美，尤喜，遂通辭於尹喜。得辭大驚，乃見老子。老子問甲曰：「汝久應死，吾昔賃汝，為官卑家貧，無有使役，故以太玄清生符與汝，所以至今日。汝何以言吾？吾語汝到安息國❹，固當以黃金計直還汝，汝何以不能忍？」乃使甲張口向地，其太玄真符立出於地，丹書文字如新，甲成一聚枯骨矣。喜知老子神人，能復使甲生，乃為甲叩頭請命，乞為老子出錢還之。老子復以太玄符投之，甲立更生。喜即以錢二百萬與甲，遣之而去，并執弟子之禮。具以長生之事授喜，喜又請教誡，老子語之五千言。喜退而書之，名曰《道德經》焉。尹喜行其道，亦得仙。

漢竇太后❺信老子之言，孝文帝及外戚諸竇，皆不得不讀。讀之皆大得其益，故文景之世，天下謐然，而竇氏三世，保其榮寵。太子太傅疏廣父子❻，深達其意，知功成身退之義，同日棄官而歸，散金布惠，保其清貴。及諸隱士，其遵老子之術者，皆外損榮華，內養生壽，無有顛沛於險世。其洪源長流，所潤洋洋如此，豈非乾坤所定，萬世之師表哉！故莊周之徒，莫不以老子為宗也。

【章　旨】敘述老子過關及傳經之事和漢代崇老之盛。

【注　釋】❶關　指函谷關，在今河南靈寶西南。一說指散關，在今陝西寶雞西南。❷占風氣　古代一種占候之法，根據風動、氣象變化，推測人事吉凶。當屬風角之術一類。❸遊　中華書局版《太平廣記》卷一〈老子傳〉此字下夾注曰：「明鈔本『遊』作『遠』。」❹安息國　亞洲西部的古國，在伊朗高原東北部。❺漢竇太后西漢文帝皇后。清河觀津（今河北衡水東）人。呂后時，為代王姬。代王入為皇帝（文帝），她被立為皇后。景帝繼位，尊為皇太后。好黃老之學。武帝即位初期，她曾罷逐大臣竇嬰、田蚡、趙綰、王臧和儒生轅固生等。❻疏廣父子　疏廣，字仲翁，西漢東海蘭陵（今山東棗莊東南）人。少好學，善《春秋》。家居教授，遠方之人都前來就學。徵為博士。宣帝時，任太子太傅。疏受，為疏廣之姪（不是其子），任少傅。在任五年，皆稱病還鄉。功遂身退，傳為美談。

【語　譯】老子將要離開周王朝，往西出函谷關，飛昇崑崙仙境。關令尹喜占候風氣，預知將有神人經過，就打掃近關四十里的道路，看到老子，知道就是神人。老子在中原時，沒有傳授過弟子，知道尹喜命中應該得道，於是停駐關中。老子有個奴僕徐甲，年輕時受僱於老子，約定每日工資一百錢，共計欠徐甲七百二十萬錢。徐甲見老子要出關遠行，盡快討回所欠工資又不可能，就請人寫了訴狀，去見關令，來控告老子。而為徐甲寫訴狀的人，也不知道徐甲已經跟隨老子二百多年了，只計算徐甲所應得的錢很多，答應把女兒嫁給徐甲。徐甲見女子貌美，尤其高興，就把訴狀遞到尹喜處。尹喜收到訴狀，大為驚詫，來見老子。老子問徐甲說：「你早就應當死了，我當初僱用你，因為官卑家貧，沒有人使用，所以把太玄清生符給你，你才活到今天。你為什麼控告我？我告訴過你，到了安息國，就一定用黃金算錢來還你，你為什麼不能忍耐？」就叫徐甲張口向地，那太玄真符立即吐出在地上，朱筆書寫的文字像剛寫好的一樣，徐甲成了一堆枯骨。尹喜知道老子是神人，能使徐甲復生，乃為徐甲叩頭求生，請求為老子出錢還徐甲。老子重又把太玄符投向枯骨，徐甲立即又活過來。尹喜即把二百萬錢給與徐甲，打發他離去，並且對老子行弟子之禮。老子把長生方面的道術全傳授給尹喜，尹喜又要求給與教誡，老子對他說了五千字的話。

尹喜退下後記錄下來，取名《道德經》。尹喜實行老子的道術，也成了仙。

西漢竇太后信奉老子的理論，孝文帝及竇家諸位外戚，都不得不讀《道德經》。讀了之後，都大得益處，所以文帝、景帝之世，天下安寧，而竇家三代，保持其榮寵的地位。太子太傅疏廣父子，深深通曉老子的理論，懂得功成身退的道理，同一日棄官回鄉，散發金錢，廣布恩惠，保持自身的清廉高貴。至於那些隱士們，他們遵從老子的道術，都外面減損富貴榮華，而內在保養壽命，在險惡的人世不遭挫折。老子學說源大流長，潤澤後學如此廣大，難道不是天地所選定，萬世後人的師長表率嗎！所以莊周這些人，沒有不把老子作為宗師的。

李仲甫

【題解】李仲甫服用水丹，兼行奇門遁甲之術。他最大的特長是隱形術，不是一時半刻隱形不現，而是長年累月只聽其聲，不見其人。本篇主要寫他與一個不賢弟子之間的故事，頗為生動有趣。

李仲甫者，豐邑❶中益里人也。少學道於王君，服水丹❷有效，兼行遁甲❸。能步訣❹隱形，年百餘歲轉少。初隱百日一年復見形，後遂長隱。但聞其聲與人對語，飲食如常，但不可見。有書生姓張，從學隱形術。仲甫言：「卿性褊急❺，未中教。」然求之不止，費用數十萬以供酒食，殊無所得。張患之，乃懷匕首往。先與仲甫語畢，因依其聲所在，騰足而上，拔匕首左右刺斫。仲甫已在床上，笑曰：「天下乃有汝輩愚人！道學未得，而欲殺之。我寧得殺耶！我真能死汝，但恕其頑愚，不足問耳。」使人取一犬來，置書生前，曰：「視我能殺犬否。」犬適至，頭已墮地，腹已破，乃叱書生曰：「我能使卿如犬行矣！」書生下地叩頭，乃止，遂赦之。

仲甫有相識人，居相去五百餘里，常以張羅自業。一日張羅得一鳥，視之乃仲甫也。語畢別去，是日仲甫已復至家。在民間三百餘年，後入西岳山去，不復還也。

【注　釋】❶豐邑　在今陝西長安西北灃河西岸，周國舊都，武王後遷至鎬。另春秋時楚地亦有豐邑，在今陝西山陽。❷水丹　謂以水法（即溶解的方法）製取的液體金丹，如金液等。《抱朴子內篇・金丹》列舉多種，《道藏》中所收水法更多。❸遁甲　即奇門遁甲，為古代術數之一種，用以占驗天地人事吉凶禍福。道教則把此術加以推衍，加入踏罡符咒等，來達到召神驅鬼、趨吉避凶等目的。❹步訣　指步罡掐訣。步罡，即踏罡，道士沉思九天，按斗宿之象、九宮八卦之圖行步，即以為可以神飛九天，施展法力。掐訣，指步罡時手掌和手指上掐某些部位，或手指之間結合成某些固定的姿勢，起到感召神鬼、摧伏精邪的作用。事實上步罡掐訣之時，常還伴有唸咒等。❺褊急　氣量狹隘，性情急躁。

【語　譯】李仲甫是豐邑中益里的人。他年輕時向王君學得道術，服用水丹，有效驗，還同時實行遁甲之術。他能步罡掐訣就隱去身形，年紀一百多歲變得年輕。起初他隱身一百天或一年，又會現出身形，後來就長久隱身不現了。只聽見他的聲音在跟人對話，他飲食如常，但不能見到他的身形。有個姓張的書生，向他學習隱形術。仲甫說：「你氣量狹隘，性情急躁，不適合教誨。」然而書生仍求教不止，花費了幾十萬錢供應酒食，一點沒有學到。張姓書生厭恨仲甫，就藏著匕首前去。他先跟仲甫說了話，於是按照仲甫說話所在部位，縱身而上，拔出匕首，左右刺、砍。仲甫已經在床上，笑說：「天下竟有你這種蠢人！道術沒有學到，卻想殺我。我哪裡能夠殺得到呢！我真能殺死你，只是恕你愚頑，不值得追問罷了。」叫人取一隻狗來，放在書生面前，說：「看我能不能殺狗。」狗才送到，頭已落地，肚子已破裂，仲甫這才大聲責罵書生說：「我能使你像狗之類一樣！」書生下地叩頭，停止攻擊，仲甫也就饒恕了他。

仲甫有個相識的人，住的地方距離五百多里，經常以張網捕鳥為職業。一天早上，張網捕到一隻鳥，一看竟是仲甫。談完話告別而去，這一天仲甫已經又回到家了。仲甫在民間三百多年，後來進入西岳山去，不再回來了。

李常在

【題解】李常在有道術，因而長壽，人們歷世見之，所以稱他常在。他不隱居深山，而是常居人間，娶妻生子，傳授弟子，為人治病。幾十年過去，待一代兒女長成，他就換一個地方，又再娶妻生子。重在享受現世幸福生活，這正是道教的宗旨之一。

李常在者，蜀郡人也。少治道術，百姓累世奉事。計其年，已四五百歲而不老，常如五十許人。治病，困者三日❶，微者一日愈。在家有二男一女，皆已嫁娶，乃去。去時從其弟子曾家孔家，各請一小兒，年皆十七八。家亦不知常在欲何去，即遣送之。常在以青竹杖度❷二兒，遣歸置其家所臥之處，徑還，勿與家人語。二子承教，以杖歸家。家人了不見兒，去後乃各見死在床上，二家哀泣殯埋之。百餘日，弟子從郫縣❸逢常在，將此二兒俱行。二兒與弟子泣語良久，各附書到二家。發棺視之，唯青竹杖耳，乃知非死。

後三十餘年，居地肺山❹，更娶婦。常在先婦兒乃往尋求之。未至十日，常在謂後妻曰：「吾兒欲來見尋，吾當去，可將金餅與之。」及至，求父所在。婦以金與之，兒曰：「父捨我去數十年，日夜思戀。聞父在此，故自遠來覲省，不求財也。」乃止，三十日，父不還。兒乃欺其母曰：「父不還，我去矣。」至外，藏於草間。常在還，語婦曰：「此兒詐言如是，當還。汝語之，汝長不復須我，我在法不復與汝相見。」乃去。少頃，兒果來，母語之如此。兒自知不復見其父，乃泣涕而去。後七十餘年，常在忽去。弟子見在虎壽山下居，復娶妻，有父子。世世見之如故，故號之曰常在。

【注釋】❶日　原作「月」，中華書局版《太平廣記》卷一二〈李常在傳〉此字下有夾注：「『日』原作『月』，據明鈔本改。」茲從之。❷度　送與。❸郫縣　位於四川省成都平原中部。❹地肺山　在今江蘇句容，相傳為七十二福地之首。一說即商山，在今陝西商縣東南。

【語　譯】李常在是蜀郡人。年輕時修習道術，百姓歷代侍奉他。計算他的年紀，已經四五百歲，還是不老，常像五十多歲的人。他給人治病，危殆的病人，三日可治癒，病況輕微的，一日就痊癒。常在有二男一女，都已經嫁娶，他才離去。他離去時，從他的弟子曾家、孔家各要來一個小兒，年紀都是十七八歲。小兒家中也不知常在要到哪裡去，即打發小兒前去。常在把青竹棍授給二小兒，打發他們回家把竹棍放在睡覺的地方，直接回來，不要跟家中人說話。二小兒聽從他的囑咐，拿著竹棍回家。家裡人全看不見小兒，他們離去之後，才看見他們各自死在床上，兩家悲哀哭泣把他們殮葬了。一百多天之後，弟子路過郫縣，遇到常在，帶著這二小兒同行。二小兒與弟子流淚談話好久，各自託弟子帶書信到兩家。兩家打開棺材來看，只有青竹棍而已，才知道二小兒沒有死。

　　三十多年以後，常在居住在地肺山，另外娶了妻。常在原先妻子的兒子就去尋找他。兒子未到的十日，常在對後妻說：「我的兒子將來找我，我將離去，你可以把金餅給他。」待到兒子來到，尋找父親所在的地方。後妻把金餅給他，兒子說：「父親離我而去幾十年，日夜想念他，聽說父親在這裡，所以從遠方來探望，不是求財。」兒子就停留在此地，三十天過去了，父親不回來。兒子騙他的後母說：「父親不回來，我走了。」來到外面，藏在草叢裡。常在回家，對妻子說：「這個兒子說這些假話，必定要回來。你對他說，你不必再長久等我，我奉道法，不再跟你相見了。」常在離去。一會兒，兒子果真來了，後母把這些話告訴他。兒子知道不再見得到父親了，才哭泣離去。七十多年後，常在忽然離去。弟子見到他在虎壽山下居住，又娶了妻，生了孩子。人們代代看見他都是老樣子，所以稱他常在。

劉憑

【題解】劉憑通道術，他擅長氣禁之術。氣禁之術是在行氣的基礎上，把內氣施之於外，所顯示的法力。氣禁其實也還要與存思、禹步、符咒等相配合。劉憑憑藉氣禁之術，可以制服盜賊，降妖伏魔，終為漢武帝所知。但劉憑的事跡，《漢書》中並不可考。

劉憑❶者，沛❷人也。有軍功，封壽光金鄉侯❸。學道於稷邱子❹，常服石桂英❺及中嶽石硫黃❻，年三百餘歲而有少容。尤長於禁氣❼。當❽到長安，諸賈人聞憑有道，乃往拜見之，乞得侍從，求見祐護。憑曰：「可耳。」又有百餘人隨憑行，并有雜貨約直萬金。乃於山中逢賊數百人，拔刃張弓，四合圍之。憑語賊曰：「汝輩作人，當念溫良。若不能展才布德，居官食祿，當勤身苦體。夫何有靦面目，豺狼其心，相教賊道，危人利己！此是伏尸都市，肉饗烏鳶之法。汝等弓箭，當何所用！」

於是賊射諸客，箭皆反着其身。須臾之間，大風折木，飛沙揚塵。憑大呼曰：「小物⑨輩敢爾！天兵從頭刺殺先造意者！」憑言絕，而衆兵一時頓地，反手背上，不能復動，張口短氣欲死。其中首帥三人，即鼻中出血，頭裂而死。餘者或能語曰：「乞放余生，改惡為善。」於是諸客或斫殺者，憑禁止之。乃責之曰：「本擬盡殺汝，猶復不忍。今赦汝，猶敢為賊乎？」皆乞命曰：「便當易行，不敢復爾。」憑乃勑天兵赦之，遂各能奔走去。

嘗有居人妻病邪魅，累年不愈。憑乃勑之⑩，其家宅傍有泉水，水自竭，中有一蛟枯死。又有古廟，廟間有樹，樹上常有光，人止其下，多遇暴死，禽鳥不敢巢其枝。憑乃勑之，盛夏樹便枯死。有大蛇長七八丈，懸其間而死，後不復為患。憑有姑子，與人爭地，俱在太守坐。姑子少黨，而敵家多親助，為之言者四五十人。憑反覆良久，忽然大怒曰：「汝輩敢爾！」應聲有雷電霹靂，赤光照耀滿屋，於是敵人之黨，一時頓地，無所復知。太守甚怖，為之跪謝曰：「願君侯⑪少寬威靈，當為理斷，終不使差失。」日移數丈，諸人乃能起。漢孝武帝聞之，詔徵而試之，曰：「殿下有怪，輒有數十人，絳衣披髮持燭，相隨走馬。可效否？」憑曰：「此小鬼耳。」至夜，帝偽令人作之。憑於殿上以符擲之，皆面搶地，以火焠口⑫無氣。帝大驚曰：「此非鬼也，朕以相試耳。」乃解之。後入太白山⑬中，數十年復歸鄉里，顏色更少。

【注釋】❶劉憑　《仙苑編珠》卷中作「婁馮」。❷沛　郡名，治所在相縣（今安徽濉溪西北）。另縣名，治所在今江蘇沛縣。❸壽光金鄉侯　按《漢書》之〈王子侯及功臣表〉皆無壽光金鄉侯。哈佛燕京學社所編《漢書及補注綜合引得》中，亦無劉憑或婁馮及壽光金鄉侯。❹稷邱子　《列仙傳》曰：「稷丘君者，太山下道士也。武帝時，以道術受賞賜。髮白再黑，齒落更生，後罷去。」《抱朴子內篇・金丹》載其所傳「稷丘子丹法」。❺石桂英　當即石桂芝。《抱朴子內篇・仙藥》載曰：「石桂芝，生名山石穴中，似桂樹而實石也。高尺許，大如徑尺，光明而味辛，有枝條，擣服之一斤得千歲也。」❻中嶽石硫黃　中嶽嵩山所產石硫黃。石硫黃為天然硫黃礦石，道教認為石硫黃為仙藥之一種，服用可長生。《太清石壁記》卷上記有石硫黃丹製法。《黃帝九鼎神丹經訣》記石硫黃合光明砂合煎，煉成「如梧桐子般泥丸，久服可輕舉，亦可升仙」。❼禁氣　即氣禁之術，即以內氣施於對象使之產生變化的方術。《抱朴子內篇・至理》曰：「吳越有禁咒之法，甚有明驗，多炁耳。」下列舉其效多種，說到「以炁禁白刃，則可蹈之不傷，刺之不入。」❽當　通「嘗」。中華書局版《太平廣記》卷一一〈劉憑傳〉此字正作「嘗」。❾小物　猶言小傢伙、小東西。❿勑之　指以符咒命令神靈整治妖邪。⓫君侯　秦漢時稱列侯而為丞相者，後用以對達官貴人的敬稱。⓬以火焠口　謂以火照視其口。⓭太白山　今浙江嵊縣西南有太白山。一說指天童山，在今浙江鄞縣東。

【語　譯】劉憑是沛郡人。有戰功，封為壽光金鄉侯。他向稷邱子學習道術，長久服用石桂英及中嶽石硫黃，年紀三百多歲而面貌年輕。他尤其擅長氣禁之術。他曾到長安，眾商人聽說劉憑通道術，就前往拜見他，請求能夠侍從他，受到祐護。劉憑說：「可以。」又有一百多人也跟隨劉憑而行，並有雜貨約值萬金。於是在山中遇到數百個賊人，拔刀張弓，四面包圍。劉憑對賊人說：「你們這些人做人，應當想到溫和善良。若是不能施展才能，廣布德澤，受任官職，享受俸祿，也應該勤苦自身去勞作。怎麼厚著面皮，把心變得豺狼一樣，互相教授做賊之術，害人利己！這是屍體伏在都城集市之上，肉給烏鴉、老鷹吃的作法。你們的弓箭，將有什麼用！」於是賊人開弓射眾商人，箭都反過來射到他們自己身上。須臾之間，大風吹折樹木，塵沙飛揚。劉憑大呼：「小傢伙們敢這樣做！天兵迎頭刺殺最先策劃的人！」劉憑的話才說完，眾賊兵立即跌倒在地，反手在背上，不能再動，張口氣急將死。其中三個首領，立即鼻中出血，頭裂而死。剩下的賊眾中有的能說話：「求您放了我，饒我的命，我將改惡為善。」當時眾商人中有人砍殺賊人，劉憑禁止這樣做。就斥責賊眾說：「本來打算把你們全殺光，我還是不忍心。現在饒恕你們，還敢做賊嗎？」賊人都乞求饒命，說：「必定改變行為，不敢再這樣了。」劉憑就命天兵饒了賊人，賊人才各自能夠奔跑而去。

曾有一個居民的妻子因邪鬼作祟而生病，幾年不能痊癒。劉憑就發出命令，那居民住宅旁有泉水，泉水自然枯竭，有一條蛟枯死其中。又有座古廟，廟內有樹，樹上常有光，人停留樹下，多會突然死亡，禽鳥不敢在樹枝上築巢。劉憑就發出命令，盛夏樹便枯死。有一條七八丈長的大蛇，懸掛在樹枝間而死，後來廟內的樹不再有禍患。劉憑有姑母之子，跟人爭田地，雙方都在太守座前理論。姑母之子親族少，而對方親友多，為對方說話的人有四五十個。劉憑再三思考好久，忽然大怒說：「你們竟敢這樣！」應聲有閃電震雷，紅光照耀滿屋，於是對方的親族，突然跌倒在地，不再有知覺。太守很害怕，對著劉憑長跪謝罪說：「希望君侯稍微寬減神威，我將審理決斷，終究不使有差錯。」太陽移動幾丈，眾人才能起身。漢朝孝武帝聽說劉憑，下詔徵召他到朝廷試驗，武帝對劉憑說：「大殿下有妖怪，每每有幾十個人，紅衣披髮，手中持燭，能跟得上跑馬。你施法可有效驗嗎？」劉憑說：「這些是小鬼罷了。」到了夜晚，武帝命人偽裝作鬼。劉憑在殿上把符擲向假鬼，這些人都臉朝下著地，用火光照視，口中無氣。武帝大驚說：「這些人不是鬼，是朕用來試你的。」劉憑才解了禁術。他後來進入太白山中，幾十年後又歸鄉里，容貌更加年輕。

孔安國

【題解】孔安國的道術主要是服用仙藥，行氣斷穀，因而可以長生。但他自說，他沒有能得到神丹之方，因而不能昇天，只是地仙而已。在他傳授下，弟子們也多能數百歲而不老。西漢有位經學家名孔安國，為孔子後裔，也是魯人，也許即本篇傳主的原形。

孔安國者，魯❶人也。常行氣，服鉛丹❷，年二百歲，色如童子。隱潛山❸，弟子隨之數百人。每斷穀入室，一年半復出，益少。其不入室，則飲食如常，與世人無異。安國為人沉重，尤寶惜道要，不肯輕傳。其奉事者五六年，審其為人志性，乃傳之。有陳伯者，安樂❹人也，求事安國。安國以為弟子，畱三年，知其執信，乃謂之曰：「吾亦少更勤苦，尋求道術，無所不至。遂不能得神丹八石❺登天之法，唯受地仙之方，適可以不死。而昔事海濱漁父，漁父者，故越相范蠡❻也，乃易姓隱名，以避凶世。哀我有志，授我秘方服餌之法，以得度世。則大伍司誠子期姜伯塗山❼，皆千歲之後更少壯。吾受道以來，服藥三百餘年，以其一方授崔仲卿。卿年八十四，服藥已三十三年矣，視其肌體氣力甚健，鬚髮不白，口齒完堅。子往與相見事之。」陳伯遂往事之，受其方，亦度世不老。又有張合妻，年五十，服之反如二十許人，一縣怪之。八十六生一男。又教數人，皆四百歲，後入山去。亦有不度世者，由於房中之術故也。

【注釋】❶魯　指原周朝魯國故地，約今山東省西南部。❷鉛丹　外丹黃白術常用藥物，主要成分為四氧化三鉛，有時含一氧化鉛或過氧化鉛。呈橘黃色，故又稱黃丹。《雲笈七籤》卷七一載有造鉛丹法。❸潛山　在安徽潛山。《抱朴子內篇．金丹》列此山為名山，「可以精思合作仙藥者。」❹安樂　縣名，治所在今北京市順義縣西北。❺神丹八石　指用八種礦石藥物飛煉之丹。至於八石指哪八種藥物，則丹經所載不同。❻范蠡　字少伯，楚國宛人，春秋末政治家。為越大夫，曾助越王句踐刻苦圖強，滅亡吳國。《列仙傳》有其傳，謂其「事周師太公望，好服桂飲水」。❼大伍司誠子期姜伯塗山　此十字不能確知其義，似為人名。疑文字有誤。

【語譯】孔安國是原魯國一帶的人。長久行氣，服用鉛丹，年紀二百歲，面色如兒童。隱居潛山，跟隨他的弟子有幾百人。他每次斷穀入室，一年半才復出，面容越加年輕。他如果不是入室不出，則飲食如常，跟世人沒有什麼不同。安國為人穩重，尤其珍惜道術訣要，不肯輕易傳授人。那侍從他五六年，他詳知其為人志性的人，他才傳授。有個叫陳伯的人，是安樂縣人，請求侍奉安國。安國把他作為弟子，留在身邊三年，知他秉持信義，方對他說：「我也是年輕時經歷辛苦，尋求道術，沒有地方沒有到過。終不能得到服用八石神丹而昇天的法術，只被授可成地仙的仙方，才可以不死。當年我侍奉海濱漁父，漁父是原越國之相范蠡，改姓隱名，來避開不利之世。他可憐我有志學道，傳授給我秘方及服用之法，因而得以超越塵世。則大伍司、誠子期、姜伯塗山，都千年之後更加年輕健壯。我接受道術以來，服用仙藥三百多年，把一個方子授與崔仲卿。仲卿年紀八十四歲，服仙藥已三十三年了，看他肌體氣力很健壯，鬚髮不白，牙齒完整堅固。你去跟他相見，侍奉他。」陳伯即去侍奉他，接受了他的仙方，也超越塵世而不老。又有張合妻，年紀五十歲，服了仙藥，反如二十多歲的人，全縣的人都奇怪。她八十六歲生了一個男孩。仲卿又教了幾個人，都活到四百歲，後來入山去了。也有人不能超越塵世，那是由於房中術運用不當的緣故。

蘇仙公

【題解】蘇仙公名耽，西漢時仙人。他早年喪父，母子相依。他雖成仙，仍戀戀不忘母親，這種母子深情，本篇寫得十分動人。蘇耽將要飛昇，預先為母親未來生活作了安排。臨別之際，相對抽泣，依依惜別。母親百歲去世，遠處山上傳來哭聲，三年不斷，直至服除為止。這些描述，都使人感到，蘇耽雖成仙在天，依然心繫慈母，不忘故里，是一個有人情味的仙人。

蘇仙公❶者，桂陽❷人也，漢文帝時得道。先生早喪所怙，鄉中以仁孝聞。宅在郡城東北，出入往來，不避燥濕。至於食物，不憚精粗。先生家貧，常自牧牛，與里中小兒更日為牛郎。先生牧之，牛則徘徊側近，不驅自歸。餘小兒牧牛，牛則四散，跨岡越嶮。諸兒問曰：「爾何術也？」先生曰：「非汝輩所知。」常乘一鹿。先生常與母共食，母曰：「食無鮓❸，他日可往市買也。」先生於是以筯插飯中，攜錢而去，斯須即以鮓至，母食未❹畢。母曰：「何處買來？」對曰：「便縣❺市也。」

母曰：「便縣去此百二十里，道途徑嶮，往來遽至，汝欺我也！」欲杖之，先生跪曰：「買鮓之時，見舅在市，與我語云，明日來此。請待舅至，以驗虛實。」母遂寬之。明曉舅果到，云昨見先生便縣市買鮓。母即驚駭，方知其神異。先生曾持一竹杖，時人謂曰：「蘇生竹杖，固是龍也。」

數歲之後，先生灑掃門庭，修飾墻宇。友人曰：「有何邀迎？」答曰：「僊侶當降。」俄頃之間乃見天西北隅，紫雲氤氳，有數十白鶴，飛翔其中。翩翩然降於蘇氏之門，皆化為少年。儀形端美，如十八九歲人，怡然輕舉。先生斂容逢迎。乃跪白母曰：「某受命當僊，被召有期，儀衛❻已至，當違色養❼。」即便拜辭，母子歔欷。母曰：「汝去之後，使我如何存活？」先生曰：「明年天下疾疫，庭中井水，簷邊橘樹，可以代養。井水一升，橘葉一枚，可療一人。兼封一櫃留❽之，有所闕乏，可以扣櫃言之，所須當至，慎勿開也。」言畢即出門，踟躕顧望，聳身入雲。紫雲捧足，群鶴翱翔，遂昇雲漢而去。來年果有疾疫，遠近悉求母療之，皆以水及橘葉，無不愈者。有所闕乏，即扣櫃，所須即至。三年之後，母心疑❾，因即開之，見雙白鶴飛去。自後扣之，無復有應。母年百餘歲，一旦無疾而終。鄉人共葬之，如世人之禮。葬後忽見州東北牛脾山紫雲蓋上有號哭之聲，咸知蘇君之神也。郡守鄉人皆就山弔慰，但聞哭聲，不見其形。郡守鄉人苦請相見，空中答曰：「出俗日久，形貌殊凡，若當露見，誠恐驚怪。」固請不已，即出半面，示一手，皆有細毛，異常人也。因謂郡守鄉人曰：「遠勞見慰，途徑險阻，可從直路而還，不須迴顧。」言畢即見橋亘嶺傍，直至郡城。行次，有一官吏輒迴顧，遂失橋所，墮落江濱，乃見一赤龍於橋下宛轉而去。先生哭處，有桂竹❿兩枝，無風自掃，其地恆淨。三年之後，無復哭聲。因見白馬，常在嶺上，遂改牛脾山為白馬嶺。自後有白鶴來止郡城東北樓上，人或挾彈彈之，鶴以爪攫樓板，似漆書云：「城郭是，人民非，三百甲子⓫

一來歸。吾是蘇君彈何為？」至今修道之人，每至甲子日，焚香禮於僊公之故第也。

【注釋】❶蘇仙公　《仙苑編珠》卷上引〈蘇君傳〉謂仙公名躭，《三洞群仙錄》卷二則引〈蘇君傳〉謂其名耽，《雲笈七籤》卷一一〇、《歷世真仙體道通鑑》卷一一皆同作耽。《太平御覽》卷六六二則將蘇林、蘇耽混同起來，前曰：「蘇仙公名林，字子玄，周武王時人也。」下述蘇耽之事。此殊誤，蘇林為周朝之仙人，而蘇耽則為漢時仙人（《歷世真仙體道通鑑》卷一一謂其漢文帝三年道成昇天），仙傳中各有其傳。❷桂陽　漢郡名，治所在郴縣（今湖南郴縣）。❸鮓　指醃魚、糟魚之類。❹未　原作「去」，中華書局版《太平廣記》卷一三〈蘇仙公傳〉「去」字下有夾注：「明鈔本『去』作『未』」，茲據明鈔本改。❺便縣　西漢縣名，治所即今湖南永興。❻儀衛　儀仗衛士。❼色養　謂以和顏悅色盡奉養之道。典出《論語・為政》。❽留　原作「晉」，據中華書局版《太平廣記》卷一三〈蘇仙公傳〉改。❾母心疑　《歷世真仙體道通鑑》卷一一此處說得更清楚：「一日，母思耽，謂在其中，乃發櫃。」❿桂竹　竹名。晉戴凱之《竹譜》：「桂竹高四五丈，大者二尺，圍闊節大，葉狀如甘竹而皮赤，南康以南所饒也。」⓫三百甲子　古代以天干和地支遞次相配，從甲子至癸亥，共六十，故又稱六十甲子。古人用以紀日、紀年。此處則以甲子代年，謂三百多年。甲，天干的首位。子，地支的首位。

【語譯】蘇仙公是桂陽郡人，漢文帝時得道。先生早年喪父，在鄉里以仁孝聞名。住宅在郡城東北，出入往來，不管驕陽還是陰雨。對於食物，不論好壞都吃。先生家貧，經常自己牧牛，他和里中小孩按日輪流做牛郎。先生牧牛，牛則在附近徘徊，不用驅趕，自己回家。其他小孩牧牛，牛則四散走開，跨越山岡險阻。小孩們問道：「你有什麼方法？」先生說：「這不是你們所知道的。」他常騎一頭鹿。先生曾有次與母親一起吃飯，母親說：「吃飯沒有醃魚，他日到市上去買。」先生於是把筷子插在飯中，帶著錢出去，一會兒即帶著醃魚來到，母親飯還沒有吃完。母親說：「哪裡買來的？」先生回答說：「便縣買來的。」母親說：「便縣離開這裡一百二十里，路途險阻，一去一來，這麼快就到了，你在騙我啊！」要用棍子打他，先生下跪說：「買醃魚時，在市上見到舅舅，他和我說，明天到這裡來。求您等到舅舅來到，驗證我的話的虛實。」母親就饒了他。次日早上舅舅果真來到，說到昨天見到先生在便縣市上買醃魚。母親即感到驚駭，才知道先生的神異。先生曾手持一根竹棍，世人說：「蘇先生的竹棍，本來是龍。」

幾年之後，先生灑掃庭院，修飾牆垣屋宇。朋友說：「要邀迎什麼人嗎？」先生回答說：「神仙們將要降臨。」頃刻之間，就見天的西北角上，紫雲湧動，幾十隻白鶴在雲中飛翔。白鶴翩翩降落在蘇家門口，都化成少年。儀容端美，如同十八九歲的樣子，怡然輕盈。先生正容迎接。這才下跪稟告母親說：「我受天命應當成仙，被徵召有期限，儀仗衛士已來到，將不能奉養您了。」即便拜辭，母子相對抽泣。母親說：「你去之後，使我如何生活？」先生說：「明年天下流行傳染病，庭院中井裡的水，屋簷邊的橘樹，可以代我養活您。井水一升，橘葉一片，可治療一個人。同時我還封了一個櫃子留給您，缺少什麼，可以敲櫃子說，所需的東西定會來到，千萬不要把櫃子打開。」說完話，即出門，躊躇顧望，縱身跳入雲中。紫雲捧著他的腳，群鶴翱翔，就昇入雲霄而去。來年果真傳染病流行，遠近患者都求蘇母治療，蘇母都用井水和橘葉治療，病人無不痊癒。有所缺乏，就敲櫃子，所需要的東西立即來到。三年之後蘇母心生懷疑，於是打開櫃子，只見一雙白鶴飛去。這以後敲櫃子，不再有反應了。蘇母活到一百多歲，一日無疾而終。鄉里之人共同把蘇母安葬，同於一般世人的禮儀。安葬之後忽然聽見郡城東北牛脾山紫雲蓋上有號哭之聲，眾人都知那是蘇君的神靈。太守、鄉人都到山上弔唁，只聽到哭聲，不看見形體。太守、鄉人竭力請求相見，空中答道：「離開世俗時間久了，形貌與普通人不一樣，若是顯露出來，實在怕你們驚怪。」眾人堅持請求不止，即露出半個面孔，出示一隻手，上面都有細毛，和平常人不同。蘇君於是對郡守、鄉人說：「勞動你們從遠方來慰問我，路途險阻，可從直路回去，不要回頭看。」話說完，即看見一座橋綿延嶺旁，直通到郡城。通行之中，有一個官吏則回頭看，橋就沒有了，官吏墜落在江邊，竟見到一條赤龍在橋下蜿蜒而去。先生發出哭聲的地方，有兩枝桂竹，無風自掃，那塊地方長久保持乾淨。三年之後，不再有哭聲了。於是見到白馬常在嶺上，就改牛脾山為白馬嶺。這以後，有白鶴飛來，停在郡城的東北城樓上，有人用彈弓射牠，白鶴用爪抓樓板，留下好似漆寫的字，字為：「城郭還是這樣，人民已經不是昔日之人，三百年後回到故鄉來。我是蘇君，用彈弓射我是為什麼呢？」至今修習道術的人，每到甲子日，就到蘇仙公原來的住宅去焚香禮拜。

成仙公

【題解】成僊公名武丁，因偶遇二白鶴會說人語，得遇仙緣，遂得道法。他在太守府中任職，因為出身寒微，飽受豪族、官僚的排擠。幸得太守慧眼識人，始終對他重用寬容。他終於以竹杖託形，成仙而去。

成僊公者，諱武丁，桂陽臨武❶烏里人也。後漢時年十三，身長七尺。為縣小吏，有異姿，少言大度，不附人，人謂之癡。少有經學，不授於師，但有自然之性。時先被使京，還過長沙郡❷，投郵舍❸不及，遂宿於野樹下。忽聞樹上人語云：「向長沙市藥。」平旦視之，乃二白鶴。僊公異之，遂往市。見二人罩白傘，相從而行。先生遂呼之設食，食訖便去，曾不顧謝。先生乃隨之行數里，二人顧見先生，語曰：「子有何求而隨不止？」先生曰：「僕少出陋賤，聞君有濟生之術，是以侍從耳。」二人相向而笑，遂出玉函，看素書，果有武丁姓名。於是與藥二丸，令服之。二人語先生曰：「君當得地僊。」遂令還家。明照萬物，獸聲鳥鳴，悉能解之。

先生到家後，縣使送餉❹府君❺。府君周昕，有知人之鑒。見先生呼曰：「汝何姓名也？」對曰：「姓成名武丁，縣司小吏。」府君異之，乃留在左右，久之署為文學主簿❻。嘗與眾共坐，聞群雀鳴而笑之。眾問其故，答曰：「市東車翻覆米，群雀相呼往食。」遣視之，信然也。時郡中寮吏豪族，皆怪不應引寒小之人，以亂職位。府君曰：「此非卿輩所知也。」經旬日，乃與先生居閤直。至年初元會❼之日，三百餘人，令先生行酒❽。酒巡徧訖，先生忽以杯酒向東南噀❾之。眾客愕然怪之，府君曰：「必有所以。」因問其故，先生曰：「臨武縣火，以此救之。」眾客皆笑。明日司儀上事，稱武丁不敬，即遣使往臨武縣驗之。縣人張濟上書，稱元日慶集飲酒，晡時❿火忽延燒廳事，從西北起。時天氣清澄，南風極烈，見陣雲自西北直聳而上，徑止縣，大雨，火即滅。雨中皆有酒氣。眾疑異之，乃知先生蓋非凡人也。

後府君令先生出郡城西立宅居止，只有母一小弟及兩小兒。比及二年，先生告病，四宿⓫而殞。府君自臨殯之，經兩日，猶未成服⓬。先生友人從臨武來，於武昌岡上，逢先生乘白騾西行。友人問曰：「日將暮，何所之也？」答曰：「暫往迷溪，斯須卻返。我去，向來⓭忘大刀在戶側，履在雞棲⓮上。可過語家人收之。」友人至其家，聞哭聲，大驚曰：「吾向來於武昌岡逢先生共語，云：『暫至迷溪，斯須當返。』令過語家人收刀并履，何得爾乎？」其家人云：「刀履并入棺中，那應在外！」即以此事往啟府君，府君遂令發棺視之。不復見尸，棺中唯一青竹杖，長七尺許。方知先生託形僊去。時人謂先生乘騾於武昌岡，乃改為騾岡，在郡西十里也。

【注釋】❶桂陽臨武　桂陽郡臨武縣。臨武縣治所在今湖南臨武東。❷長沙郡　東漢郡名，治所在臨湘（今長沙市）。❸郵舍　古代傳遞文書、供應食宿和車馬的驛站。❹餉　軍糧。❺府君　漢代用稱太守。❻文學主簿　典領文書，辦理事務之官。❼元會　元旦日之正式宴會。❽行酒　依次斟酒。❾噀　噴。❿晡時　申時，下午三點到五點。⓫宿　夜。⓬成服　喪禮大殮之後，親屬按照與死者關係的親疏穿上不同的喪服，叫成服。⓭向來　剛才。⓮雞棲　雞窩。另皂角樹亦名雞棲樹。

【語譯】成僊公，名武丁，桂陽郡臨武縣烏里人。東漢時十三歲，身長七尺。他做縣小吏，有不同於常人的姿態，少言大度，不依從他人，人們認為他痴呆。他年紀輕輕就懂有關儒家經典的學問，沒有老師教他，但有自然的天性。當初他曾被派到京城公幹，回程路過長沙郡，來不及投宿郵舍，就睡在野外樹下。忽然聽到樹上有人說話：「到長沙去買藥。」早上看樹上，竟是兩隻白鶴。僊公感到奇怪，就到市場上去。見兩個人打著白傘，相隨而行。先生招呼他們，請他們吃飯，他們吃完便走，並不回頭道謝。先生跟隨他們走了幾里路，二人回頭看見先生，說：「你跟隨我們不停止，有什麼要求嗎？」先生說：「我小時出身鄙陋低賤，聽說您們懂得養生之術，因此隨侍二位。」二人相對而笑，就取出玉匣，查看寫在白絹上的字，上面果然有武丁姓名。於是給與先生兩顆藥，叫他服下。二人對先生說：「你應當成地仙。」就命他回家。先生從此能夠明察萬物，獸聲鳥鳴，全能聽懂。

先生到家以後，縣裡派他去太守處解送軍糧。太守周昕，能識別人才。他看見先生就呼喚他說：「你的姓名是什麼呀？」先生回答說：「姓成名武丁，縣裡的小吏。」太守認為他很奇特，把他留在身邊，時間長了任他為文學主簿。有一次與眾人一起閒坐，聽到一群鳥雀的鳴聲，他不禁發笑。眾人問他為什麼發笑。他回答說：「集市東面，車翻米倒在地上，眾鳥雀相互招呼去吃。」太守遣人去看，確實如此。當時郡中的官吏、豪族，都責怪太守不該提拔出身寒微的人，來淆亂職位。太守說：「這不是你們所知道的。」十天裡，太守與先生住在閣中輪值。到了元旦宴會這一天，參加者有三百多人，太守命先生行酒。依次斟酒完畢。先生忽然口含酒向東南方噴過去。眾客人愕然奇怪，太守說：「一定有原因。」於是問什麼緣故，先生說：「臨武縣失火，因此救火。」眾客人都笑起來。次日主管禮儀的官員稟告，說武丁怠慢無禮，太守即派遣使者到臨武縣去驗證。縣中人張濟上書，說元旦這一天慶祝新年，集合飲酒，申時火起，延燒廳堂，從西北方而起。當時天氣晴朗，南風很大，看見一陣雲從西北方直昇而上，直接停在縣的上空，大雨傾盆，火即熄滅。雨中都有酒氣。眾人對此感到疑惑奇怪，才知先生大概不是平常的人。

後來府君命先生出郡城之西，建屋居住，只有母親、一個小弟及兩個小孩同住。待到兩年，先生稱病引退，四夜就死了。太守親自來給他殯殮，過了兩天，還沒有成服。先生的友人從臨武來，在武昌岡上，遇到先生騎著白騾往西去。友人問道：「太陽將要落山了，到哪裡去呀？」先生回答說：「暫往迷溪，片刻即回。我去了，剛才把大刀忘在門邊，鞋子放在雞窩上。可去告訴我家中人收起來。」友人到了他家，聽見哭聲，大驚說：「我剛才在武昌岡上遇到先生，一起談話，他說：『暫往迷溪，片刻將回。』命我傳話家中人收起刀和鞋子，怎麼會這樣呢？」他家中人說：「刀、鞋子都已收入棺材中，怎麼會在外面！」即把此事去稟告太守，太守就命打開棺材來看。棺材中不再看見屍身，只有一枝青竹棒，長七尺多。這才知道先生用竹棒託形，人已成仙而去。當時人說先生在武昌岡騎騾，就把武昌岡改為騾岡，在郡城西面十里。

郭璞

【題解】郭璞是晉代著名學者和文學家。他也是一位精於術數的專家，《晉書‧郭璞傳》記載了很多這方面的材料。可是他生在一個風雲震盪的時代，又成為大野心家王敦的部屬。終於因不肯參與王敦的逆謀，而遭到殺害。本篇的記述與正史雖略有出入，但大體相同。只是末尾說郭璞得尸解之道，實際未死，則顯出仙傳的特點。

郭璞，字景純，河東人❶也。周識博聞❷，有出世之道。鑒天文地理，龜書龍圖❸，爻象❹讖緯❺，安墓卜宅❻，莫不窮微。善測人鬼之情狀，李洪範《翰❼林明道論》：「景純善於遙寄❽，綴文之士，皆同宗之。」晉中興❾，王導❿受其成旨，以建國社稷。璞盡規矩制度，仰範太微星辰⓫，俯則河洛黃圖⓬。夫帝王之作，必有天人⓭之助者矣。王敦⓮鎮南州⓯，欲謀大逆，乃召璞為佐。時明帝年十五⓰，一夕集朝士，問太史：「王敦果得天下邪？」史臣曰：「王敦致天子⓱，非能得天下。」

明帝遂單騎微行，直入姑孰城⑱。敦正與璞食，璞久之不白敦。敦驚曰：「吾今同議定大計，卿何不即言？」璞曰：「向見日月星辰之精靈，五岳四海之神祇，皆為道從⑲翼衛。下官震悸失守，不即得白將軍。」敦使聞，謂是小奚⑳戲馬㉑，檢定㉒非也。遣三十騎追，不及。敦曰：「吾昨夜夢在石頭城㉓外江中，扶犂而耕，占之。」璞曰：「大江扶犂耕，亦自不成反㉔，反亦無所成。」敦怒謂璞曰：「卿命盡幾何？」璞曰：「下官命盡今日。」敦誅璞，江水暴上市。璞㉕出城南坑，見璞家載棺器及送終之具，已在坑側。兩松樹間，上有鵲巢，璞逆報家書所言也。謂伍伯曰：「吾年十三時，於柵塘脫袍與汝。吾命應在汝手中，可用吾刀㉖。」伍伯感昔念惠，銜涕行法。殯後三日，南州市人，見璞貨其平生服飾，與相識共語，非但一人。敦不信，開棺無尸。璞得兵解之道，今為水仙伯。注《山海經》㉗、《夏小正》㉘、《爾雅》㉙、《方言》㉚，著〈遊僊詩〉、〈江賦〉、〈卜繇〉、〈客傲〉、《洞林》㉛云。

【注　釋】❶河東人　郭璞為河東郡聞喜縣（今山西聞喜）人。❷周識博聞　郭璞好古文奇字，為博物學家。曾注《爾雅》、《方言》、《山海經》、《夏小正》等，對於語詞的演變、地理氣候、各地動植物及神話傳說，都有豐富知識。❸龜書龍圖　即洛書河圖。《易．繫辭上》曰：「河出圖，洛出書，聖人則之。」傳說伏羲氏時，有龍馬從黃河出現，背負「河圖」，此即「龍圖」；有神龜從洛水出現，背負「洛書」，此即「龜書」。伏羲即據此圖，書畫成八卦。❹爻象　指《周易》中六爻相交成卦所表示的事物形象。亦指爻辭、象辭。❺讖緯　讖，是巫師或方士製作的一種隱語或預言，作為吉凶的符驗或徵兆。緯，指方士化的儒生編集起來附會儒家經典的各種著作。❻安墓卜宅　指占相陰宅（墓葬）、陽宅（生人住宅）的地形、環境、結構、坐向，以判斷其吉凶休咎。皆為堪輿術內容。❼翰　原無此字，中華書局《太平廣記》卷一三〈郭璞傳〉「李洪範林明道論」下有夾注：「明鈔本林上有翰字」，故據以補。❽景純善於遙寄　郭璞所作詩歌辭賦，今存部分。其中十四首〈遊僊詩〉（其中四首殘缺）是其代表作，詩中描寫神仙自由自在的生活和作者的企慕。遙寄，興寄悠遠之作。❾晉中興　建興四年（西元三一六年）匈奴族的漢國滅亡晉朝，北方從此進入十六國時期。晉元帝司馬睿在南方重建晉朝，都建康（今南京市），史稱東晉。中興，本謂中途振興，轉衰為盛。此處實為偏安的諱稱。❿王導　字茂弘，琅邪臨沂人。出身士族。西晉末，為琅邪王司馬睿獻策移鎮建康。大興元年（西元三一八年）司馬睿稱帝，任丞相。王導歷仕元、明、成三帝，鞏固了東晉政權。⓫太微星辰　星宮名，三垣之一，位於北斗之南。諸星以五帝座為中心，作屏藩狀。⓬河洛黃圖　河洛，指洛陽。黃圖，指畿輔、京都。洛陽為晉之故都，東晉建都自要取法洛陽。⓭天人　才能傑出之人。⓮王敦　字處仲，琅邪臨沂人，出身士族。王導之堂兄。東晉時任大將軍、荊州牧，握重兵屯武昌。由於晉帝抑制王氏勢力，王敦於永昌元年（西元三二二年）起兵攻入建康，殺刁協、周顗、戴淵等，撤回軍隊。日謀篡奪司馬氏政權。太寧二年（西元三二四年）明帝乘其病危，下詔討伐。他再次進兵建康，在軍中病死。⓯南州　東晉時以姑熟（今安徽當塗）為南州。太寧元年王敦移鎮姑熟城。⓰時明帝年十五　此處記述有誤。《晉書．明帝紀》記：太寧三年明帝崩，時年二十七。則太寧元年時明帝當二十五歲，而非十五歲。⑰王敦致天子　謂王敦能使天子來到。《晉書・郭璞傳》曰：「璞嘗為人葬。帝微服往觀，因問主人：「何以葬龍角？此法當滅族。」主人曰：「郭璞云：此葬龍耳，不出三年，當致天子也。」帝曰：「出天子邪？」答曰：「能致天子問耳。」帝甚異之。」本篇謂王敦能致天子，即由此。故下文明帝遂探王敦。⑱明帝遂單騎微行二句　太寧二年六月，明帝秘密至于湖（治所在今安徽當塗）偵察王敦營壘。王敦發覺，命騎兵追趕，未能追及。⑲道從　前導後從。⑳小奚　小奚奴，即小男僕。㉑戲馬　馳馬取樂。㉒檢定　檢查審定。㉓石頭城　在今江蘇南京西清涼山。本楚威王所置金陵邑，東漢建安十七年孫權重築改名。一名石首城。其城負山面江，控扼江險，宛如虎踞。㉔反　此處明謂翻地，暗喻反叛。㉕璞　此下原有一「尸」字，中華書局版《太平廣記》卷一三〈郭璞傳〉「尸」字下夾注曰：「明鈔本無尸字」，據以刪。㉖吾年十三時四句　《晉書・郭璞傳》曰：「初，璞中興初，行經越城間。遇一人，呼其姓名，因以袴褶遺之，其人辭不受。璞曰：『但取後自當知。』其人遂受而去。至是，果此人行刑。」㉗山海經　共十八篇，作者不詳，不出於一人之手，約為戰國至西漢之作。內容主要為民間傳說中的地理知識，包括山川、道里、民族、物產、藥物、祭祀、巫醫等，保存了不少遠古的神話傳說。㉘夏小正　為《大戴禮記》中的一篇，相傳是夏代的遺書。這篇文字按十二月的順序，詳細地記載大自然包括天上星宿、大地生物的相應的變化，是我國現存的一部最古老的月令。此篇也常被學者單獨抽出注解成書，郭璞當也是這種作法。㉙爾雅　此書是由漢初學者綴輯周漢諸書舊文，遞相增益而成。今本十九篇，為考證詞義和古代名物的重要著作。郭璞所著《爾雅注》、《爾雅音》、《爾雅圖》、《爾雅圖贊》，為集《爾雅》學大成。今存《爾雅注》三卷，刊入《十三經注疏》之中。㉚方言　全稱《輶軒使者絕代語釋別國方言》。西漢揚雄作。類集古今各地同義詞語，大部分注明通行範圍。郭璞之注以晉代語詞解釋古語，可考見漢晉語言流變。㉛洞林　嚴可均校輯《全晉文》之郭璞小傳謂其著有《洞林》三卷。

【語譯】郭璞，字景純，河東郡人。知識見聞極為廣博，懂得超塵出世的道術。精通天文地理、河圖洛書，爻象讖緯，相宅相墓，無不深入研究。他擅知人鬼的情形，李洪範〈翰林明道論〉曰：「景純擅長寫作興寄悠遠的作品，寫文章的人，都共同取法他。」晉朝南渡中興，王導接受旨意，建立國家機構。郭璞則在建立法律制度方面盡力，上模擬太微垣星辰，下取法洛陽舊都。帝王興起，必有才智超群之人來幫助。王敦移鎮南州，想要密謀造反，召郭璞為僚屬。當時明帝十五歲，一天晚上召集朝臣，問史官說：「王敦果真能取得天下嗎？」史官說：「王敦能使天子來到，不能得天下。」明帝就一個人騎馬穿著常人服裝出發，直接進入姑熟城。王敦正跟郭璞進食，郭璞長久不跟王敦說話。王敦驚詫地說：「我現在同您共同商議決定重大計畫，您為什麼不立即說話？」郭璞說：「剛才看見日月星辰的精靈，五嶽四海的神祇，都在做前導後從，左右護衛。下官震驚，六神無主，不能立即和將軍說話。」王敦命令報告情況，報告說是小男僕馳馬取樂，檢查確定情況不是如此。王敦派遣三十名騎兵追趕，沒有追得上。王敦說：「我昨夜夢在石頭城外江中，扶犁而耕，您為我占卜。」郭璞說：「大江之中，扶犁而耕，自不成反，反也無所成。」王敦憤怒地對郭璞說：「您幾時壽命終結？」郭璞說：「下官今日壽命終結。」王敦即命誅殺郭璞，江水突然上漲到市上。郭璞被送出城，來到南坑，看見郭璞家人載著棺材及送終用具，已經等在坑旁。兩株松樹之間，上有鵲巢，即郭璞預先所寄家信中所說的地方。郭璞對伍伯說：「我十三歲時，在柵塘脫袍給你。我的生命應在你手中結束，可以用我的刀。」伍伯感念昔日郭璞恩惠，含淚執行死刑。郭璞殯殮後三天，南州市場上人，看見郭璞在賣他平素所用服飾，跟相識的人談話，不止一人看見。王敦不信，開棺一看，沒有屍體。郭璞懂得兵解的道術，如今為水仙伯。他注釋《山海經》、《夏小正》、《爾雅》、《方言》，寫作〈遊僊詩〉、〈江賦〉、〈卜繇〉、〈客傲〉、《洞林》等。

尹思

【題解】尹思能從月中看到的形象來推測人間的治亂，這當是古術數之一種。他預言東晉太寧二年（西元三二四年）之後天下將要復歸於清平，傳記作者述說：「果如其言。」可見此篇當作於太寧二年之後不久。

尹思者，字小龍，安定❶人也。晉元康五年❷正月十五夜，坐屋中，遣兒視月中有異物否。兒曰：「今年當大水。中有一人，被蓑帶劍。」思自視之，曰：「將有亂卒❸至。」兒曰：「何以知之？」曰：「月中人乃帶甲仗矛，當大亂三十年❹，復當小清耳。」後果如其言。

【注釋】❶安定　郡名，西晉時治所在安定縣（今甘肅涇川北涇河北岸）。❷晉元康五年　西晉惠帝元康五年（西元二九五年）。❸卒　同「猝」。突然。❹大亂三十年　從元康五年（西元二九五年）開始三十年，當至太寧二年（西元三二四年），這其間經過八王之亂、北方外族入侵、西晉滅亡、王敦叛亂等事件，的確是天下大亂。但前此八王之亂已經開始，此後也不見得太平。

【語　譯】尹思，字小龍，安定郡人。晉元康五年正月十五日，尹思坐在屋中，命兒子去看月亮之中有沒有特別的東西。兒子說：「今年定會發洪水。月亮中有一個人，披簑衣，佩著劍。」尹思注視月亮，說：「將有禍亂突然發生。」兒子說：「怎麼知道的呢？」尹思說：「月亮中的人是身穿鎧甲，手執長矛，天下必定大亂三十年，再將稍歸清平。」後來果然如他所說。

平仲節

【題解】平仲節是晉人，他的道術主要是存思。精思四十五年，則駐顏長生，白日昇天。

括蒼山❶有學道者平仲節，河中❷人，以大胡亂中國時❸來渡江，入括蒼山。受師宋君，存心鏡之道❹，具百神，行洞房事❺。如此積四十五年❻中精思，身形更少，體有真氣。晉穆帝永和元年五月一日，中央黃老❼遣迎。即日乘雲駕龍，白日升天。今在滄浪雲臺❽。

【注釋】❶括蒼山　在浙江省東南部，主峰在臨海縣西南。括蒼山洞為道教十大洞天之一（見《雲笈七籤》卷二七）。《抱朴子內篇・金丹》列為「可以精思合作仙藥」之名山。❷河中　此二字可能有誤。「河中」作為地名，是唐代方有。❸大胡亂中國時　此下原有夾注：「謂劉淵、劉聰也。」不知為何人所注。劉淵，字元海，匈奴族。永嘉二年（西元三〇八年）稱漢帝，建都平陽（今山西臨汾西北）。劉聰，字玄明，劉淵之子。劉淵死後，劉聰殺兄奪取帝位。後派劉曜等攻破洛陽、長安，俘晉懷、愍二帝。此二人為匈奴族，故稱其大胡。❹存心鏡之道　通過存思，心有明鏡，乃見諸神的道術。❺行洞房事　《雲笈七籤》卷五二載「方諸洞房行事訣」，謂遙祝九星，存思斗星入洞房穴中，己魂與之相對。「凡行洞房道七年，除死籍，上生名，刻方諸府。十八年，九精來下雲車見迎。」❻四十五年　本文謂平仲節於劉淵亂中原時渡江，至永和元年乘龍昇天，為四十五年。但劉淵是永興元年（西元三〇四年）自號大單于，後自號漢王，起兵謀反。至永和元年（西元三四五年），共為四十二年。❼中央黃老　道教尊神。道教經籍說法頗多。《雲笈七籤》卷一〇一有「中央黃老君紀」曰：「《洞真九真中經》云：中央黃老君者，太上太微天帝君之弟子也。」「於是太上授九真之訣，八道秘言，施修道成，受書為太極真人。」❽滄浪雲臺　滄浪，古水名，在今湖北省境內。雲臺，其地已無可查考。

【語　譯】括蒼山有個學道術的人叫平仲節，是河中人，在大胡人禍亂中原時渡江，進入括蒼山。他得到老師宋君的傳授，通過存思，心有明鏡，百神俱現，實行洞房之術。這樣連續四十五年精深存思，身形更加年輕，體內蘊有真氣。晉穆帝永和元年五月一日，中央黃老君遣使迎接。他即日乘雲駕龍，白日昇天。昇天之處，在今滄浪雲臺。

陳子皇

【題解】陳子皇服朮而成仙，霍山某氏之妻姜氏服朮也病癒而得高壽。朮，指白朮，又名山薊、山精。為菊科朮屬植物，多年生草本，根莖肥大，可入藥，可食用。《抱朴子內篇・仙藥》盛讚服朮的功效，說斷穀而食朮，人可肥健，面色更為年輕，又引《神藥經》說：「必欲長生，常服山精。」本篇正可印證這一理論。

陳子皇得餌朮要方，服之得仙去。霍山妻❶姜氏疾病，其壻❷用餌朮法服之，病自愈安，壽一百七十歲。登山取朮，重擔而歸，不息不極❸。顏色氣如二十許人。

【注釋】❶霍山妻　霍山某氏之妻。霍山，在古籍中所指不一，難以確定。此處「霍山」，也可解作人名。❷壻　丈夫。也可解作女婿。❸極　困憊。

【語譯】陳子皇得到服食朮的重要藥方，服用以後，成仙而去。霍山某氏的妻子姜氏生病，她的丈夫用服食朮的方法教她服用，病自然好了，活到一百七十歲。她登山採朮，挑著重擔回家，不休息，也不會疲憊。面色和呼吸像二十多歲的人。

董子陽

【題　解】董子陽先已得長生，隱居山中斷穀。後逢仙人，得到仙方，於是成仙而去。在葛洪筆下，服食仙藥，始終是成仙的主要途徑。

董❶子陽少知長生之道。隱博落山中九十餘年，但食桃飲石泉。後逢司馬季主❷，季主以導僊八方與之，遂度世。

【注　釋】❶董　《太平御覽》卷六六二作「黃」。❷司馬季主　漢時楚國人，賣卜於長安市中。後入委羽山大有宮，師事西靈都子，授以藏景化形之術。後得道仙去。

【語　譯】董子陽年輕時就懂得長生的道術。隱居在博落山中九十多年，只吃桃子，飲石中泉水。後來他遇到司馬季主，季主把導仙八方給他，他於是超脫塵世。

戴孟

【題解】戴孟是漢代仙人，得道後改名換姓，周遊名山，結交仙人。

戴孟，字成子，武威人也❶。本姓燕，名濟，字仲微。漢明帝時人也❷。入華山及武當山，受裴君《玉佩金璫經》，及受石精金光符，復有《太微黃書》，能周遊名山。仙人郭子華、張季連、趙叔達、山世遠常與之遊處❸。

【注釋】❶字成子二句　據《雲笈七籤》卷一一〇〈戴孟傳〉補。武威，郡名，治所在姑臧縣（今甘肅武威）。❷漢明帝時人也　《雲笈七籤》卷一一〇〈戴孟傳〉作「漢武帝時為殿中將軍」。❸仙人郭子華張季連趙叔達山世遠常與之遊處　據《雲笈七籤》卷一一〇〈戴孟傳〉補。

【語譯】戴孟，字成子，武威郡人。他本姓燕，名濟，字仲微，是漢明帝時候的人。他進入華山及武當山，裴君授與他《玉佩金璫經》、石精金光符，還有《太微黃書》，於是他就能周遊名山。仙人郭子華、張季連、趙叔達、山世遠常和他一起遊玩。

附錄二

【題解】以下二十八則，輯錄自道書、類書。個別人物傳記，雖然標明出自《神仙傳》，但可能別的仙傳之書也有收錄，這也無妨。道教仙傳之書的內容本來互相重疊，如老子、彭祖、容成公，《列仙傳》有其傳，《神仙傳》也有其傳。但是有的道書所收比較雜亂，如《三洞群仙錄》，雖不少仙傳注明出於《神仙傳》，但考證後發現，仙人事跡出於葛洪之後，這就不得不加以淘汰了。

干吉

干吉❶，北海❷人也。患癩瘡❸數年，百藥不愈。見市中有賣藥公，姓帛名和❹，因往告之。乃授以素書二卷，謂曰：「此書不但愈疾，當得長生。」吉受之，乃《太平經》❺也。行之疾愈。乃於上虞❻釣臺鄉高峰之上演此經，成一百七十卷。至今有太平山❼干谿在焉。《仙苑編珠》

卷中）

桂君者，徐州❽刺史也。病癩十年，醫所不能治。聞干君有道，乃往見之。道從數百人，威儀赫奕。至門，干君不迎；入室，干君不起。桂君拜而自陳。干君問：「子來何為？」桂君曰：「無狀❾，抱此篤疾，從神人乞愈耳。」干君曰：「子從乃眾，吾謂子欲求劫道。子若信治病者，皆遣侍從，身留養馬，可得愈也。」桂君即去從官，方留養馬三年。亦不見治病，不知病愈也。（《三洞珠囊》卷一）乃授以道術，年一百九十仙去。（《仙苑編珠》卷中）

【注釋】❶干吉　干，原作「于」，而後文又有「至今有太平山干谿在焉」，則又作「干」，按此處當作「干」。干吉，後漢仙人，《歷世真仙體道通鑒》卷二〇有其傳。故改「于」為「干」。另有三國吳道士名于吉者，後為孫策所殺。《雲笈七籤》卷一一一有其傳，而「于」又誤作「干」。❷北海　國名或郡名。東漢改北海郡置北海國，治所在劇縣（今山東昌樂西）。建安十一年復為郡。三國魏太和六年改為國，青龍元年復為郡。《歷世真仙體道通鑒》卷二〇謂干吉「瑯琊人也」。❸癩瘡　痲風病。❹姓帛名和　見本書卷七〈帛和〉傳。❺太平經　又名《太平青領書》，係東漢早期道教重要經典。原為一百七十卷，今已殘佚。本書《漢魏叢書》本卷一〇〈宮嵩〉傳謂「嵩隨吉於曲陽泉上，遇天仙授吉青縑朱字《太平經》十部」。❻上虞　縣名，治所在今浙江上虞百官鎮。❼太平山　在浙江餘姚西南八十里，與上虞接界處。❽徐州　西漢十三刺史部之一，轄有今山東南部和江蘇長江以北地區。東漢時治所在郯縣（今山東郯城）。❾無狀　謂行為醜惡無善狀，為自謙之辭。

【語　譯】干吉是北海人。痲風病生了好幾年，各種各樣的藥都治不好。他看見市場中有賣藥老人，姓帛名和，就把病情告訴他。賣藥老人授給他寫在白絹上的書二卷，對他說：「這書不但可以治病，並且必能使你長生。」干吉接受了素書，這素書就是《太平經》。干吉照經而行，病就痊癒了。於是在上虞縣釣臺鄉高峰之上闡發此經，寫成一百七十卷。至今太平山有干谿在那裡。

桂君是徐州刺史。生痲風病十年，醫生不能治療。聽說干君懂得道術，就前往見他。跟他去的人前導後從，有幾百人，儀仗盛大。桂君來到門口，干君不迎接；桂君進入室內，干君不起身。桂君下拜，自己陳述。干君問道：「您到這裡來幹什麼？」桂君說：「我這個人很不像樣，生了這個重病，來向神人請求治病。」干君說：「您的隨從這麼多，我以為您想要攔路搶劫。您若確實來治病，就把侍從人員都打發走，自身留下養馬，病可以痊癒。」桂君即打發走隨從官員，留下養馬三年。也沒見怎樣治病，不知不覺之間病已好了。干君於是把道術授給他，他活到一百九十歲，成仙而去。

大足

大足服地黃❶得道。（《仙苑編珠》卷上）

【注釋】❶地黃　玄參科多年生草本植物，根或根狀莖入藥。《抱朴子內篇·仙藥》列地黃為仙藥之一。

【語譯】大足服用地黃而得大道。

唐鳳

唐鳳服中嶽石蜜❶得道。（《仙苑編珠》卷上）

【注釋】❶石蜜　指石蜜芝。《抱朴子內篇·仙藥》曰：「石蜜芝，生少室石戶中。戶中便有深谷，不可得過。以石投谷中，半日猶聞其聲也。去戶外十餘丈有石柱，柱上有偃蓋石，高度徑可一丈許，望見蜜芝從石戶上墮入偃蓋中。良久，輒有一滴，有似雨後屋之餘漏，時時一落耳。然蜜芝墮不息，而偃蓋亦終不溢也。戶外刻石為科斗字，曰：得服石蜜芝一斗者壽萬歲。」

【語譯】唐鳳服用中嶽嵩山石蜜芝而得到大道。

墨容公

墨容公服黃連❶得道。（《仙苑編珠》卷上）

【注釋】❶黃連　多年生草本植物。根莖味苦，可入藥。《抱朴子內篇・仙藥》列為仙藥之一。

【語譯】墨容公服用黃連而得大道。

羨門子

羨門子服甘菊青實散❶得道。（《仙苑編珠》卷上）

【注釋】❶甘菊青實散　《抱朴子內篇・仙藥》曰：「南陽酈縣山中有甘谷水，谷水所以甘者，谷上左右皆生甘菊，菊花墮其中，歷世彌久，故水味為變。其臨此谷中居民，皆不穿井，悉食甘谷水，食者無不老壽，高者百四五十歲，下者不失八九十。無夭年人，得此菊力也。」後世道教秘方中服食甘菊之苗、葉、花、根者非一。羨門子所服甘菊青實散當亦此類。

【語譯】羨門子服食甘菊青實散而得大道。

長陵三老

長陵❶三老服陰錬氣，乃得成道。（《仙苑編珠》卷上）

【注釋】❶長陵　西漢高祖劉邦墓，在今陝西咸陽東北。

【語譯】長陵三位老人，服用陰錬氣，就得到大道。

商山四皓

商山四皓❶服九加散，餌漆❷，得道。（《仙苑編珠》卷上）

【注釋】❶商山四皓　秦末東園公、甪里先生、綺里季、夏黃公隱於商山（今陝西商縣東南），年皆八十餘，時稱「商山四皓」。傳說西漢初，高祖敦聘不至。呂后用張良策，令太子卑詞安車，招此四人與遊，因而使高祖認為太子羽翼已成，消除了改立趙王如意為太子的意圖。❷漆　當也是仙藥之一種，《太清金液神氣經》卷中載用漆與丹砂合製之漆丹。

【語譯】商山四皓服用九加散，食用漆，得到了大道。

許由、巢父

許由❶、巢父❷服箕山❸石流黃丹❹，今在中岳山中。（《說郛》一百二十卷本）

【注釋】❶許由　相傳堯要把君位讓給他，他逃至箕山下，農耕而食。堯又請他做九州長官，他到穎水邊洗耳，表示不願聽到。❷巢父　古代隱士。相傳因巢居樹上得名。堯要把君位讓給他，他不受。堯又要把君位讓給許由，他又教許由隱居。❸箕山　在今河南登封東南。❹石流黃丹　《太清石壁記》卷上記，以石硫黃、蒲黃、禹餘糧、茯苓各二兩，搗篩和蜜成丸，名石硫黃丹。《抱朴子內篇・仙藥》曰：「石硫黃芝，五岳皆有，而箕山為多。其方言許由就此服之而長生，故不復以富貴累意，不受堯禪也。」但《仙苑編珠》卷下曰：「巢父、許由並服石桂英得道。」石桂英當指石桂芝。

【語譯】許由、巢父服食箕山所產石硫黃製成的丹，今在中嶽山中。

郝容公

郝容公服鹿角得仙。（《仙苑編珠》卷下）

【語　譯】郝容公服食鹿角，成為神仙。

秀眉公

秀眉公餌茯苓❶得仙。（《仙苑編珠》卷下）

【注　釋】❶茯苓　寄生在松樹根上的菌類植物，可入藥。《抱朴子內篇・仙藥》列為仙藥之一，並記曰：「任子季服茯苓十八年，仙人玉女往從之。能隱能彰，不復食穀，灸瘢皆滅，面體玉光。」

【語　譯】秀眉公服用茯苓成仙。

肯來子

肯來子服紅泉❶而仙。（《仙苑編珠》卷中）

【注　釋】❶紅泉　丹名，《抱朴子內篇・金丹》：「又李文丹法：以白素裹丹，以竹汁煮之，名紅泉。乃浮湯上蒸之，合以玄水。服之一合，一年仙矣。」

【語　譯】肯來子服用紅泉丹而成仙。

洛下公

洛下公服赤烏夜光芝❶而仙。（《仙苑編珠》卷中）

【注　釋】❶赤烏夜光芝　當是石芝之一種，形如赤烏，夜間發光。《抱朴子內篇・仙藥》所述石象芝、玉脂芝即此類。

【語　譯】洛下公服用赤烏夜光芝而成仙。

張　常

張常服天門冬❶仙去。（《仙苑編珠》卷中）

【注　釋】❶天門冬　百合科多年生攀援草本，塊根可入藥。《抱朴子內篇・仙藥》列為仙藥之一，論述頗詳。其中說到：「服之百日，皆丁壯倍駛於朮及黃精也。入山便可蒸，若煮啖之，取足可以斷穀。若有力可餌之，亦可作散，并及絞其汁作酒，以服散尤佳。」

【語　譯】張常服食天門冬，成仙而去。

飛孟子

飛孟子服四時散俱得仙。（《仙苑編珠》卷中）

【語譯】飛孟子服食四時散而成仙。

商丘公

商丘公服桃膠❶成仙。（《仙苑編珠》卷下）

【注釋】❶桃膠　即桃樹枝幹上溢出的脂膠。《抱朴子內篇・仙藥》曰：「桃膠以桑灰汁漬，服之百病愈。久服之身輕有光明，在晦夜之地如月出也。多服之則可以斷穀。」

【語譯】商丘公服桃膠成仙。

青烏公

青烏公❶服九精散成仙。（《仙苑編珠》卷下）

【注釋】❶青烏公　相傳為彭祖弟子。隱居華陰山中。服金液昇天。舊時堪輿術者多以青烏公為祖師，故世人又將堪輿術稱為青烏之術。

【語譯】青烏公服用九精散而成仙。

離婁公

離婁公服竹汁而得道。（《仙苑編珠》卷下）

【語譯】離婁公服用竹汁而得大道。

白兔公

白兔公服黃菁❶而得道。（《仙苑編珠》卷下）

【注　釋】❶黃菁　疑即黃精。

【語　譯】白兔公服用黃菁而得大道。

吳睦

吳睦，長安人。少為縣吏，掌局❶枉剋人，民訟之，睦逃去。入山林，飢累日。行至石室，遇孫先生。令學種黍❷及胡麻❸，掃除駈❹使。經四年，先生遂授其道。後服丹仙去。（《太平御覽》卷六六二）

【注　釋】❶掌局　執掌職事。局，同「局」。❷黍　一年生草本植物，子實叫黍子，碾成米叫黃米。❸胡麻　即芝麻。《抱朴子內篇》佚文有論服胡麻養生之說（見《太平御覽》卷九八九）。❹駈　同「驅」。

【語　譯】吳睦是長安人。年輕時做縣吏，執掌職事，委屈過人，人民控告他，吳睦逃走了。逃到山林裡，餓了幾天。行到一個石室，遇到孫先生。孫先生命他學習種植黍和芝麻，打掃屋舍，奔走辦事。經過四年，孫先生就授與他道術。他後來服丹成仙而去。

董威輦

董威輦，不知何許人。晉武帝末，在洛陽白社❶中，寢息土上，衣服藍縷❷。常吞一石子，經日不食❸。或市乞傭作。人或往觀之，亦不與言。時或著詩。莫知所終。（《太平御覽》卷六六二）

【注　釋】❶洛陽白社　地名，在洛陽市東。❷藍縷　衣服破舊。藍，通「襤」。藍，原作「籃」，據《藝文類聚》卷七八改。❸常吞一石子二句　《抱朴子內篇・雜應》曰：「洛陽有道士董威輦，常止白社中，了不食。陳子敘共守事之，從學道積久，乃得其方。云以甘草、防風、莧實之屬十許種擣為散。先服方寸匕，乃吞石子大如雀卵十二枚。足辟百日，輒更服散，氣力顏色如故也。」此外尚有軟石之術種種。

【語　譯】董威輦，不知是什麼地方的人。晉武帝執政末期時，董威輦在洛陽白社中睡在地上，衣服破舊。常吞食一顆石子，整天不再進食。有時在市上乞求人僱他做工。有人去看他，他亦不跟人說話。有時還寫詩。不知他後來如何。

中黃子

中黃子善房中之道。（一百卷本《說郛》卷四三）

【語譯】中黃子擅長房中術。

石陽

石陽服三黃❶得仙。（一百二十卷本《說郛》卷五八）

【注釋】❶三黃　指雄黃、雌黃、硫黃。

【語譯】石陽服用三黃而成仙。

王次仲

王次仲變篆為隸。始皇召之，不至，將殺之。次仲化為大鳥，振翼

而起。使者拜曰：「無以復命，恐見誅。」乃以三大翮墮與使者。始皇因名其山曰落翮山。（四十三卷本《說郛》卷七）

【語譯】王次仲改變篆書為隸書。秦始皇召見他，他不去，始皇打算殺他。次仲變為大鳥，拍動翅膀飛起。使者下拜說：「沒有憑證去回復皇帝，恐怕被殺。」次仲就把三枝大羽落給使者。始皇因而給那座山取名為落翮山。

竇遷

竇遷者，扶風❶人也。當西晉懷愍之時❷，王室寖微，中原振擾。年將筮仕❸，痛此亂離，遂慕羨門❹、松喬❺之跡。奇峰邃洞，靡不棲託。凝思至道，累經試難。一夕神光照室，異香滿谷，天樂漸近，侍官數百。有一真仙，項佩圓明，乘車而下。二女扶翊，群官後從。年三十餘，虬髯❻鶴質。自稱平都山陰長生❼也，愍以勤苦，授金液、九丹❽之訣。盟傳❾告誓，禮畢而去。（《三洞群仙錄》卷一）

【注釋】❶扶風　郡名，三國魏以右扶風改名，治所在槐里（今陝西興平東南）。❷西晉懷愍之時　指西晉末年，懷帝、愍帝之時，當時正是內憂外患不斷之時。此處「西晉」二字甚可疑，似不可能出於東晉人葛洪筆下。西晉、東晉之稱，出於東晉亡後史家。❸筮仕　初次將做官，占卦問吉凶。《左傳．閔公元年》：「初，畢萬筮仕於晉……辛廖占之，曰：『吉。』」❹羨門　羨門子，古仙人。❺松喬　赤松子、王子喬，皆仙人。❻虬鬚　蜷曲的頰鬚。❼陰長生　見本書卷五〈陰長生〉傳。❽九丹　指按太清神丹之法製煉之九轉之丹，詳見《抱朴子內篇．金丹》。❾盟傳　道教徒以金丹之道為至重之事，傳授之時要立下盟約。《抱朴子內篇．金丹》曰：「黃帝以傳玄子，戒之曰：此道至重，必以授賢，苟非其人，雖積玉如山，勿以此道告之也。受之者以金人金魚投於東流水中以為約，唼血為盟。」葛洪自言鄭隱授其丹經，「乃於馬迹山中立壇盟受之」。

【語　譯】竇遷是扶風郡人。當西晉懷帝、愍帝之時，王室逐漸衰微，中原震盪擾亂。他的年齡將近出外做官，對這亂離的世道深感痛心，遂仰慕羨門子、赤松子、王子喬的事跡。世上險奇的峰巒、深邃的洞穴，他無不去棲身。凝神深思最高的道術，經過屢次試驗詢問。有一晚，神光照耀室內，異香飄滿山谷，天上音樂逐漸飄近，侍官數百人。有一位真仙，項上帶著神明的光輪，乘車自天而下。兩個仙女護持，眾仙官後面跟從。仙人三十來歲樣子，頰鬚蜷曲，體質輕逸。自稱是平都山的陰長生，憐憫竇遷求道勞苦，授給他製作金液、九轉丹的口訣。立盟傳授，祝告誓言，成禮之後，陰長生離去。

周穆王

周穆王❶會西王母❷於瑤池❸，食素蓬、黑棗、碧藕、白橘。（《仙苑編珠》卷三）

【注釋】❶周穆王　西周國王。姬姓，名滿，昭王之子。晉代從戰國魏王墓中發現的先秦古書《穆天子傳》中記載，周穆王駕八駿西遊，與西王母宴會酬答。❷西王母　女神。❸瑤池　古代傳說中崑崙山上的池名，西王母所居之處。

【語譯】周穆王在瑤池與西王母聚會，吃到素蓬、黑棗、碧藕、白橘等仙果。

劉平阿

劉平阿，不示名字，漢末為九江平阿❶長，因以為號。行醫救人，見人之病，如己之病。後遇神人，授以隱存之道。服日月精氣，居方臺館，其顏色如玉。（《仙苑編珠》卷八）

【注　釋】❶九江平阿　九江，郡名，治所在陰陵縣（今安徽定遠西北）。平阿，縣名，治所在今安徽懷遠西南。

【語　譯】劉平阿，不把名字告訴人，東漢末他曾做過九江郡平阿縣的縣官，於是就把這作為他的名號。他行醫救人，看見人家有病，就像自己有病。他後來遇見神人，神人授給他隱身之術。他服食日月精氣，住在方臺館，面色像玉一樣潤澤。

施存

施存真人，號浮胡先生❶。師黃蘆子❷，得《三皇內文》❸驅策虎豹之術。隱衡嶽石室山，每跨白豹出入。晉元康間❹，白日騰昇。（《三洞群仙錄》卷一〇）

【注　釋】❶號浮胡先生　按《歷世真仙體道通鑒》卷三三〈施存傳〉曰：「昔施真人，諱存，自號浮胡先生。」❷黃蘆子　指黃盧子葛越，見本書卷四〈黃盧子〉傳。黃盧子擅氣禁之術。❸三皇內文　又稱《三皇文》，約東漢時出現的符書。凡〈天皇內文〉、〈地皇內文〉、〈人皇內文〉各一卷。❹晉元康間　元康，西晉惠帝的年號。為西元二九一至二九九年。《歷世真仙體道通鑒》卷三三〈施存傳〉謂其「以晉惠帝永康元年四月七日乘豹昇天」。永康元年則為西元三〇〇年。

【語　譯】施存真人，自號浮胡先生。他拜黃蘆子為師，學到《三皇內文》中驅策虎豹的法術。隱居在南嶽衡山的石室山，常騎白豹出入。晉惠帝元康年間，白日騰空而去。

尹道全

尹道全真人，隱於衡嶽。感上真降，謂之曰：「白日昇騰者，當有其材，而後成其道。汝受其一事❶，而有沖舉之望，斯乃勤苦所得，爾宿分所值矣。」遂授以〈五嶽真形圖〉。取其山之向背，泉液之所出，金寶之所藏，地脈之所❷通而為之圖。告曰：「汝能自修奉而獲感應，乃知文始❸之裔、太和❹之族，世有神仙矣。」言訖而去。道全於晉永嘉中❺上昇。（《三洞群仙錄》卷一〇）

【注　釋】❶汝受其一事　《歷世真仙體道通鑒》卷三三〈尹道全傳〉謂其「修洞真還神之道，佩五帝六甲左右靈飛之符。天仙降而謂之曰：『飛昇者，當有其材，而後成其道。昔漢武帝親受金母靈飛十二事及〈五嶽真形圖〉，纔得尸解，而不能使形骨俱飛。爾得一而有昇天之望，豈非積功宿分所植耶！』」下乃分述十二事及〈五嶽真形圖〉，而五帝六甲左右靈飛之符即為十二事之一，「受其一事」即指佩此符一事。❷地脈之所　此四字據

《歷世真仙體道通鑑》卷三三補。❸文始　指文始先生尹喜。為函谷關令，老子過關，受其仙術。❹太和　太和真人，指尹軌，為尹喜之從弟。見本書卷九〈尹軌〉傳。❺晉永嘉中　永嘉，西晉懷帝年號，西元三〇七至三一二年。《歷世真仙體道通鑑》卷三三〈尹道全傳〉謂其「以晉懷帝元嘉元年三月九日，有白雲起於室中，三日不散。散而視之，已失真人所在。」「元嘉」當為永嘉之誤。

【語　譯】尹道全真人，隱居在衡山。他感動了上天真仙降臨，真仙對他說：「白日昇天，必定有材質，而後才成道。你才受有一項道術，卻有望飛昇成仙，這是你勤苦修習所得，也是你本來命分所該遇合。」就授與他〈五嶽真形圖〉。此圖把五嶽之山的朝向，泉水的源流，金寶掩藏的地方，地脈的通向全部記入圖中。真仙對他說：「你能自己修奉道術而獲得真仙感應，就可知道文始先生的後裔、太和真人的家族，世代都出神仙。」說完就離去。道全在晉永嘉年間飛昇天界。

古籍今注新譯叢書

【哲學類】

新譯四書讀本	謝冰瑩、邱燮友等編譯
新譯學庸讀本	王澤應注譯
新譯論語新編解義	胡楚生編著
新譯孝經讀本	賴炎元、黃俊郎注譯
新譯易經讀本	郭建勳注譯　黃俊郎校閱
新譯周易六十四卦經傳通釋：上經	黃慶萱注譯
新譯周易六十四卦經傳通釋：下經	黃慶萱注譯
新譯乾坤經傳通釋	黃慶萱注譯
新譯易經繫辭傳解義	吳　怡著
新譯禮記讀本	姜義華注譯　黃俊郎校閱
新譯儀禮讀本	顧寶田、鄭淑媛注譯　黃俊郎校閱
新譯孔子家語	羊春秋注譯　周鳳五校閱
新譯老子讀本	余培林注譯
新譯帛書老子	趙　鋒注譯
新譯老子解義	吳　怡著
新譯莊子讀本	黃錦鋐注譯
新譯莊子讀本	張松輝注譯
新譯莊子本義	水渭松注譯
新譯莊子內篇解義	吳　怡著
新譯列子讀本	莊萬壽注譯
新譯管子讀本	湯孝純注譯　李振興校閱
新譯墨子讀本	李生龍注譯　李振興校閱
新譯公孫龍子	丁成泉注譯　黃志民校閱
新譯晏子春秋	陶梅生注譯　葉國良校閱
新譯鄧析子	徐忠良注譯　劉福增校閱
新譯荀子讀本	王忠林注譯
新譯尹文子	徐忠良注譯　黃俊郎校閱
新譯尸子讀本	水渭松注譯　陳滿銘校閱
新譯鶡冠子	趙鵬團注譯
新譯鬼谷子	王德華等注譯
新譯韓非子	賴炎元、傅武光注譯
新譯呂氏春秋	朱永嘉、蕭　木注譯　黃志民校閱
新譯韓詩外傳	孫立堯注譯
新譯淮南子	熊禮匯注譯　侯迺慧校閱
新譯春秋繁露	朱永嘉、王知常注譯
新譯新書讀本	饒東原注譯　黃沛榮校閱
新譯新語讀本	王　毅注譯　黃俊郎校閱
新譯潛夫論	彭丙成注譯　陳滿銘校閱
新譯論衡讀本	蔡鎮楚注譯　周鳳五校閱
新譯申鑒讀本	林家驪、周明初注譯　周鳳五校閱
新譯人物志	吳家駒注譯　黃志民校閱
新譯張載文選	張金泉注譯
新譯近思錄	張京華注譯

新譯傳習錄　李生龍注譯
新譯呻吟語摘　鄧子勉注譯
新譯明夷待訪錄　李廣柏注譯　李振興校閱

【文學類】

新譯詩經讀本　滕志賢注譯
新譯楚辭讀本　林家驪注譯
新譯楚辭讀本　傅錫壬注譯
新譯文心雕龍　羅立乾注譯
新譯六朝文絜　蔣遠橋注譯
新譯世說新語　劉正浩、邱燮友等注譯
新譯昭明文選　周啟成等注譯
新譯古文觀止　謝冰瑩、邱燮友等注譯
新譯古文辭類纂　黃　鈞、葉幼明等注譯
新譯樂府詩選　溫洪隆、溫　強注譯
新譯古詩源　馮保善注譯
新譯千家詩　邱燮友、劉正浩注譯
新譯詩品讀本　程章燦、成　林注譯
新譯花間集　朱恒夫注譯
新譯南唐詞　劉慶雲注譯
新譯絕妙好詞　聶安福注譯
新譯唐詩三百首　邱燮友注譯
新譯宋詩三百首　陶文鵬注譯
新譯宋詞三百首　汪　中注譯
新譯宋詞三百首　劉慶雲注譯
新譯元曲三百首　賴橋本、林玫儀注譯
新譯明詩三百首　趙伯陶注譯
新譯清詩三百首　王英志注譯
新譯清詞三百首　陳水雲等注譯
新譯唐人絕句選　卞孝萱、朱崇才注譯　齊益壽校閱
新譯唐才子傳　戴揚本注譯
新譯拾遺記　石　磊注譯
新譯搜神記　黃　鈞注譯
新譯唐傳奇選　束　忱、張宏生注譯　侯迺慧校閱
新譯宋傳奇小說選　束　忱注譯
新譯明傳奇小說選　陳美林、皋于厚注譯
新譯容齋隨筆選　朱永嘉等注譯
新譯明散文選　周明初注譯
新譯明清小品文選　鄭　婷注譯
新譯人間詞話　馬自毅注譯
新譯白香詞譜　劉慶雲注譯
新譯幽夢影　馮保善注譯
新譯菜根譚　吳家駒注譯
新譯小窗幽記　馬美信注譯
新譯圍爐夜話　馬美信注譯
新譯郁離子　吳家駒注譯
新譯歷代寓言選　黃瑞雲注譯
新譯賈長沙集　林家驪注譯
新譯揚子雲集　葉幼明注譯
新譯曹子建集　曹海東注譯　蕭麗華校閱

新譯建安七子詩文集　韓格平注譯
新譯阮籍詩文集　林家驪注譯　簡宗梧、李清筠校閱
新譯嵇中散集　崔富章注譯　莊耀郎校閱
新譯陸機詩文集　王德華注譯
新譯陶淵明集　溫洪隆注譯　齊益壽校閱
新譯江淹集　羅立乾、李開金注譯
新譯庾信詩文選　歸　青注譯
新譯初唐四傑詩集　李福標注譯
新譯駱賓王文集　黃清泉注譯　陳全得校閱
新譯王維詩文集　陳鐵民注譯
新譯孟浩然詩集　楊　軍注譯
新譯李白詩全集　郁賢皓注譯
新譯李白文集　郁賢皓注譯
新譯杜甫詩選　張忠綱、趙睿才、綦　維注譯
新譯杜詩菁華　林繼中注譯
新譯高適岑參詩選　孫欽善、陳鐵民注譯
新譯昌黎先生文集　周啟成等注譯　陳滿銘等校閱
新譯劉禹錫詩文選　閻　琦注譯
新譯柳宗元文選　卞孝萱、朱崇才注譯
新譯白居易詩文選　陶　敏、魯　茜注譯
新譯元稹詩文選　郭自虎注譯
新譯李賀詩集　彭國忠注譯
新譯杜牧詩文集　張松輝注譯　陳全得校閱
新譯李商隱詩選　朱恒夫、姚　蓉等注譯
新譯范文正公選集　沈松勤、王興華注譯　葉國良校閱

新譯蘇洵文選　羅立剛注譯
新譯蘇軾文選　滕志賢注譯
新譯蘇軾詞選　鄧子勉注譯
新譯蘇轍文選　朱　剛注譯
新譯曾鞏文選　高克勤注譯
新譯王安石文選　沈松勤注譯
新譯唐宋八大家文選　鄧子勉注譯
新譯柳永詞集　侯孝瓊注譯
新譯李清照集　姜漢椿等注譯
新譯陸游詩文集　韓立平注譯　彭國忠校閱
新譯辛棄疾詞選　聶安福注譯
新譯歸有光文選　鄔國平注譯
新譯唐順之詩文選　馬美信注譯
新譯徐渭詩文選　周　群等注譯
新譯薑齋文集　平慧善注譯　周鳳五校閱
新譯顧亭林文集　劉九洲注譯　黃俊郎校閱
新譯方苞文選　鄔國平等注譯
新譯鄭板橋集　朱崇才注譯
新譯袁枚詩文選　王英志注譯
新譯李慈銘詩文選　潘靜如注譯
新譯聊齋誌異選　任篤行等注譯　袁世碩校閱
新譯閱微草堂筆記　嚴文儒注譯
新譯浮生六記　馬美信注譯
新譯弘一大師詩詞全編　徐正綸編著

【歷史類】

新譯史記　韓兆琦注譯
新譯漢書　吳榮曾等注譯
新譯後漢書　魏連科等注譯
新譯三國志　吳樹平等注譯
新譯資治通鑑　張大可、韓兆琦等注譯
新譯史記—名篇精選　韓兆琦注譯
新譯尚書讀本　吳璵注譯
新譯尚書讀本　郭建勳注譯
新譯周禮讀本　賀友齡注譯
新譯逸周書　牛鴻恩注譯
新譯左傳讀本　郁賢皓等注譯　傅武光校閱
新譯公羊傳　雪克注譯　周鳳五校閱
新譯穀梁傳　顧寶田注譯　葉國良校閱
新譯春秋穀梁傳　周何注譯
新譯戰國策　溫洪隆注譯　陳滿銘校閱
新譯國語讀本　易中天注譯　侯迺慧校閱
新譯說苑讀本　左松超注譯
新譯說苑讀本　羅少卿注譯　周鳳五校閱
新譯新序讀本　葉幼明注譯　黃沛榮校閱
新譯吳越春秋　黃仁生注譯　李振興校閱
新譯西京雜記　曹海東注譯　李振興校閱
新譯列女傳　黃清泉注譯　陳滿銘校閱
新譯越絕書　劉建國注譯　黃俊郎校閱
新譯燕丹子　曹海東注譯　李振興校閱
新譯東萊博議　李振興、簡宗梧注譯
新譯唐六典　朱永嘉、蕭木注譯
新譯唐摭言　姜漢椿注譯

【宗教類】

新譯金剛經　徐興無注譯　侯迺慧校閱
新譯高僧傳　朱恒夫、王學均等注譯　潘栢世校閱
新譯碧巖集　吳平注譯
新譯百喻經　顧寶田注譯
新譯楞嚴經　賴永海、楊維中注譯
新譯梵網經　王建光注譯
新譯圓覺經　商海鋒注譯
新譯法句經　劉學軍注譯
新譯六祖壇經　李中華注譯　丁敏校閱
新譯禪林寶訓　李中華注譯　潘栢世校閱
新譯維摩詰經　陳引馳、林曉光注譯
新譯經律異相　顏洽茂注譯
新譯阿彌陀經　蘇樹華注譯
新譯無量壽經　邱高興注譯
新譯無量壽經　蘇樹華注譯
新譯妙法蓮華經　張松輝注譯　丁敏校閱
新譯景德傳燈錄　顧宏義注譯
新譯大乘起信論　韓廷傑注譯　潘栢世校閱
新譯釋禪波羅蜜　蘇樹華注譯
新譯八識規矩頌　倪梁康注譯
新譯永嘉大師證道歌　蔣九愚注譯

新譯華嚴經入法界品　楊維中注譯
新譯地藏菩薩本願經　李承貴注譯
新譯悟真篇　劉國樑、連遙注譯
新譯无能子　張松輝注譯
新譯坐忘論　張松輝注譯
新譯列仙傳　張金嶺注譯　陳滿銘校閱
新譯抱朴子　李中華注譯　黃志民校閱
新譯神仙傳　周啟成注譯
新譯性命圭旨　傅鳳英注譯
新譯老子想爾注　顧寶田、張忠利注譯　傅武光校閱
新譯周易參同契　劉國樑注譯　黃沛榮校閱
新譯道門觀心經　王卡注譯　黃志民校閱
新譯養性延命錄　曾召南注譯　劉正浩校閱
新譯樂育堂語錄　戈國龍注譯
新譯冲虛至德真經　張松輝注譯　周鳳五校閱
新譯長春真人西遊記　顧寶田等注譯
新譯黃庭經・陰符經　劉連朋等注譯

軍事類

新譯司馬法　王雲路注譯
新譯尉繚子　張金泉注譯
新譯三略讀本　傅傑注譯
新譯六韜讀本　鄔錫非注譯
新譯吳子讀本　王雲路注譯
新譯孫子讀本　吳仁傑注譯
新譯李衛公問對　鄔錫非注譯

教育類

新譯爾雅讀本　陳建初等注譯
新譯顏氏家訓　李振興、黃沛榮等注譯
新譯聰訓齋語　馮保善注譯
新譯曾文正公家書　湯孝純注譯　李振興校閱
新譯三字經　黃沛榮注譯
新譯百家姓　馬自毅、顧宏義注譯
新譯幼學瓊林　馬自毅注譯　陳滿銘校閱
新譯增廣賢文・千字文　馬自毅注譯　李清筠校閱
新譯格言聯璧　馬自毅注譯

政事類

新譯商君書　貝遠辰注譯　陳滿銘校閱
新譯鹽鐵論　盧烈紅注譯　黃志民校閱
新譯貞觀政要　許道勳注譯　陳滿銘校閱

地志類

新譯山海經　楊錫彭注譯
新譯水經注　陳橋驛、葉光庭注譯
新譯佛國記　楊維中注譯
新譯大唐西域記　陳飛、凡評注譯　黃俊郎校閱
新譯洛陽伽藍記　劉九洲注譯　侯迺慧校閱
新譯徐霞客遊記　黃珅注譯　黃志民校閱
新譯東京夢華錄　嚴文儒注譯　侯迺慧校閱